1988年，中国农学会贺吴福桢九秩华诞的寿盘

20世纪70年代，宁夏农科所，指导青年科研人员工作

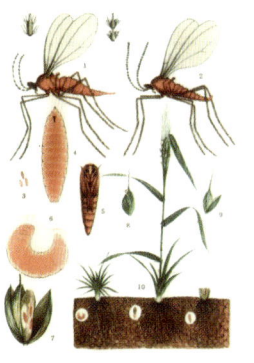
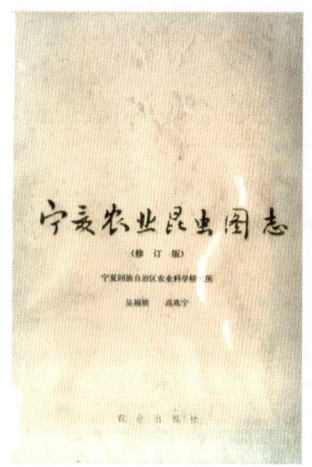

书中每种害虫均有六项文字说明（吴福桢主笔，高兆宁副笔）。

书中共记述农林重要害虫 378 种、益虫 14 种。每种害虫均有各期虫态及其所害植物状态的原色彩图（第一集图多为高兆宁绘，第二集图为高兆宁、郭予元绘）。

本书于 1966 年、1982 年出版一、二集，1986 年在国际图书博览会（北京）上作为优秀图书参展

抗日战争初期迁往广西柳州的中央农业实验所的老同事们，20 世纪 80 年代重逢于北京，前排右二吴福桢，后排中岳宗

1986年，当选全国科协第三届委员，吴福桢（左）与宁夏农林科学院黄振华院长在联欢会上

1982年，《农业大百科·昆虫卷》编委会委员合影
前排：农业部副部长刘瑞龙（左）、吴福桢
后排左起：陶岳嵩、林光国、季正瑞、陈常铭、张履鸿、管致和、莫容

1984年，吴福桢（坐者）与20世纪30年代浙江昆虫局养成所的老同事们相聚于北京中国昆虫学会40周年学术讨论会

1983年，植保局老局长宋彦人（左）与吴福桢欢谈

20世纪30年代初浙江昆虫局同事陶家驹（左）于1986年、1993年两次回国看望吴福桢

1990年，与同行老友管致和（右）合影

1981年，北京，农科院植保所，吴福桢（左三）与外国专家在一起

1988年,吴福桢伉俪90寿宴后的阖家欢影,两位老寿星的左右两侧为侄女吴美玉、侄婿佟志伸

1992年,吴福桢与同窗挚友、中国的农业泰斗金善宝(左)并肩坐在中央大学农学院在京校友联谊会上

1987年,吴福桢到金善宝(左)家祝他92岁寿辰

1984年,在家中与采访记者愉快交谈

1988年,吴福桢伉俪在90寿辰祝贺会上

1988年,侄女、侄婿专程回国为三叔(吴福桢)、三婶(荆玉贞)办90岁寿宴

1988年，南京，吴美玉（右一）、佟志伸（左一）回国看望离别40年的哥吴纪堂、嫂金婉贞

97岁高龄操劳一生的贤妻良母荆玉贞，摄于1995年8月

常来看望的吴福桢甥岳国芳（左一）、甥媳吴企英（左三）与吴福桢伉俪（右一、右二）、儿媳之母（右三）、儿媳（右四）、孙（左二）合影于20世纪90年代初

主编

吴阶平　杨福家　吴文俊　袁隆平
孙家栋　谢家麟　李家洋　陈清泉
刘国光　汝　信

中华当代著名科学家
传记书系

吴福桢

防治棉虫奠基人
治蝗先驱
宁夏农业昆虫研究创始人

研究昆虫，是为了认识它、控制它，利用有益的、消灭有害的。昆虫标本是科学的实物档案，是我的宝贝，也是国家的宝贝。我被称为"植物医生"，我很喜欢这个称号。

吴锡华　高兆宁　编著

中国农业科学技术出版社

图书在版编目（CIP）数据

吴福桢 / 吴锡华，高兆宁编著 .—北京：中国农业科学技术出版社，2015.1

 ISBN 978-7-5116-1879-5

 Ⅰ.①吴… Ⅱ.①吴… ②高… Ⅲ.①吴福桢（1898—1995）—传记 Ⅳ.① K826.15

中国版本图书馆 CIP 数据核字（2014）第 269446 号

责任编辑　闫庆健　李冠桥
责任校对　贾晓红

出　　版	中国农业科学技术出版社
	北京市中关村南大街 12 号　　邮编：100081
电　　话	（010）82106632（编辑室）
	（010）82109702（发行部）　（010）82109709（读者服务部）
传　　真	（010）82106625
网　　址	http://www.castp.cn
经　　销	各地新华书店
印　　刷	北京科信印刷有限公司
开　　本	787 mm×1 092 mm　1/16
印　　张	20.25
彩　　插	8 面
字　　数	298 千字
版　　次	2015 年 1 月第 1 版　2015 年 1 月第 1 次印刷
定　　价	68.00 元

版权所有·翻印必究

中华当代著名科学家传记书系

永久编著出版委员会

主　编

吴阶平　杨福家　吴文俊　袁隆平　孙家栋　谢家麟
李家洋　陈清泉　刘国光　汝　信

执行主编

唐廷友　唐　洁　赵岩青　刘忠勤　骆建忠　张应禄

副主编

单天伦　张　维　马京生　马胜云　王　霞　王建蒙
王庭槐　彭洁清　邵世磊　牛敏杰　张孝安　闫庆健
徐　毅　李　雪　崔改泵

编　委（以姓氏笔画为序）

山　立　马　兰　马　进　马　越　马京生　马胜云
马新生　王　霞　王建蒙　王庭槐　王增藩　牛敏杰
卢毓明　刘国光　刘忠勤　闫庆健　汝　信　孙家栋
李　雪　李大耀　李忠效　李家洋　杨照德　杨福家
吴文俊　吴阶平　宋兆法　张　维　张孝安　张应禄
陈　弘　陈清泉　邵世磊　郑绍唐　单天伦　孟　佳
赵岩青　柳天明　骆　义　骆建忠　袁隆平　顾迈男
徐　毅　唐　洁　唐廷友　常甲辰　崔改泵　彭洁清
曾先才　曾庆瑞　谢长江　谢家麟　谭邦治　熊延岭

书系策划

唐廷友　唐　洁　赵岩青　刘忠勤　单天伦　张　维
马京生　马胜云　王　霞　王建蒙　王庭槐　彭洁清
骆建忠　张应禄　邵世磊

总 序

吴阶平　杨福家　吴文俊　袁隆平　孙家栋
谢家麟　李家洋　陈清泉　刘国光　汝　信
（二〇〇八年八月八日）

中华民族，为自身的发展与人类的进步，已经奋斗了数千年，不断地作出重要的贡献。

中华民族历来十分注重科技进步与创新，即使在内部祸乱和外来入侵的历史时期，也从未放弃与间断过科学技术的发展。古代有造纸术、指南针等诸多重大发明与创造，为中华和人类的进步发展发挥了重大而持续的推动作用。近现代以来，中华学人为探求中华科学技术的重新辉煌和推进人类的和平发展，进行了长时期前赴后继的艰难奋斗。

当代中华广大学人及从他们当中成长起来的著名科学家们，坚持创新、顽强拼搏、艰苦奋斗，为加速提升中华民族的自主创新能力和攀登世界科技新的高峰作出了新的重大的贡献。在他们身上集中体现了中华民族自强不息、勇于创新、安和友善的优良传统。他们的人生理想、优秀品格、科学思维、科学方法、科学成就，是民族精神与科学精神的生动体现，也是他们为中华民族与人类社会创造的宝贵的物质财富与精神财富，要将这些宝贵财富传承下去、发扬光大，使之不断地为中华兴旺发达与人类进步发展提供巨大的推动力量。

《中华当代著名科学家传记书系》（以下简称《书系》），正是根据时代发展的需要编著出版的。本编委会于20世纪末即论证决定永久地编著出版这套书。科学与社会永久发展，著名科学家不断涌现，传记书系的编著出版必须永久地与时俱进。本《书系》将选录两岸四地和海外的诸多高层次的中华自然科学家、工程科学家和社会科学家。被选录的每一位科学家，都将由编委会和出版社为其编著出版一种既侧重于科学生涯，又全面记述人生经历的经典性传记图书。

《书系》是一套面向社会公众，能够被图书馆珍藏和向社会各界展现中华当代著名科学家们献身科技创新、力推经济社会发展、为中华文明与人类文明贡献毕生心血的高品位读物。本《书系》将生动记述科学家们赤诚中华、献身科学、勇于创新、严谨治学、大力协同、艰苦奋斗的精神与品格，展示他们的不懈追求、科学思维、科学成就、奋斗历程，以榜样的力量激励人们奋发进取，为中华与世界的科学腾飞、经济发展和社会进步不断地再创辉煌。

《书系》通过科学家生平展现了中华民族对世界科学与人类社会发展作出的重要贡献，尊重知识尊重人才、安和友善精诚团结的优良传统，以及努力攀登世界科技高峰、为人类进步发展争做更大贡献的决心与信心。《书系》是一套严肃规范、内容准确的经典性传记，具有成规模和系统地集锦科学成就、珍储科学史料的档案功能，并为长远的、多方面的用途提供诸多具有代表性与系列性的精要蓝本，具有很高的和久远的存用价值，定将存传永久。《书系》也将在传播科学精神和科技知识，培育全社会创新意识，激励科技创新，推进科技与经济社会发展方面，发挥重要与深远的影响。

  先进的科学技术，是先进生产力的集中体现与主要标志。著名科学家群体，是先进科学技术的领军团队。具有灿烂文明和辉煌科技史的当代中华学人及其著名科学家们，定会站在时代前列，传承发扬民族精神，为中华文明的复兴长久与人类的永恒发展，作出更大的贡献。

"研究昆虫,是为了认识它、控制它,利用有益的、消灭有害的。"

"昆虫标本是科学的实物档案,是我的宝贝,也是国家的宝贝。"

"我被称为'植物医生',我很喜欢这个称号。"

——吴福桢

青年吴福桢（中）在被蚜虫侵害的棉田

八旬吴福桢（左一）指导昆虫标本的制作、识别和分类

米寿之年吴福桢呼吁建成的中国植物保护标本馆

吴福桢简介

吴福桢，字雨公，1898年9月3日（农历7月18日）出生在江苏省武进县卜弋桥镇。1917年，毕业于江苏第一甲种农校，1920年毕业于南京高等师范农业专修科。毕业后留校任助教，边工作，边读本科，一年后获学士学位。1925年，赴美国伊利诺伊大学深造，获"科学硕士"学位，因成绩优异，获美国科学荣誉协会颁发的金钥匙奖，并先后在康奈尔大学和美国农业部从事昆虫研究工作。1927年回国后，任江苏省昆虫局主任技师，东南大学、金陵大学、浙江大学、无锡教育学院教授，浙江省病虫防治所所长，中央农业实验所系主任、副所长，农林部病虫药械制造实验厂厂长。中华人民共和国成立后，任华东农林部学术顾问、病虫防治所所长，中央农业部植保局顾问，中国农业科学院筹备小组技术组组长，宁夏回族自治区农业科学院副院长，宁夏回族自治区科学技术学会主席，中国农业科学院植物保护研究所一级研究员、第一届学术委员会主任。

吴福桢是我国治蝗先驱，早在20世纪20年代初，就深入农村，指导和带领农民治理蝗患；30～40年代组织全国蝗情调查，先后发表全国蝗情报告5篇；新中国成立后出版专著《中国的飞蝗》。吴福桢是我国棉虫防治的奠基人，早年在江苏建立第一个防治棉虫害的田间实验室，蹲点数年研究科学防治棉虫害的方法，著有《棉铃虫金刚钻之研究报告》《中国棉作五大害虫》等学术论文。吴福桢是我国使用药械防治虫害的首创者和开拓者，提倡生物学、化学、机械学三管齐下治虫害，主持研制成我国最早的自动式、双管式两种喷雾器和多种治虫药剂，创建了我国第一个病虫药械制造实验厂。吴福桢是我国最早的昆虫学团体六足学会的创始人之一，连任中华昆虫学会第一、第二届理事长。在踏遍宁夏各地调查农业病虫害情况的基础上，吴福桢主持编绘了《宁夏农业昆虫图志》上、下两册，填补了宁夏地区的空白。调回北京工作后，年逾八旬的吴福桢主持《中国经济昆虫志》蜚蠊目和直翅目蟋蟀总科两卷的编写工作，陆续发表蜚蠊和蟋蟀方面的论文十余篇。吴福桢还担任《中国农业百科全书·昆虫》卷主编，参加《西藏昆虫》《西藏南迦巴瓦峰地区昆虫》的编写工作。经吴福桢在全国政协会议上提案，建立了我国第一个植物保护标本馆。吴福桢又是农业教育家，广育人才，桃李满园，吴福桢的学生中不少人已成为著名的农业昆虫学家，有的还成为中国科学院院士。

吴福桢是宁夏回族自治区第一届政协委员、第五、第六届全国政协委员，第二届全国科协委员。曾当选宁夏回族自治区劳动模范。在1978年全国科学大会上荣获"在我国科学工作中做出重大贡献者"奖状。

1995年7月20日，吴福桢在北京病逝，享年97岁。

目录

第一章 少年立志 为民除虫害　001

第一节 景色秀美 书墨淡香的出生地　003
第二节 一心向学 立志学植保　004
第三节 南京高师农科首届学生　006
第四节 幸遇名师张巨伯　007
第五节 学业未毕 实地治虫　008
第六节 第一个治虫现场会　008
第七节 赴美深造　010

第二章 新中国成立前治虫30年　013

第一节 棉虫防治的奠基人　015
《棉铃虫金刚钻之研究报告》　016
《地老虎之研究》　017
熏蒸消毒美国棉种　018
《中国棉作五大害虫》　020
《中国棉虫分布调查》　022
为《中国棉虫之研究与防治》作序　024
第二节 治蝗先驱　026
两次治蝗实战　027

		宣传科学 破除迷信	027
		播讲治蝗知识	028
		全国蝗患情况调查	030
	第三节	使用药械治虫的首创者	032
		三管齐下治虫害	033
		《重要杀虫药剂及国产喷雾器之应用》	035
	第四节	在中央农业实验所17年	036
		任中央农业实验所植物病虫害系主任	037
		《中国农业害虫之防治及研究情况》	039
		不懈治虫 支持抗战	042
		总结抗战胜利前的防虫治虫工作	045
		主持全国病虫防治研讨会	048
	第五节	创建病虫药械制造实验厂	049
		选厂址渝郊良心桥	050
		"农业的兵工厂"	051
		抗战胜利 由渝迁沪	052
		厂徽	054
		挚友朱凤美	055
	第六节	家人重聚南京	057
	第七节	广育人才 桃李满园	058

第三章　从六足学会到中华昆虫学会　　061

第一节	六足学会创始人之一	063
第二节	各大学、各地昆虫学会	064
第三节	任中华昆虫学会第一、第二届理事长	065

第四节　在中华昆虫学会第二次年会上发表论文　　066
　　第五节　创办《中华昆虫学会通讯》　　069

第四章　喜迎新中国诞生　　071
　　第一节　坚留大陆　不去台湾　　073
　　第二节　科普佳作《昆虫与人类》　　075
　　　　《昆虫世界乎？人类世界乎？》　　075
　　　　《昆虫善于适生》　　076
　　　　《昆虫为人类之大敌》　　078
　　　　《昆虫为人类之益友》　　080
　　　　《昆虫之命运》　　083
　　第三节　专著《中国的飞蝗》　　085
　　　　"我国蝗患自古称烈"　　085
　　　　盛赞解放区的治蝗经验　　086
　　　　飞蝗的分布与地势、温度、雨量有关　　087
　　　　人工治蝗法　　088
　　　　药剂治蝗法　　089
　　　　根本治蝗之道　　090
　　第四节　中华昆虫学会改名为中国昆虫学会　　091
　　第五节　在中国昆虫学会第一届全国代表大会上
　　　　　　致开幕词　　091
　　第六节　感慨新旧社会的对比　　093
　　第七节　痛悼恩师张巨伯　　095
　　　　以科学方法在田间研究害虫的第一人　　096
　　　　我国昆虫研究团体的创建者　　097

		中国在大学教授昆虫科学第一人	097
	第八节	盛赞邹秉文	098
		"东南三杰"之一	099
		雄才大略　功勋卓著	100
		师生情义深	102
	第九节	奉调中央农业部植保局	103
	第十节	被错划"右派"　下放宁夏	106

第五章　宁夏工作二十载　　109

	第一节	支援"老、少、边"建设	111
		先读《朔方志》　熟悉风土情	112
		边研究　边建系	113
		申请立项　开展农业昆虫基本调查	115
		调查与生产实践相结合	116
	第二节	当选为宁夏回族自治区第一届政协委员	118
	第三节	艰苦的调查研究历程	119
		林木害虫大发生	119
		乘羊皮筏子横渡黄河	120
		"革命虫"——虱子	121
		南有柑橘实蝇　北有枸杞实蝇	123
		一场虚惊	124
		六盘山上高峰	125
		"养虫"是研究害虫的重要手段	127
		显微镜下的"昆虫世界"	127
		"社会主义大协作"	129

第四节	古人类学家裴文中教授来访	130
第五节	为宁夏引进泰国良种西瓜	132
第六节	关心年轻科研人员的成长	134
第七节	《科学研究人员的修养与工作方法》（摘要）	135
	"首先要立大志"	136
	"百折不回　锲而不舍"	137
	"广博与精深"	138
	专心致志	139
	"正确对待偶然性"	139
	"过好基础知识、操作技术、外文这三关"	140
	"同道之间的互相合作"	141
第八节	科学考察与讲学	142
	赴内蒙古考察	142
	赴新疆考察	144
	在新疆讲学	147
	新疆农业昆虫区系特点	147
	治虫成绩与技术	148
	植物检疫	150
	对药械治虫的几点建议	150
第九节	创建"宁夏农业昆虫标本馆"	151
第十节	编著《宁夏农业昆虫图志》两集	152
第十一节	落寞中的温暖	155
第十二节	科学的春天	157
	出席宁夏回族自治区和全国科学大会	158

　　　　　《八十高龄戴红花》　　　　　　　　　　　159
　　第十三节　任宁夏回族自治区科协主席　　　　　161

第六章　重返北京　发挥余热　　　　　　　　　163
　　第一节　调回中国农业科学院植保所　　　　　　165
　　第二节　蜚蠊——最古老的害虫　　　　　　　　174
　　　　　蜚蠊与人类的关系　　　　　　　　　　　174
　　　　　中国常见室内蜚蠊种类　　　　　　　　　176
　　　　　蜚蠊的防治　　　　　　　　　　　　　　177
　　　　　发现新的蜚蠊种属　　　　　　　　　　　178
　　第三节　"蟋蟀——祖先最有研究的昆虫"　　　179
　　　　　"2 500年前的《蟋蟀》篇"　　　　　　 179
　　　　　以鸣叫声鉴定蟋蟀种类　　　　　　　　　180
　　　　　相继发现中国新纪录和新种　　　　　　　182
　　　　　评风靡一时的斗蟋热　　　　　　　　　　182
　　　　　盛赞《斗蟋》　　　　　　　　　　　　　183
　　第四节　《中国农业百科全书·昆虫卷》　　　　185
　　　　　编委会主任　　　　　　　　　　　　　　185
　　　　　条目撰稿人　　　　　　　　　　　　　　186
　　　　　编辑人员多辛劳　　　　　　　　　　　　187
　　第五节　参加《西藏昆虫》的编写和鉴定　　　　188
　　第六节　参加《西藏南迦巴瓦峰地区昆虫》的鉴定　189
　　第七节　《云南森林昆虫》　　　　　　　　　　191
　　第八节　出席第五、第六届全国政协会议　　　　193
　　　　　提案改善植保所科研条件　　　　　　　　194

    提案建立植物保护标本馆 196

    呼吁改善农业科研条件 198

  第九节 在农工民主党表彰大会上讲话 199

  第十节 新闻媒体的报道 202

    《访"虫王"》 203

    《植物医生》 205

    《兰幽香飘远松寒不改容》 207

    《他一生钻研昆虫》 209

    获"国际名人荣誉证书" 211

  第十一节 重返南京访故土 211

  第十二节 喜迎九十华诞 214

  第十三节 参加第十九届国际昆虫学大会 218

  第十四节 最后的题词和最后一篇文稿 219

  第十五节 世纪之交金善宝 221

第七章 大爱无垠 225

  第一节 尊父爱母 227

  第二节 深爱贤妻 229

  第三节 手足情深 236

  第四节 舐犊爱浓 242

第八章 轶事趣闻 247

  第一节 知虫胜于知儿女 249

  第二节 忍俊不禁 249

  第三节 不翼而飞的袜子 250

第四节	老顽童	250
第五节	路不拾遗	251
第六节	原来如此	251
第七节	手绢与炉算的亲密接触	252
第八节	一棵天价大白菜	252
第九节	之乎者也的英语	252

第九章　最后的日子　　　　　　　　　　　　255

附　录　　　　　　　　　　　　　　　　　　261

　　附录1　追思·怀念　　　　　　　　　　　263
　　附录2　吴福桢获得的表彰与奖励　　　　　282
　　附录3　吴福桢生平年表　　　　　　　　　284
　　附录4　吴福桢著作、报告目录　　　　　　290

后　记　　　　　　　　　　　　　　　　　　297

第一章

少年立志　为民除虫害

第一节 景色秀美 书墨淡香的出生地

1898年9月3日（农历7月18日），吴福桢出生在江苏省武进县卜弋桥镇西街一户杂货店主家。

卜弋桥镇属长江三角洲的长江与太湖水系，历来是常州市西郊重镇。南宋咸淳年间的《毗陵志》附图上，白鹤溪河畔已有"卜弋"、"梅村"两个地名，且已设"坊"（征收捐税的关卡），初步形成了市镇。

卜弋境内有白鹤溪河贯穿南北，北通大运河，南达滆湖。横贯东西的是卜泰河。另有大小河沟、池塘637个，总水面积2 069亩（1亩≈667平方米，全书同）。农业，尤其蚕桑业兴旺发达。还盛产鲜嫩可口的水芹菜，常年销往常州、无锡、上海等地。

卜弋圆洞拱形大石桥初建于元朝（公元1279年），明、清两代先后共修建3次。

元代元统年间（公元1333年），卜弋桥改称"卜弋望仙桥"，这是源于一个神奇的传说。卜弋桥横跨白鹤溪河（原名扁担河），河上每有一怪鸟来，必有灾祸，乡人皆受害，即弋（用丝系箭而射）之。有乡人夜梦神告曰："数日有黄衣羽人（道士，古代道士身穿鸟羽之衣）来，乞叩之，鸟可除也。"如期果然，众拜恳。羽人即跨鸟冲霄而去。人皆登桥望之，故称"卜弋望仙桥"。羽人名丁令威，辽东人士，学道于灵虚山，来丹阳[卜弋桥北50华里（1华里≈0.5千米，全书同）]太霄观修道成仙后，于溪上化做白鹤归辽，扁担河因此更名为"白鹤溪河"。

卜弋望仙桥下，滚滚流水到此回旋，河底有深深的龙潭，倒映着空中明月，可与杭州西湖的三潭映月媲美。

白鹤溪河中，望仙桥侧，有一条宛如卧龙的长堤，三面环水，长半华里（250米），最宽处的"龙肚"呈圆形，面积约5亩，遍植杨柳。每有社戏，必搭台于此，不论多少观众均能容纳，令人啧啧称奇。

白鹤溪河东有明代宣德年间名闻遐迩的梅村。它是元代末年由一位年老告退的县令陈方石初建。他觅得一清静幽雅之处，盖几间房舍，植几十株梅树，自称"梅林精舍"。他的子孙后代又遍植苍松翠柏，远远望去好似森林。其第六代甥孙赵琬又建梅庵3间，讲堂5间，自号"梅庵老人"。他曾在京城国子监教学，成绩卓著。他的学生们为他在梅林堂内立了生像。大学士杨子奇为他写了《生像赞》。大学士聂大年、商辂撰写了《梅庵记》。堂内还有"鸿儒育英"匾（礼部侍郎薛文靖书）、"冰清玉洁"匾（江南巡抚周忱书）、"桃李争芳"匾（礼部左侍郎薛瑄书）、"松竹交辉"匾（国子监李勉书）。

赵琬赞美家乡的咏景诗，有13首收入《卜弋乡志》。其中《梅林古树》写道："宋室调羹后，仙根此更移。水流千古派，花满万年枝。处处吹香远，重重结子奇。云仍当继武，莫负昔人期。"

《卜弋乡志》中，还有《赵谱遗迹》和《梅村考》。文中写道："吾陈氏之抚育其甥，能致梅庵之追思如此，吾陈氏之德可知。彼梅庵之怀旧无限如此，则梅庵之德尤可知。是赵氏之所重者，亦在德，不在梅也"。

吴福桢就在这仙桥凌空、曲水环抱、垂柳依依，梅林与苍松翠柏伴着书斋墨香的江南水乡度过了童年和少年时期。

田野上的玩耍、林间的嬉戏，使吴福桢对昆虫产生了浓厚的兴趣，渐渐成了小伙伴中捉知了、斗蟋蟀、玩天牛的能手。

第二节　一心向学　立志学植保

到读书识字的年龄，他进了私塾，一年后上小学到初小毕业。因兄弟姐妹多（二兄、二弟、一妹），家里只能供男孩子们略上几年学。他们的父亲吴耀炳（1846—1937）自幼家贫，稍长，即以为大户人家做豆腐谋生，辛苦劳作多年，才成家立业，开了一爿小杂货店。但子女们一个接一个地出生，小店收入菲薄，仅够全家温饱。因此，父亲要三儿吴福桢初小毕业后也和两个哥哥一样辍学经商。但吴福桢却一心向学，竟瞒着父亲偷偷跑到常州，考上了县里的高小。这在当时的卜弋桥镇被视为不凡之举，受到众邻里的交口称赞。吴福桢上初小时就是全校知名的优等生，老师曾在他的一篇作文上赞批"冠军才也"。因此，老师亲自登门对吴福桢的父亲进行劝说，父亲终于同意他继续学业。

高小毕业后，吴福桢又上了常州市第五中学，但只上了一年，为了减轻父亲的经济负担，他改上了公费的南京江苏省第一甲种农校。校长过探先留学美国，崇尚改革，教学注重理论联系实际。吴福桢立即被先进的农业科学知识和生动的教学方式所吸引，而他最感兴趣的则是病虫害防治课。这不仅因为他童年时就对昆虫情有独钟，更重要的是因为，从小目睹家乡每遭虫害之后的悲惨情景，经过犁田、施肥、育秧、插秧、除草等一系列辛苦劳作却颗粒无收，农民望着农田痛哭失声的情景深深地刻在了他的脑海。16岁的吴福桢下决心"学好本领，除治害虫，为民造福，为国富强"。从此他如饥似渴地汲取农业科学知识，与昆虫结下了不解之缘，踏上了认识昆虫、了解昆虫、防治植物病虫害的艰辛道路，并为之奉献了一生。

吴福桢的父亲吴耀炳（1846—1937）

1914—1917年就读于江苏省第一甲种农校

第三节 南京高师农科首届学生

1917—1920年南京高师农科的学友合影。吴福桢（左二）、王作薪（右一）

1917年，吴福桢毕业于江苏省第一甲种农校。这一年，恰逢江苏省教育会会长张謇和热心于教育事业的黄炎培共同筹计在南京高等师范学校增设农、工、商专修科，为各中等职校学校培育师资。这正与去年刚从美国康乃尔大学农学院学成归来，以改进中国农业现状的邹秉文的夙愿相符。于是邹辞去金陵大学农林科教授之职，接受了南京高师的聘请，担任南京高师农科主任兼教授。

吴福桢刚跨出江苏省第一甲种农校，又幸运地考取了这所公费的南京高师农科（此时南高科更名为国立东南大学），成为第一班27名学生之一。

农科主任邹秉文上任伊始，就实施新的教学法，将中国的农业教育从单纯的教学，创新为教学、研究与推广三结合。其目的是把南高农科办成先进而完备的农科大学，把教学研究成果推广到实际应用中去。先为东南各省服务，再逐步推广到全国。他规定农科教授除讲授其专业课程外，一律要进行研究和实验，且必须有成果，并负责与有关单位联系，以便向农民推广。还规定学生要用两个暑期（该校学制 3 年，总共只有两个暑期——作者注）做田间实习。

第四节 幸遇名师张巨伯

南京高师农科成立第二年（1918 年），聘请到获美国俄亥俄州立大学农学院农学士和昆虫学硕士双学位的张巨伯教授执教，开设昆虫学课程，兼病虫害系主任。他是当时我国大学里屈指可数的最早讲授昆虫学的教授之一。吴福桢又有幸成为张巨伯的学生。

张巨伯在海外求学时，就立志为祖国的农业服务，因此自取别名"归农"，以名言志。1917 年完成硕士学业时，美国一家公司高薪聘请他任驻华经理，负责推销杀虫剂等商品，他毅然谢绝，回到祖国。

此时我国的昆虫科学事业尚处于萌芽状态。为了培养昆虫学人才，张巨伯先后在多所大学讲授普通昆虫学、经济昆虫学、昆虫分类学等多门课程。他学识渊博，而且把课讲得引人入胜，连外系的学生都慕名来听他的课，听后甚至想转系改学昆虫。多年后，他的学生在回忆张巨伯先生时说："听张先生讲课如饮醇醪。"

张巨伯很重视教学与实践的结合，经常亲自带领学生到田间、野外实习。张先生对学生的生活也十分关心，体贴入微，常慷慨解囊资助贫困学生完成学业，让学生感到"如沐春风"。

为了祖国的昆虫教育事业，他放弃了再次出国的机会，无私地把一批批优秀学生推荐到工作岗位或出国深造。

多年后，吴福桢在回忆恩师张巨伯时说："张先生一生最大的

1921 年吴福桢获东南大学学士

功绩,就是培养了人才,""我之所以学习昆虫,是受先生之影响,完全是在先生门下打的基础。我的出国学习、研究也得益于先生的鼓励和援助。"

1920年,吴福桢结束了南京高师农科3年的学习,因成绩优异被留校任助教。此时的南京高师已改为国立东南大学。吴福桢得以边工作,边读本科,一年后获学士学位。

第五节 学业未毕 实地治虫

1919—1920年,江苏省浦东、南汇、奉贤等县沿海棉区发生特大虫灾,几万亩棉田几乎绝收,严重威胁刚刚兴起的上海纺织业的原料供应,厂家非常恐慌。华南纱厂联合会向南京高师农科求援。农科主任邹秉文指派尚未毕业的吴福桢作为张巨伯教授的助手奔赴灾区,在南汇老港镇建立起我国第一个治虫田间实验室。师生二人每日从早到晚与危害棉花的大造桥虫为伴一年,可惜田间实验室内养的虫子和试验田全部被突发的苏南地区历史上最大的洪水淹没。但他们仍然取得了不小的成绩:搜集到不少关于棉花大造桥虫的形态、生活习性等方面的材料,绘制了精致的害虫形态图,并试用砒酸铅杀治大造桥虫,收到了很好的效果,受到棉农的欢迎。自此开创了我国用化学农药大面积防治农作物害虫的范例。

第六节 第一个治虫现场会

1922年,江苏省昆虫局和东南大学派时任昆虫局技术员的吴福桢到江苏南通三余镇驻点,继续研究防治棉虫的方法。吴福桢告别了新婚的妻子,一到三余镇,就脱下长衫,走访棉农,和他们一起下田察看虫害情况。农民见他没有知识分子的架子,都乐于同他交往。他白天蹲在田间棉株旁认真察看,往往一蹲就是4～5个小时。从黄昏到夜晚,借着微弱的照明,继续观察害虫在棉田上方的活动情况。直到睡觉时,还把养在瓶中的虫子放在枕头边，以便随时观察虫子夜间的活动。经过几个月的连续观察研究，终于弄清了这一种既没有在课堂上听老师讲过、国内外资料也缺乏记载、只见棉铃落地、不见虫子身影的棉花凶恶害虫——"金钢钻"的生活史、繁殖规律及其危害棉花的方式。吴福桢发现，这种曾经使棉农束手无策的棉花害虫金钢钻是黄昏以后到夜间在棉田飞舞时交配，并将卵产于棉株顶端的嫩头上。于是，他据此提出了拍蛾、摘嫩头、拾毁落花果三种切实可行的防治方法。

与此同时，吴福桢还搞清了棉花苗期的另一种害虫——大小两种地老虎不同的生物学特征。他发现这两种地老虎都是幼虫在夜晚出来为害，咬断棉苗，天亮前躲到土块下等隐蔽处。根据这一习性，他提出堆草诱杀地老虎的措施。

经过试验，治杀金钢钻和地老虎的这些方法，都收到了很好的效果。为了使其他各地的棉农也能受益，吴福桢立即向专门组织棉花生产的公司推荐。公司就在三余镇召开了现场会，由青年技术员吴福桢作除虫技术的演讲，并展示了这些害虫的生活史标本，演示了治杀的方法，大受棉农欢迎。会后，还将参加现场会的棉农分为九组，由吴福桢等分赴他们各自的农田进行实地指导，直至傍晚才结束。

三余镇南边有一所小学校，学生多为农民子弟。开治虫现场会时正值该校开学。吴福桢便抓住这个机会，亲自到学校为学生讲解害虫金钢钻的常识及防治方法。孩子们以虫为戏，听了以后莫不眉飞色舞，起到了普及防治害虫常识的作用。

1922年9月7日的《南通日报》以《大有晋公司驱除棉虫声》的报道，称"技术员吴福桢长驻三余镇大有晋公司，从事研究而便考察……经多方研究，已得最经济而易于实行之驱除方法……农夫无不惊而实行之。"写到治虫现场会时，称"三余镇有此盛会，实属破天荒……"

吴福桢在三余镇驻点研究棉虫三年多的基础上，撰写了《棉铃害虫金刚钻之研究报告》及《地老虎之研究》两篇学术专著，长达10万余字，分别刊登在1926年由国立东南大学农科编辑的《农学》杂志昆虫专刊上。这是吴福桢最早的学术专著。

吴福桢在理论和实践方面都做出显著成绩，显示了他在昆虫学研究方面的聪明才智和实干精神，得到了学校、昆虫局等有关方面的赏识。1925年春，由东南大学出资，保送他到美国伊利诺伊大学深造。

第七节 赴美深造

1926—1927年，在康奈尔大学学习并参加该校及美国农业部的研究工作

1925—1927年在伊利诺伊大学学习

到了伊利诺伊大学，吴福桢攻读硕士学位的题目是《中国半翅目昆虫的分类及文献研究》。之所以选定这个课题，是因为他在江苏省甲种农校读书时，就有搞昆虫分类的愿望。他对当时中国的昆虫要外国人定名感到耻辱，立志要由中国人自己来鉴定。但他农校毕业后一直没有从事分类工作的机会，现在终于如愿了。

吴福桢下定决心要提前完成这篇论文，再用剩余的时间多学些东西。于是他日夜苦读勤练，很快攻下了听课和交谈的语言关，他还用节假日学习德语和法语。

功夫不负有心人，辛勤的耕耘获得了丰收。吴福桢只用了一年时间就完成了按常规两年才能完成的论文。他提前一年获得伊利诺伊大学"科学硕士"学位，因成绩优异，获美国科学荣誉协会颁发的金钥匙奖。

为了充实自己的基础理论知识，他还选修了细胞学和农业推广课程，并用课余时间参加本校图书馆和标本馆的工作，每小时有20美分的工资。同学们说他得不偿失，而他却乐在其中，因为他打工不单是为了补贴生活费之不足，而是为了学到更多的管理方面的知识。

他生活简朴，从不与人比吃穿。当时，伊利诺伊大学各科留学生共50余人，只有他一人学昆虫。大家就叫他"昆虫"，而且知道这位"昆虫"喜欢吃两毛五的西餐。其实他并不是爱吃西餐，而是因为西餐便宜。他每周只吃一顿中餐，作为改善生活。

1926年，经导师介绍，他参加了康奈尔大学昆虫学系关于蚊虫幼虫的分类研究工作。

1927年，他又被推荐到美国农业部日本甲虫研究所参加生物防治工作，不仅要在室内饲养和繁殖，还要到田野采集寄生蝇，考查它们在当地的驯化情况。他的导师劝他："你还是选定一个项目，集中精力，攻读博士学位。"他笑笑说："对我来说，重要的不是学位。我们中国的农业科学还比较落后，我多方面学一些，回去可以更有用处。"

1927年秋，吴福桢毅然放弃了导师为他提供的攻读博士学位的机会，搜集了大量对发展中国农业科学有用的资料，踏上了归程。沿途他还充分利用机会，参观了华盛顿美国农业部图书馆和芝加哥菲尔特自然博物馆。他在国外所学的一切知识和技能，回国后几乎都直接或间接地发挥了作用。

吴福桢从私塾、初小、高小、中学、江苏省第一甲种农校、南京高等师范农科、国立东南大学到美国伊利诺伊大学共17年的求学历程到此结束。

第二章

新中国成立前治虫30年

吴福桢于1919年就深入田间，同农民一起，采用多种方式从事防虫治虫工作，特别在防治棉虫、蝗虫方面积累了丰富的实际经验，并在此基础上撰写了大量的科研专著。他积极提倡使用药剂和器械治虫，提出要生物学、化学、机械学三管齐下治虫害，是我国使用药械治虫的首创者。他还亲自创建了我国第一个病虫药械制造实验厂，使我国的病虫防治开始用上了自己制造、生产的药剂和喷雾器具等器械，为我国的现代植物保护事业打下了坚实的基础。从1919年到新中国成立前，吴福桢为我国的防虫治虫工作尽心尽力30年。

第一节　棉虫防治的奠基人

1919年，吴福桢大学还没有毕业，就被东南大学农业专修科主任邹秉文派到田间实验室进行棉虫防治的研究工作。第二年，时任东南大学助教和江苏省昆虫局技术员的吴福桢又被派到江苏南通农村蹲

20世纪20年代末至30年代初蚜虫生殖力试验区

点，继续从事棉虫防治研究，时间长达3年有余。在两次四年多的田间实践和潜心研究的基础上，吴福桢撰写了两篇关于棉虫防治的学术专著《棉铃虫金刚钻之研究报告》和《地老虎之研究》，长达10余万字。1929年，吴福桢受命对进口的美国棉种进行熏蒸消毒。1933年冬，吴福桢在全国棉业讨论会上作了《中国棉作五大害虫》的报告。1934年又对棉虫为害情况进行实地调查，并写出《中国棉虫之分布及民国二十三年发生情形》一文。1926—1948年的22年间，吴福桢共发表有关棉虫方面的学术著作及调查报告19篇。

吴福桢多年从事棉虫防治的研究，既有丰富的实践经验，又有关于

棉虫的学术专著，可谓硕果累累，我国昆虫界称他为我国棉虫防治的奠基人之一。

《棉铃虫金刚钻之研究报告》

这是吴福桢最早的学术著作，刊登在1926年由国立东南大学农科编辑的《农学》杂志昆虫专刊上。简介如下。

"金刚钻乃我国今年重要棉作害虫之一，其足迹几乎遍及全国。江苏沿海产棉各区及湖北武昌等处受害最烈。……幼虫食害棉株嫩头、棉蕾、棉果及正开之花等，被害之蕾、果于表皮现一小孔，一若金刚钻所钻者，故名。"接着写道："金刚钻之食料，似甚专一。据作者民国10年在南汇老港镇及民国11年在南通三余镇之观察，除棉花外，他种植物均非所嗜。该两处之夏季作物，除棉花外，则有玉蜀黍、高粱、黄豆、赤豆、稻、小米、豇豆等。此等作物虽与棉花同植一处，或相间而种者，然均未见受金刚钻之害。""金刚钻食害花蕾及棉果，直接影响棉花之产量，凡植棉农民，无不知金刚钻之害。"

关于驱除金刚钻的方法，作者写道："治虫犹如治病也。医者之治病，当先知其病原，然后对症发药以治之。不合另换一方以投之，治虫亦然。"接着便介绍了拍蛾、摘嫩头烧去和收集落下花果烧去3种驱除方法。

拍蛾。"金刚钻是卵子所变的，而卵子又是蛾所产生的。所以要治金刚钻，不如治其子。要治其子，不如治其蛾。一个母蛾最多能产370个卵，平均产175个。若能打死一个蛾子，就抵得杀死175个金刚钻。俗话说得好，擒贼要擒王。我们除虫要除蛾。"

摘嫩头。"金刚钻的卵大半产在棉花嫩头嫩叶嫩芽嫩茎等地方。卵子初化幼虫时，即就近啮食嫩头。有时还要钻进嫩茎里面去钻食嫩茎。我们若能在一定时期把棉花嫩头尽行摘去烧毁，不但卵子可以烧死，初出的幼虫也同归于尽了。况且摘嫩头在棉花初放时，还可以促它分枝，在棉花将熟时，可以催它早熟。摘嫩头这件事，如其不为金刚钻，而为分枝催熟也是要做的。这个法子，人人知道，人人会做，又不花什么钱，推广起来比什么法子都容易。摘下来的嫩头的处理方法有两种，一种是把它和干草堆起来烧毁，一种是把它埋在地下，用土压实。要当天做，不可留它过夜。"

收集落下花果。"凡是花果被金刚钻咬过的，都要落下来。这种落下来的花果，有时还有金刚钻躲在里面，所以当蛾已拍过，嫩头已摘过，第三步就应当天天早上起来到棉花田里看看，收集尚发绿色的落下来的花果，和摘下来的嫩头同法处理。落下来的花果中间，不是统统为金刚钻吃过的，尚有别的害虫。所以我们把落花果拾起，埋在地下，不但可杀死金刚钻，就是别的害虫也可以因此减少了，一举两得，何乐而不为呢。"

《地老虎之研究》

这篇文章也刊登在 1926 年由国立东南大学农科编辑的《农学》杂志昆虫专刊上。简介如下。

吴福桢写道："地老虎有小地老虎和大地老虎两种，它们形、性类同但显有区别，后者有夏眠现象。地老虎对于一切青绿植物，无不食害。唯农作物之受害者，据三余镇情况言之，玉米为最，棉花次之，高粱又次之，小麦更次之。黄豆、蚕豆则未见受害者。"至于玉米受害最重的原因，作者写道："是由于地老虎以幼虫过冬，天暖即出取食。作物播种以后最先发见于地者自然受害最烈。此玉米之受害独甚，以此间农作物播种以玉米为

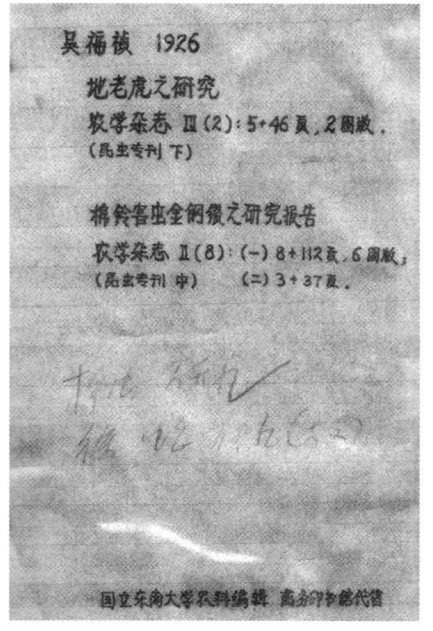

地老虎之研究

最早也。"谈到受害情况时，是这样写的："民国十一年大有晋公司受地老虎之害甚烈，为数年来所未曾前睹。公司该年所有玉米全数被害。第二次再种，又被害。害烈之处，有须补种四次者。民国十三年，大有晋公司受地老虎之害，不若11年之甚，受害盛者，被害率为40%。"谈到国外的情况，文章说："地老虎一物，不特习见于我国，欧美各国之农田，亦时受其害。……据国外报告，地老虎在美洲，北方每年1次，南方2或3次。"

文章还介绍了毒饵驱除法、诱杀驱除法以及播种式驱除法等几种防治地老虎的方法。

熏蒸消毒美国棉种

1928年，中国西北各省天气大旱，陕西、甘肃、河北赈济委员会向美国购买棉花种子200吨，分发灾区赶季节播种。第一批100吨棉种计2 500包未经消毒，将于1929年2月运抵上海。此事为金陵大学农学院前美籍院长获悉，电告该校。植物病理学家邹秉文（当时已担任上海商品检验局局长）等知道此事后，深虑国外病虫传入，将贻害无穷，应立即进行熏蒸消毒，然后才能转运西北。他们一面设法扣留运抵上海的第一批棉种，一面向上海实业界募集熏蒸棉种所需经费。

由于棉种的熏蒸消毒工作技术性强，邹秉文当即指定江苏昆虫局的吴福桢去上海担此重任。吴福桢深知，此事关系到数省的植棉安全，责任重大，下决心一定要把这项任务完成好。于是，他精心筹划，在没有专用熏蒸室和有关设备、药剂，缺乏熟练工人的十分困难的情况下，完成了100吨棉种的熏蒸任务，工作人员安全，棉种发育正常，使西北各有关植棉区及时收到了业经消毒的棉花良种。吴福桢为推广棉花良种立下了汗马功劳。这是我国首次大规模处理由国外进口的植物种子、防止病虫传播的记录。

吴福桢于1930年撰文《18年春美国运华棉种熏蒸纪实》对此事进行了回忆。文中写道："药料的选择。棉籽熏蒸，根据世界各国之经验，计有两种药料可用：其一为氰化钠，其二为二硫化碳。前者在华容易购备，且无着火危险。唯有一缺点，即透入性不强。今有大批棉籽，若透入性不强，则熏杀功效难于周密。后者用以熏毒棉种，虽有富于可燃性之缺点，但透入性甚强，故大量熏毒而缺乏特别设备时最为相宜。于是在可能避免危险之范围内，决定采用二硫化碳，以图效果确实。"

找熏蒸的房屋，颇费一番周折。文中写道："决定用二硫化碳为熏毒材料，则所用房屋应有下列条件：一、其大能容50～100吨之棉籽。二、要与他屋分离，熏毒时无失火波及之危险。三、屋要完整，易于封闭。于是四出搜集，在复旦大学附近，发现旧洋房一座，颇为相宜，唯未得主权者允诺。后经人介绍，小沙渡福新面粉厂附近有堆栈一座，空无所用，商得主人同意，允暂借用。该屋容积大小及式样，均极合适，且与他屋不相毗连。房屋问题，因即解决。于是乃择房屋两处，一处栈房，一处办公室，又一小室。……接着在上海各处购得二硫化碳272磅。房屋之窗户及门隙，除必须出入之一门外，概用稀薄浆糊以报纸糊闭，以免漏气。"

"熏毒自3月24日上午12时起，至3月28日下午3时止，共计99小时。"

关于熏毒过程，吴福桢是这样记述的："雇临时工人约20人，先告以用药时火燃之危险，凡到此工作之人不准吸烟，当即将工人身畔之香烟及洋火，均行搜去。并令其进室内熏药时，须以毛巾裹口，以棉絮塞鼻，在工作时勿作深呼吸。棉堆积厚约167厘米，不令太高，平堆于室内，各室一律。先备竹筒百个，长约133厘米，穿其节而削尖其一端，以83.5厘米插入棉堆中，50厘米露于堆面。竹筒之用，乃将药灌入棉堆之中层，使之匀布，以免下层棉籽熏毒不足。灌药时，1人灌药，1人以棉花塞其口，使药液向下透入，而不向空中散发。散药时，毒气四溢，触鼻难耐，尤以眼睛之感觉最为难受。此时间越短越好，时间一长，工人必有晕倒之虞。幸各事布置周密，不到3分钟即已毕事，立即关门。关门后即由工人在外面用报纸、浆糊将门密封。此时，即告结束。"

"3月28日下午3时，将熏室完全打开，以通空气。启户时，毒气依然触鼻难当。约隔2小时，乃将覆盖棉籽之上麻袋揭去，使下层毒气逐渐散发，是夜门户均未关闭。29日雇工20名，将棉籽翻转，将大部分棉籽搬出室外，一部分即在室内翻转。此时，棉籽堆中之毒气，得完全散去。3月31日装包时已不觉有何气味。4月1日当即点交西北输运棉籽委员，并力嘱沿途当心火烛。"

上述可见吴福桢为完成此次熏蒸消毒美国棉种的任务，可谓费尽心思，竭尽全力了。

《中国棉作五大害虫》

1933年冬，中央农业实验所召开全国棉业讨论会，吴福桢在会上作了《中国棉作五大害虫》的报告。其对五大棉虫的特性以及经过实践证明切实有效的防治方法作了介绍，广受欢迎。会后，昆虫界的同行纷纷索要吴福桢的这份讲稿。1934年8月出版的中央农业实验所农报第一卷第15号上刊登了报告的全文，以应各方之需要。其的主要内容如下。

我国棉花害虫，种类甚多，其中，以红铃虫为最著。中国棉作受害虫之损失，根据民国10年之估计，至少有一亿元以上，若以全国人口分担之，则每一人至少须耗费0.25元以养育之。问题之严重，概可想见。

现将为害较烈之5种棉花害虫，略述其梗概。

一、红铃虫。原产于印度及亚洲南部，1907年由印度入埃及，旋由美洲而分布于全世界之棉区。我国棉花害虫，以红铃虫之损失为最大，大约每年有15%～30%之损失。在江浙一带，每年至少可发生2代，成熟幼虫在室内作茧，在田间枯果中过冬，次年6月下旬化蛹，以后约50天一代，于10月以后即行蛰伏。食害花蕾果实种子时，隐身于内，外部并无伤害形迹，使人不易注意，防治颇为困难。

防治方法：1.熏棉籽。熏籽的药料有氰酸气、二硫化碳两种。人工加热法效果确实而经济，已盛行于埃及和美国，熏时温度大约60℃，经2、3小时后，即可将全部害虫杀死。2.密室驱除法。红铃虫大部分在室内结茧越冬，密室驱除颇有成效。棉花收获后先在日光下暴晒，下午2、

3时即行堆置于密室中，此时室内甚热，留种籽内之幼虫更感不适，均由种籽内爬出，止于壁上，次晨再将棉取出晒之，同时将壁上之虫扫落。如是进行，3日内即可将种籽内之棉虫杀死90%以上。3. 清理储藏仓库。堆积棉花或棉籽之仓库须收拾清洁，或施行消毒，或加热，使红铃虫不能隐藏过冬。4. 冬耕及地面清洁。红铃虫有一部分在田间过冬，宜将田间枯枝落叶及花果等搜集成堆烧毁之，再行冬耕或灌水，则红铃虫能越冬者更少。5. 收拾落花果。落花果中每有幼虫及蛹潜伏，可收拾而烧毁之或埋入土中。6. 育种抗虫。早熟品种受害较轻，故育成早熟种可减少虫害。7. 处置棉秸。棉秸于棉花收完后须随即拔出，并于来年四月前烧完，使害虫不能羽化产卵。8. 轮种。此虫专食锦葵科植物，若能与禾本科植物轮种，受害可以减轻。

二、金刚钻。棉金刚钻分布于亚非二洲，其为害之烈，实不亚于红铃虫，中国之江、浙、鲁、鄂发生甚多。此虫习性有两点应予注意：1. 钻孔。其取食方法，先由果皮钻一小孔，渐食渐进，藏于果实内，卒将果内全部食尽，而果实外观并未受损。2. 食量宏大。每一长成之幼虫，每天能食5毫米直径之花蕾两个，一生中可食20个，故棉作产量直接受其影响者甚大。

防治方法：1. 拍蛾。8月间为蛾盛发期，清晨时蛾色显明，均在株顶停落产卵，可拍杀之。2. 摘头。蛾产卵位置在顶头及顶头附近之叶片上，初孵化为幼虫，亦集食于顶头之一段，被害嫩头，即变黑色，此时宜实行摘头烧毁之。3. 收落花果。清晨时将新鲜落花果拾起烧毁，当害虫盛发时，约有51%有虫在内。其他办法尚有：冬季清洁田面、冬耕、早拔花秸、育成早熟品种、轮种。

三、蚜虫。蚜虫为害之轻重各处不同，中国北方发生甚烈，南方则轻。卵在棉株顶部过冬，待次年6月间发生，此虫繁殖甚强，每年有30余代。

驱除方法：此虫体躯软弱，防治较易，用火油乳剂、烟精及棉油乳剂喷杀，均有效果。其中以棉油乳剂最为价廉而效力显著。蚜虫均于棉叶底面，喷时困难，须用叶底喷头。

四、地老虎。地老虎之发生，因地点及年代不同，其盛衰大相悬殊，如新垦之地或冬作苜蓿之地，发生往往较多。我国发现有两种：一种身体较大，称大地老虎，一种身体较小，称小地老虎。大地老虎有夏眠之习性。

防治方法：1. 毒饵。麸 17 份，加白砒 1.5 份，加饴糖 5 份，水适量，对于地老虎颇有效果。2. 诱杀。草皮铲起，在棉田中，于相当距离集积作堆，每日清晨在堆下寻觅捕杀，此法乃利用该虫畏光喜湿之习性。3. 改变播种期。地老虎之发生有一定时期，为害日期约 2 周，若过此时期播种，则受害较少，或提早播种亦可。4. 改良播种形式或多播种子。5. 掘杀。每日清晨到田间观察，若见有被啮倒之棉苗，即在苗旁用手指拨土，随手可得幼虫，此法尚切实，唯人工太费。

五、大卷叶虫。此虫往往在棉作晚期发生甚烈，成熟幼虫以枯叶作茧，散布于田间过冬，每年有 4、5 代，盛行于 8、9 月间。初化幼虫，5、6 成群，聚居于叶底，待 3 龄以后，则各自为家，吐丝卷叶以藏身，叶卷之形为喇叭，害烈时棉株全死，凡田间空气流动不畅，及房屋附近之棉田，此虫最多。

防治方法：1. 砒酸铅。用砒酸铅一磅加石灰近 0.5 公斤（1 公斤 =1 千克，全书同），加水 2 500 公斤，喷洒叶上可以治之。2. 手捕。来往田间，见有喇叭形之叶卷，即用手紧捏，将内藏之昆虫捏死。3. 冬耕及田面清洁。

《中国棉虫分布调查》

1934 年，中央棉产改进所成立，设址于南京孝陵卫，与中央农业实验所毗邻。中央农业实验所病虫害系主任吴福桢兼任中央棉产改进所棉虫股主任。由于吴福桢一身二任，两所的棉虫研究工作密切配合协调。当年，两所联合派人赴河北、山东、河南、江苏、浙江、湖南、湖北七省对棉虫为害情况进行实地调查。吴福桢在此次调查结束后撰写了《中国棉虫之分布及民国二十三年发生情形》一文，列举当年发生的 18 种棉

1936年8月，河北省蠡县北黄庄未治蚜的棉田。吴福桢（中）、孙云沛（左）

虫，并对其中为害比较严重的几种棉虫作了如下介绍。

红铃虫，藉种子而传播。本年南京孝陵卫10月间棉籽受害率为15.1%，浙江9月间棉田蕾铃受害率为7.6%，湖南同月蕾铃受害率为6.1%，湖北同月蕾铃受害率为7%。南京市每0.5千克籽花内含虫108条，江苏海门县每市斤籽花含虫385条，诚为我国南北棉区普遍之重要害虫。

1936年8月，河北省蠡县北黄庄治蚜后的百亩示范棉田。右一吴福桢、左二孙云沛、左三吴征镒

金刚钻在华北为害极轻，定县甚难觅得标本，在华南为害甚烈，江苏海门县落铃中本年被害率为70%，重者几无收获，浙江七堡本年9月间被害棉铃中，金刚钻占90%以上，故此虫实为华东棉区之劲敌。

棉铃虫昔年对于棉花不足为害，本年在江浙忽大形猖獗，江苏盐阜棉垦区棉蕾及铃在10月间被害率达11.5%～38.7%（为害盛期为8月）。浙江七堡7月间棉蕾及铃被害率达90%以上。湖南9月间受害率为9.5%，湖北9月间为4.9%。据计算，每虫能蛀食棉铃6、7个，食花蕾当在30个以上，其他为河南省太泉县，徐州、济南均有发生。

棉蚜在我国分布极广，华北年年发生，甚为严重，本年依然盛发。华南若在旱年，为害亦烈。本年湖南、云南为害均烈，云南尤甚，闻系因该省自10月至次年5月多不下雨所致，故棉蚜亦为我国南北棉区之重要害虫，且为华北美棉推广之主要阻力。

地老虎最普遍者有3种（小地老虎、黄地老虎、大地老虎），分布极为普遍，江苏崇明县棉苗被害率达50%～60%，浙江被害率达20%～40%，此虫为吾国棉苗之大敌。

属夜蛾科之小造桥虫，本年江苏盐阜棉垦区大肆猖獗，棉叶被害甚者达92%，最烈之时，每株有200条。

红蜘蛛本年在湖南滨湖棉区猖獗异常，棉株被害者达90%（损失达30%）。

据本年调查，有几种害虫为害美棉较中棉为烈，如棉蚜及大卷叶虫等，当今推广美棉之际，尤须积极注意此项问题。

为《中国棉虫之研究与防治》作序

中央农业实验所技正傅胜发与该所技士万长寿合作，撰写了《中国棉虫之研究与防治》一书，1948年由农林部棉产改进处出版。吴福桢赞此书写得好，夸傅、万"二氏猎涉棉虫文献390余篇，摘取精华，汇为巨文，诚属难能可贵"，并应邀为此书写了如下序言。

我国对于棉花害虫，应用科学方法，从事研究与防治，实肇始于民国九年东南大学在南汇老港镇所作造桥虫之研究。20余年以来，国内各方学者，对于棉虫之分布生活习性及其防治方法之研究，均有显著之进步；唯此类研究与防治之结果，均散见于各类杂志及刊物，东鳞西爪，迄今尚乏有系统而较为完善之纂述，不便参考，学者病之。中央农业实验所技正兼棉产改进处棉虫股股长傅胜发先生，爰与中央农业实验所技士万长寿先生汇编的《中国棉虫之研究与防治》一书，二氏猎涉棉虫文献390余篇，摘取精华，汇为巨文，诚属难能可贵。此书首对我国棉虫研究与防治事业之演进情形作综合报导，并将我国棉虫种类详加整理，列为名录，总计为310种，其中许多为前人未曾记载者，其次论述全国主要棉虫之分布及其研究经过，并就各农业区域中各种棉虫之发生情形及生活习性等作比较性之综合讨论，对于历年防治试验之结果，叙述尤详，最后并根据历年实施防治情形与试验结果相博证，以讨论其利弊与得失，凡此均足以说明过去棉虫同道所得之收获，以指示将来发展之途径。值此国内原棉缺乏，政府重视增产之际，防治棉虫，实为增加棉产迅速有效之重要方法。本书应时而成，不仅为今后从事棉虫工作者良好之参考，抑且显示近年来我国农业改良之进步，并启示农业前途之光明也。傅、万二先生专心一志于棉虫，10余年如一日；与余共事多年，其不辞劳苦努力奋斗之精神，为余所深知，读其文知其人，而乐为之序。

该书作者在《中国棉虫之研究与防治之演进》一节中两次提及吴福桢在防治棉虫方面所做的贡献："1921年由于邹秉文之鼓吹，上海棉业先进穆抒斋氏特捐款2 000元于前东南大学成立棉虫研究所于南汇老港镇，有该校农科教授张巨伯氏主持其事，吴福桢氏协助之，从事棉大造桥虫之研究，是为我国以科学方法研究棉花害虫之嚆矢。……民国11年江苏昆虫局成立后在南通三余镇设立棉虫田野实验室由吴福桢氏继续主持其事，对当地棉作最严重之虫害问题如金刚钻地老虎及大卷叶虫等害虫之生活习性及防治方法悉心研究，继续5年之久，刊有棉铃害虫金刚钻之研究，地老虎之研究等著作。同时并与张季直先生所办之垦殖公司如大有晋等合作，将研究所获之防治方法试行推广，颇受农民之欢迎。此项之研究及防治实为我国后期棉虫研究与防治之发展也。"

该书作者之一的傅胜发是吴福桢的同事，又是近邻。他1909年出生于辽宁铁岭县，1929年考取东北大学农科。"九·一八"事变后，因不堪日本侵略者的压迫，毅然只身离家，随学校南迁。结业后，经校长张学良将军介绍到中央农业实验所病虫害系任助理员。他除了做好本职工作外，还常为一些达官显贵们的庭园喷药灭虫。1937年，随中农所内迁四川，旋被派往射洪县从事棉花病虫防治的推广工作。1945年赴美国康奈尔大学农学院昆虫系进修，并在路易斯安那州和得克萨斯州的美国农业部昆虫

1937年，中农所在四川省射洪县建"防治棉病表证区"，图中左侧是未治棉田，右侧是已治棉田

植物检验局棉花害虫研究室实习。1946年7月回国，正值抗日战争胜利后百废待兴之时，他除了担任中农所农作物病虫害系技正外，还兼任农林部农业推广委员会专业督导、农业复兴委员会病虫药械专门委员会委员和上海华中棉产改进处棉花害虫防治总督导。1947年他又兼任农林部棉产改进处名誉技正、棉虫股长，后又被派任沈阳东北病虫药械厂厂长、上海病虫药械厂特约研究员和北平病虫药械厂分厂顾问等职。1948年解放战争紧张阶段，中农所疏散到各地，他自愿留守南京，守护财物等待解放。新中国成立后，他任华东农业科学研究所（后改为中国农科院江苏分院）植物保护系副主任、技正、副研究员、研究员。1956年参加九三学社。1964年任江苏省政治协商会议第3届委员。他是中华昆虫学会理事兼秘书长，中国昆虫学会理事，江苏昆虫学会副理事长，中国植物保护学会理事。1969年7月，因患食道癌，逝世于南京。

第二节 治蝗先驱

蝗虫问题自古以来就是农业生产中的一个严重问题，蝗虫是人类的大敌。明代徐光启的《农政全书》上提到："凶饥之因有三，曰水、曰旱、曰蝗。"而蝗灾有时成为超过水、旱的第一位的自然灾害。2 700多年以前，我国历史上就有了关于蝗患的记载。

两次治蝗实战

1928年,江苏省遭遇严重干旱,飞蝗猖獗,蝗患波及58个县。江苏省昆虫局在徐州、海州、靖江、阜宁4地设立捕蝗所,共培养训练治蝗指导员55人,分驻各地督促指导治蝗工作。在他们的具体指导下,采取掘沟围打、撒布火油及氰化钠、鸭啄、犁耕、灌水及掘卵等各种方法,扑杀蝗群585万余千克。各地农民上交的蝗尸堆积如山。

1929年,天气连续干旱,邻省飞蝗侵入江苏。江苏省昆虫局划定徐州、海州、靖江、阜宁、南通、江阴、苏州、南京为8大治蝗区域,调派捕蝗指导员71人,严格督导各县扑治蝗群。当年捕杀蝗蝻及掘除卵块575万余千克。

以上两次治蝗战役均由江苏省昆虫局局长张巨伯及主任技师吴福桢组织领导,并亲临治蝗第一线进行指导,他们还组织东南大学和金陵大学农科高年级学生100余人参加。苏北蝗患发生地有不少是人迹罕至、交通险阻之处,治蝗人员深入蝗区,克服重重困难,连续两年采取各种方法进行扑(扑)治,使蝗患的势头大减,最终未成大灾。

吴福桢在治蝗工作中表现突出,他与吴宏吉(20世纪50年代任中国农业科学院棉花所所长)、陈家祥(50年代中央农业部植物局专家)等得到了江苏省的传令嘉奖。

宣传科学 破除迷信

我国古代劳动人民具有长期与蝗虫作斗争的经验,同时也存在着神化蝗虫,顶礼膜拜,修庙立碑,供奉蝗神,祈求免灾的迷信做法。吴福桢在《民国十七年治蝗情况》一文中记述1928年治蝗情况时,也列举了部分农民因愚昧迷信而阻挠治蝗的例子。文中写道:"乡愚对于捕蝗,率多迷信,种种荒谬举动,往往影响工作,多所阻挠,兹列举数例,以见一斑:捕蝗员沈学年,在江阴丁挑沙乡视察。该乡第9村,有观音堂一所，中有女巫，借此谣言惑众，谓蝗由天管，人不可犯；高竖红旗，上书敬求蝗军勿害禾苗，嘱人以铜元6枚来前，观音可保无害。乡愚信者十之八九。沈君因饬拘询问，该巫非但不认，并满口阿弥陀佛，并装死假托神灵附身，鞭之不理，以火恐吓之始起，观者如堵。沈君因对众宣讲蝗害及不可迷信受骗之理由，众始稍悟。沈君在武进捕蝗时，其定东乡昇西乡农民，亦大率焚香跪拜，以事祈祷。其他处类似者，亦甚多。捕蝗员陈家祥，在常熟捕蝗。地方农民迷信甚深，多筑临时蝗神庙，徒事焚香礼拜。陈君又在嘉定见乡民持黄纸小旗，上书《大慈大悲观世音菩萨》，陈君当即将小旗夺下，晓以利害。其旗有插田中者，亦辄拔去。"

可见，治蝗人员下乡工作相当艰苦，除了作技术指导外，有时还要向农民群众做耐心的思想开导工作。

播讲治蝗知识

1935年4月15日，吴福桢应邀在南京中央广播无线电台播讲《中国蝗虫问题》，向广大群众宣传有关蝗虫的常识，并呼吁用标本兼治的办法治理蝗患。同年5月10日出版的《农报》上刊登了这篇广播稿，主要内容如下。

可惊的蝗患。蝗虫是我国极大的害虫。自汉初到明末1849年间，蝗虫为灾的有381次，每5年就要大发生一次。最近几年的为害状况：1927年山东大蝗，受灾的有69县，灾民达700余万；1928年蝗虫继续大发生，江苏境内长江两岸的芦苇叶子，差不多全被吃尽。蝗虫不但为害作物，使我们的粮食发生问题，有时竟能阻塞交通，如民国18年下蜀地方，发生大群蝗蝻，从长江旁边，纷纷向内地迁移，京沪铁路的轨道，几乎都被淹没，火车开到下蜀站的时候，因轮轨被它们粘阻，无法进驶，经许多工人把轨上的蝻群扑除以后，方得前进，因此火车就耽误了许多时间，不能准时到达各站。

我国蝗虫的种类及其分布。我国各省所产的蝗虫，因为它善于飞迁，所以叫它飞蝗，广布在江苏、安徽、山东、河南、河北等省境内，如扬子江下游，钱塘江，黄河入海处，洪泽湖、微山湖的四周滩地，河北省的碱地及低湿地，都是它们的原产地。湖南省的蝗虫也很厉害，不过并非普通飞蝗，乃系另一种蝗虫，因为它们喜欢吃竹叶，所以叫它们竹蝗。

蝗虫的一生。蝗虫是一种渐进变态的昆虫，它的一生有卵，稚虫，成虫3个形态。稚虫即跳蝻，成虫即飞蝗。卵在土内过冬，普通自数十粒至100余粒，骈列成一个卵块，外面有一种胶质物作保护；到来年4、5月间，天气暖和时，卵即孵化为蝻，爬出土面食害各种植物，大约经一个多月，脱皮5次，即变为飞蝗。此时正当夏季6、7月，所以称它为夏蝗。夏蝗雌雄交尾后，即择地产卵，约经两星期，复孵化为蝻，到了8、9月间，复变为飞蝗，此时适当秋季，所以称它为秋蝗。

蝗虫的特性。蝗虫有三种特性：1. 迁移性。蝗虫自小到老，就喜欢迁移，在跳蝻时期，不断地跳跃迁移，到飞蝗时期，便高飞远翔起来，江苏江北的蝗虫，倏忽之间，就可飞到江南。跳蝻除跳跃以外还能爬行游泳爬墙升树，遇到大河当前，便能集结成球浮过河流。洪泽湖边，有时能够看到跳蝻过湖。2. 合群性。蝗虫自小到老，都喜欢合群，一个小蝻群，遇到另一个小蝻群，就合成一个大蝻群。大蝻群，遇到另一个大蝻群，就合成一个更大的蝻群。这样不断地合并成群，覆盖地面，甚至堆积至数寸之厚。至于飞蝗的成群结队，高飞远翔，可以遮天蔽日，远远望去，好像一片乌云。3. 普食性。蝗虫能吃许多种植物，而尤以禾本科植物为最合它们的胃口，如稻、麦、玉米、高粱、芦苇、粟、黍、稷、甘蔗、竹等，它们都很喜欢吃，有时黄豆、棉花、芝麻等作物，也要被害，当它们漫山遍野、奋勇前进的时候，如果肚子饿了，则各种杂草也吃。它们口渴要摄取植物中的水分，它们便不断乱咬植物的茎叶，却随咬随吐，并不吞入胃中。蝗虫所以能予人类以极大的威胁，引起社会的恐慌，这3种特性实最有关系。

解决蝗虫问题的途径。一条是治本的，一条是治标的。治本的为垦荒疏河，以消灭蝗虫的原产地。我国主要的蝗虫原产地，就是洪泽湖、微山湖的四周，沿海与沿江的荒滩，河北省的碱地及低湿地，所以我们应当尽速疏河，兴水利，以便把滩地及其他产蝗荒地完全垦熟，使蝗虫没有适当的繁育场所，那么全国的蝗患，自然就会渐渐地消灭了。治标的方法，需年年在蝗虫发生区域，用有效的方法，一致努力捕除，使密集成大群的蝗虫，打得落花流水，使群居型的蝗虫渐渐变为散居型，使它们不致成灾。但是，蝗虫迁移力很强，如果甲地努力捕除，而乙地不努力，那末甲地的治蝗工作，就要受乙地的影响而功效不明显。所以我们应当运用政治力量，来统制各地治蝗工作。如何可以统制治蝗呢？据我的意见，全国要设置3个治蝗专局，一个设在徐州，主持苏皖鲁3省的治蝗工作；一个设在大名，主持冀豫两省的治蝗工作；一个设在安化或益阳，主持湖南省的竹蝗防治工作。如果政府与人民能照这种办法治标治本，双管齐下地进行，那末我国的蝗虫问题就不难逐渐解决了。

这篇广播稿通俗易懂，普及了有关蝗虫以及防治蝗患的常识，受到各方赞赏。

全国蝗患情况调查

吴福桢崇尚实际，重视调查研究。他自1932年任中央农业实验所病虫害系主任后，于翌年春天就组织全国蝗情调查。自1933年到1946年，吴福桢根据普查情况，发表全国蝗情报告5篇。

抗战胜利后的1946年，时任中央农业实验所副所长的吴福桢与该所的同事陆培文合作，撰写了《民国三十五年全国蝗患调查报告》。《报告》长达万余字，除提要、引言外，尚有飞蝗发生地点、飞蝗分布情况及发生时期、飞蝗发生地之环境、各县飞蝗为害情况四部分，并列出各省飞蝗发生县份及地点、发生夏蝗及秋蝗县份表、仅发生夏蝗县份表、仅发生秋蝗县份表、夏蝗秋蝗未明确县份表、各县夏蝗发生时期表、各县秋蝗发生时期表、秋蝗产卵面积及地点表等8个表格，十分详尽。《报告》提要的主要内容如下。

本年发生之蝗虫有二：一为飞蝗，二为竹蝑（亦名竹蝗）。

本年全国发生飞蝗之区域，计有苏、皖、赣、冀、鲁、豫、晋、鄂、台湾及南京市等9省66县1市。

本年各省飞蝗发生之密度，如以县为单位，加以比较，当以河南为最大，计23县。安徽次之，计18县。江苏又次之，计12县。河北又次之，计4县。江西又次之，计3县。山西及台湾又次之，各2县。湖北及山东2省最少，各1县。

本年各省飞蝗发生时期，夏蝗在4月上旬至7月中旬之间，秋蝗在6月至9月上旬之间，夏蝗以4月下旬为最盛期，秋蝗以7月上旬为最盛期。

本年各省发生之飞蝗，除我国台湾省可能系由菲律宾所迁入外，其余各省皆系本地所产，或由邻区飞迁而来。此中产地之环境，大致不外湖滩、海滨、低湿地、碱地及豫、皖二省之黄泛区5种。查自1938年黄河在河南花园口决口以后，豫、皖、苏3省被害面积先后达1 400余万亩。河南省首当其冲，被害面积最为广大。此等地区，因水位涨落无定，飞蝗据此产卵繁殖，除在当地造成严重之灾外，并由此而迁飞其他邻省，辗转为害。今年豫汛区因去年秋汛关系，飞蝗发生，虽为较少，但以过去之情形观之，在最近数年内，仍不容吾人之忽视。

本年河南省发生之飞蝗，除郾城西平二县系属群棲（栖）型飞蝗外，其余各县发生者，均系散棲（栖）型飞蝗。故今年飞蝗为害情形，远不若过去之甚。

根据皖、赣、冀、鲁、豫、晋6省8县之报告，本年飞蝗秋蝗之产卵面积共计597 705亩。我国治蝗组织尚未十分完密，所有此次调查结果，自难视为精确。要之，不过略供来年防治之参考而已。

根据豫、皖、苏、冀、赣、鲁、晋、台湾8省及南京市之报告，本年飞蝗为害之作物，总计有1 208 052亩9分（1亩≈667平方米，全书同），损失国币5 213 545 225元。（河南省大部分未有损失数字，故实际损失情形当不止此。）其中，以河南省受害面积为最大，计669 457亩。安徽次之，计376 575亩。山西又次之，56 050亩。山东又次之，计50 000亩。河北又次之，计49 450亩。我国台湾又次之，计18 885亩。江苏又次之，计15 780亩。南京又次之，计9 915亩。江西省最小，计3 710亩。再以作物而论，则以麦类高粱及杂粮三种被害最重。稻玉米芦苇及其他农作物等次之。

据苏、皖、赣、豫、冀、晋六省卅三县及南京市之报告，本年计在夏蝗秋蝗两期捕杀飞蝗 1 204 535 千克，跳蝻 1 002 354 千克，卵块 4 644 千克。散发救济面粉 1 336 674 千克。又台湾在台南高雄 2 县捕杀飞蝗 100 余万头。

本年发生竹蝗之省县，计湖南 1 县，四川 3 县，江西 7 县，福建 2 县。据四川、湖南、江西 3 省（江西仅 1 县有报告）之报告，共计被害竹林玉米水稻及其他作物 90 560 亩。损失国币 335 578 万元。本年除四川江西 2 省在被害区域捕杀竹蝗成虫 805 千克，跳蝻 4 159 千克，并支出治蝗费用 3 397 000 元外，余如湖南福建 2 省均无报告。

调查报告的内容翔实丰富，为指导治理蝗患的工作提供了切实可靠的依据。

吴福桢在蝗虫研究方面的成就以及治蝗的丰富经验受到国外同行的重视，英国皇家昆虫学会曾两次邀请他参加国际治蝗会议。第一次是在 20 世纪 30 年代末，因抗日战争爆发，战事紧张及交通困难等原因未能成行。第二次在"文化大革命"时期，当时"四人帮"当道，极左思潮猖獗，中央文革小组明令不准出国，因此组织上当时未通知他，吴老事后才得知此事。

第三节 使用药械治虫的首创者

吴福桢是我国使用药剂和器械治虫的首创者和最早的实践者。他根据自己多年来从事害虫防治的研究和教学的经验，尤其是从治杀害虫的实践中深切地体会到：治虫总是采用"徒手捕捉"、"人群围打"这些人工的方法，虽然有些效果，但效率低下。他提出"治虫和打仗一样，必须有好的武器，"并说"所谓治虫武器就是治虫药剂和治虫器械。"1930年，他任浙江省病虫防治所所长时，就成立了药剂研究室和器械研究室。1933 年，他任中央农业实验所病虫害系主任，力排"不务正业"的众议，克服领导也并不很支持此项研究的困难，坚持成立了药剂和器械两个研究室。为了争取群众和领导的理解和支持,吴福桢找到一个机会,请大家现场目睹用除虫菊乳剂喷射厕所内的大群红头苍蝇,只见它们纷纷落地,几分钟时间,死蝇盈寸,领导和群众均惊叹不已。从此,防虫药剂和器械的研究得到大力支持。

三管齐下治虫害

吴福桢又明确提出,治虫要生物学、化学、机械学三管齐下,生物学家(昆虫学家、植物病理学家)、化学家和机械师密切配合,共同研究病虫生活习性和治虫的药剂和器械,这样方能为治虫做出更好的成果,为农业生产服务。

当时遇到的困难是:学病虫害专业的人都不愿意做喷雾器研制工作。吴福桢的学生钱浩声挺身而出,自愿担此重任,并从此一生专心研制喷雾器,绰号"钱喷雾"。中央农业实验所病虫害系与中央棉产改进所合作,经过一段时间的努力,终于研制成自动式、双管式两种喷雾器以及烟草水棉油乳剂、砒酸铅等农药。应用这些药剂和器械防治中央农业实验所附近菜田的虫害,成效显著。附近的农民知道后,纷纷到中央农业实验所请求指导治虫。当时国民政府的农业部长就住在附近,见到农民到中农所争相购买杀虫药的情况,便请该所青年技术员傅胜发到他家喷药治果树害虫,大见成效。自此,上级领导对此也予以支持。自动式、双管式两种喷雾器自1935年开始推广至1937年6月,共计制成3 716具,分布销售江、浙等23省市,仍供不应求。

1935年,南京紫金山发生严重的松毛虫灾害,总理陵园内的松树被松毛虫暴食,受到严重损害,当时出动大批部队剪杀松毛虫3 000多万头,但未能根治,第二年松毛虫继续为害。时任中央农业实验所病虫害系主任的吴福桢便与化学家合作,根据松毛虫有沿树干向上爬的习性,研制出一种能经久不干的粘虫胶,涂在26万株树干上,阻止松毛虫上树为害,取得了明显的效果,紫金山的松林免于虫灾,紫金山总理陵园的秀丽景色得以保全。南京国民政府主席林森对此予以表扬,特赠中央农业实验所一幅"扑除虫害"的匾额。这是我国早期用国产原料自制大批农药,用科学方法防治害虫获得显著成效的一大创举。

吴福桢在田间试验中发现,用进口的砒酸钙防治棉大卷叶虫效果不好,其死虫率不足4%。30年代中期,吴福桢即组织人员进行研究,由化学家孙云沛研制成"中农砒酸钙",配成100~200倍液防治此虫,死亡率大大提高,达到52%~74%。遂在陕西、云南、浙江等省推广应用,据在四川射洪县观察,用此药治棉大卷叶虫,平均每亩增产籽棉21.7千克,效果显著,农民信服。自此剂制成后各种咀嚼口器之昆虫,如棉大卷叶虫、蔬菜猿叶虫、菜白蝶幼虫等均可得到有效之防治。中农砒酸钙运往西南西北应用者达1 326.5千克。

为了推广用科学方法防治害虫的经验,1936年3月20日在南京中央农业实验所举办了第一届治虫讲习会。到会者来自江苏、浙江、山东、山西、河南、河北、湖南、湖北、安徽、江西、四川、察哈尔、广东、福建、南京15省市,共87人。吴福桢等中央农业实验所的技正以及中央大学、金陵大学教授,讲解治虫知识,传授使用药剂和器械治虫的技能。会期一周,于3月28日结束。学员分别返回原单位,将所学到的使用药剂和器械治虫的知识和方法带回各地,起到了很好的普及推广作用。

1936年3月3日,江浙皖三省及南京市治螟讨论会。前排左三吴福桢

1935年美国洛氏基金会代表到中央农业实验所参观时,对我国药械治虫的研究成绩甚为赞赏,分年补助44 300美元作为药械专项研究经费,以加强药械研究工作。

《重要杀虫药剂及国产喷雾器之应用》

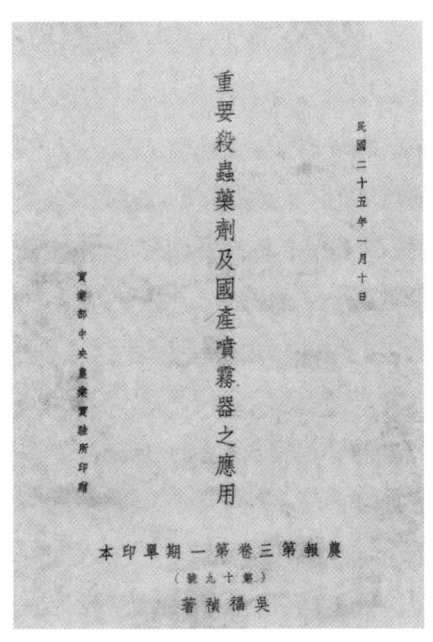

重要杀虫药剂及国产喷雾器之应用

1936年1月,吴福桢发表《重要杀虫药剂及国产喷雾器之应用》一文,全面、系统地阐述使用药剂和器械治虫的问题。文章写道:"剪除害虫之方法,在古时仅知道利用人力与之奋斗,用力虽多,而功效甚鲜。近日科学昌明,吾人渐知利用各种科学方法,以达剪除害虫之目的。各种科学治虫之中,其效果最确实显著,而为近代各国推行最广者,莫为化学的治虫法。所谓化学的治虫法者,即应用各种化学药品,以治害虫之谓也。"接着又指出:"鉴于杀虫药剂之应用,必须有精良之喷雾器,方能达最经济而最有效之治虫目的。"文章生动地譬喻道:"人类与敌人作战之利器,为枪械与子弹,若与虫战,即喷雾器犹枪械也,药剂犹子弹也,农民得此利器,即可有战胜害虫之相当把握。"

文章的第二部分介绍了昆虫口器与杀虫药剂的关系。"昆虫之口器,大致有两种:一为咀嚼器,昆虫能将植物之组织吞入于胃中,如吾人之吃米饭及面包;一为吸收口器,昆虫口器之各部分均伸长结合成针状,插入植物组织中,吸收汁液,如吾人夏日用麦管吸收瓶中之橘汁。……吾人施药治虫当先观察害虫口器之构造,如为咀嚼口器之昆虫,当施用胃毒剂,如为吸收口器之昆虫,则当使用接触剂。亦有数种接触剂,对于两种口器之昆虫均可应用。"

使用胃毒剂的方法是"以喷雾器或喷粉器散布于被害植物，当害虫取食植物时，毒药即随植物组织吞入胃中，虫即中毒而死。接触剂则需要直接喷射于害虫身体上，方能达杀虫之目的。"同时，文章还详细介绍了调制和使用药剂需要注意的各个方面以及使用时人类及家畜如何避免中毒。

文章最后介绍了双管喷雾器和自动喷雾器这两种国产喷雾器的构造、使用方法，使用后的处理及各自的优点。

此文在中央农业实验所编印的农报第 3 卷第 1 期上刊登，对推动药剂和器械治虫起了积极的作用。

第四节　在中央农业实验所 17 年

在中央农业实验所创立之前，吴福桢先后供职于江苏省昆虫局和浙江省病虫害防治所，致力于江、浙两省的防虫治虫工作和培养本地的治虫骨干。

1922 年 1 月 1 日，江苏省昆虫局在南京正式成立，局址附设于国

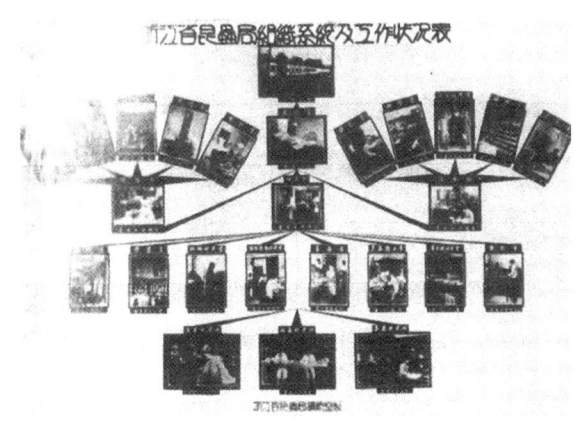

20 世纪 20 年代末浙江省昆虫局组织系统及工作状况表

立东南大学农科，聘任美国加州农科大学昆虫系主任吴伟士为局长兼总技师。1924 年，吴伟士回国，昆虫局的工作由东南大学农科病虫害系主任谢家声主持。1925 年，邹树文继任局长。1928 年，张巨伯任局长。吴福桢在江苏省昆虫局成立的当年，就担任该局技术员，后升任主任技师。吴福桢在江苏省昆虫局工作期间，经常深入田间，足迹遍布苏南苏北各地，积极参加治理虫害特别是防治棉虫和蝗虫的工作，不辞辛苦，成绩

卓著，受到上级的表扬和嘉奖。吴福桢还在积累实际经验的基础上，撰写并发表了这方面的学术著作。

1930年，浙江省昆虫局改组为浙江省病虫害防治所，吴福桢任所长。为了预防虫害，他在浙江提倡台式秧田，秋季本田受卵，冬季拾毁稻根及冬耕灌水等治螟方法。1931年，在杭县、绍兴、嘉兴、鄞县、吴县5县设稻虫防治实施区，布置台式秧田2 600亩，以资示范。据杭县调查，实施区稻田每亩增收稻谷0.1石（1石≈60千克，全书同）。并设果虫研究分所于永嘉，设稻虫研究分所于嘉兴，桑虫研究分所于湖州，以加强防治工作的调查研究。同时，吴福桢还

浙江省植物病虫害防治所年刊（1932）及浙江省昆虫局《昆虫与植病》

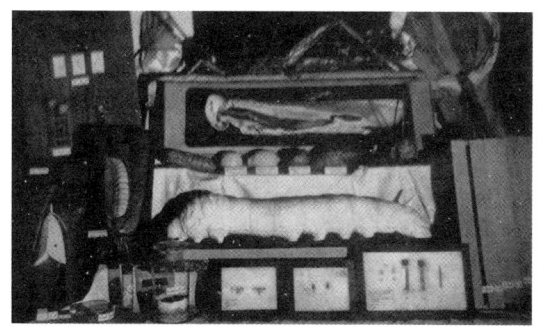

20世纪30年代初，浙江省防治所治虫材料之一斑

兼任浙江治虫人员养成所所长，为浙江培养治虫骨干。

1931年，吴福桢任昆虫学术团体杭州植物病虫害学会理事长。此后，任无锡教育学院教授、系主任。

任中央农业实验所植物病虫害系主任

中央农业实验所的创建是中国现代农业科学发展史上的一件大事。1931年4月，成立中农所筹备委员会，指定穆湘阴、钱天鹤为正副主任。

同年十月，实业部公布《中央农业实验所章程》，决定在南京中山门外孝陵卫选择所址。1932年，中农所正式成立。国民政府任命实业部长陈公博兼所长，钱天鹤为副所长。钱天鹤克服许多困难，在孝陵卫之东征购2 570亩半熟荒地，此后又开沟筑路，辟成大片稻麦棉桑等试验地，建五座实验大楼，一座行政大楼，10余座职员宿舍，有大温室、大冷藏室、高温室、细胞研究室。路边栽树种花，极尽乡间幽美。全所职员100余人，为国内农业人才最多、设备最完善的农业研究机构。

吴福桢于中农所成立的当年即调任该所技正。1933年，中农所成立植物病虫害系，吴福桢任主任。此时，吴福桢主管蝗虫、棉虫、病虫药械，蔡邦华主管螟虫，刘廷蔚主管林虫、白蜡虫，冯敩堂主管仓虫，杨守珍主管病虫药械，吴逊三主管果虫，刘淦芝主管茶虫，朱凤美主管麦锈病。以上8位技正，集中了当时国内为数不多的早期昆虫学家，他们都是美、日、德、法留学生，全系共有科技人员40余人。从此，欧美近代科学技术和有关设备能够直接、迅速地从国外引进，为我国近代昆虫学的发展奠定了基础。

植物病虫害系成立的当年，中央农业实验所就在南京召开了江苏、安徽、山东、河北、河南、浙江、湖南七省治蝗会议。此次会议之主要目的是为鼓励各省切实治蝗，并确立蝗患报告制度。根据此决议，吴福桢、郑同善、陆培文遂写成历年中国蝗患报告共5篇，以说明我国历年蝗患之消长及工作情况。

1934年，吴福桢、傅胜发等指导河北、山东等省防治棉蚜虫工作，效果显著，对当时提倡种植美国棉种起到了促进作用。

1934年成立中央农业推广委员会，配合中农所做农业推广工作，编纂《农业文库》。吴福桢根据国人研究成果编写《害虫篇》，介绍治虫新技术及中国重要害虫种类、形态、习性和防治方法，并附有东亚飞蝗生活习性彩图。

1935年秋，植物病虫害系又协助江宁县开展大规模治螟运动，系主任吴福桢等亲率员工下乡指导农民治螟。采卵情形，至为热烈。当年共计采除螟卵7 000万块。同年冬季又派员至昆山、江宁二县指导农民处理稻根，以毁灭过冬之螟虫，分别在昆山处理 32 万亩，在江宁处理 23 万亩。

1934 年，中央棉产改进所成立，吴福桢兼任该所棉虫股股长。1935 年成立全国稻麦改进所，1939 年成立行政院农产促进委员会，1940 年成立烟产改进所。以上研究所的害虫研究单位（股或组）均由吴福桢兼主任。

1936 年 3 月，在南京召集江苏、浙江、安徽 3 省治螟讨论会，到会代表 48 人，共商治螟对策。

至 1937 年初，植物病虫害系下设植物病理、稻虫、棉虫、仓虫、棉毛虫、果虫、推广、药剂、机械九个实验室。另设养虫、摄影、定温 3 室，以辅助各室实验工作之进行。又设材料供给室，负责管理实验用具及经理病虫防治用品的购销。全系计有 12 个实验室，40 余人。

《中国农业害虫之防治及研究情况》

1935 年 8 月，吴福桢与同事徐硕俊合作，撰写了《中国农业害虫之防治及研究情况》一文，发表在中央农业实验所特刊第 11 号上。吴、徐 2 人根据近 10 年来关于中国农业害虫的专门文献 150 篇，予以摘要贯通，简要而全面地叙述了当时我国农业害虫防治及研究的概况，颇有史料价值。该文的史略部分如下。

我国对于治虫早有记载，诗云：去其螟螣，及其蟊贼，无害我田稚是即上古治虫之徵。周礼司寇刑官之职，庶氏掌除蠹物。关于飞蝗之防治，并定为有司考勤之标准，可知中国早已运用政治力量，以推行治虫。关于治蝗方法，亦有发明，如掘沟设阱，至今犹为切於实用之良法。惟以农人之治虫，全凭其经验，而未能应用科学方法研究，故进步甚缓。民国六年，江苏省金山、吴江、溧阳、吴县、青浦、昆山、松江、常熟、宜兴、太仓等十县，螟虫肆害，损失米 57 858 750 千克，值银 6 943 000 余元；1918 年，省政府特组织治螟考察团，指导防治工作，收到螟虫卵块 3 470 万块，成绩颇为显著，是为吾国应用科学方法实地治螟第一次之成功。1919年及1920年江苏浦东、南汇一带发生棉花造桥虫，损失甚巨，前东南大学农科主任邹秉文先生乃向沪绅穆抒斋先生筹得经费千元，于1921年创设棉虫研究所于南汇老港镇，委该校教授张巨伯先生与吴福桢从事研究，是为我国用科学方法研究虫害以图解决之嚆矢……江苏昆虫局于1922年1月1日正式成立，局址附设于前东南大学农科，以防治蝗虫蚊蝇研究棉虫为主要工作，是为我国政府设立昆虫事业组织之创举。1922年，浙江西部螟虫猖獗异常，政府乃仿江苏省昆虫局成例，于1924年成立浙江省昆虫局于嘉兴，委费耕雨先生任局长，注重于螟虫之防治，厉行奖收螟卵及点灯诱杀等工作。1928年，规模扩大，迁局址于杭州。此后河北、江西、湖南等省苦于螟蝗之患，先后成立河北省昆虫局、江西省昆虫局及湖南省昆虫局。1930年，广东复成立广东昆虫研究所。

我国中央政府之农业昆虫事业，始于民国初年北平之中央农业试验场，设有病虫害科，曾作昆虫生活史之饲育及标本之制作，并举行昆虫展览会，刊印《治虫浅说》。1933年8月，中央农业实验所设立病虫害系，从事重要害虫之研究及全国治虫推动。

关于政府的治虫组织此文写道：

中央农业实验所为全国农业研究及推动之中央机关，其植物病虫害系刻正研究螟虫、蝗虫、棉虫、园艺害虫、仓库害虫及杀虫药剂等问题。

1934年创设中央棉产改进所，并设立棉虫股，其研究工作完全与中央农业实验所合作，刻在南京、济南、定县及南通盐垦区研究红铃虫、金钢钻、棉铃虫、棉蚜虫、地老虎、棉浮尘子及红蜘蛛之防治法。

上海商品检验局植物病虫害检验组。1932年10月，上海商品检验局开始筹备植物病虫检验事项。1935年4月20日该局公布先行蔬菜及水果之检验，据该组织调查，关于国内尚未发现及分布未广之害虫，计2014种。

中央研究院动植物研究所。该所最近设昆虫研究室，并购置昆虫图书，刻正从事于金花虫科之分类及生活史之研究。

关于各省之治虫事业，多数省份尚未注意，其中足资称述者，为江浙两省设有昆虫局，故治虫事业较为发达。湖南及广西则于省农业试验场内设有昆虫组，其他各省之治虫事业，则由建设厅主管。

江苏省昆虫局成立于1922年，为吾国省昆虫局之创始，该局组织分蝗虫、稻虫、桑虫、标本等七股及五研究分所，各研究分所之地点及工作如下：治蝗研究所（海州及徐州）研究飞蝗，稻虫研究所（昆山）研究三化螟虫、二化螟虫、向背飞虱、稻螟蛤等。棉虫研究所（先在南通后迁至上海）研究金钢钻、红铃虫、卷叶虫、地老虎等。桑虫研究所（无锡）研究桑螨、桑螟、金毛虫等。

浙江省昆虫局设于杭州岳坟，其组织分总务、研究、推广三部，其主要之工作大略如下：稻虫研究室（嘉兴盐仓街）研究螟虫、稻苞虫、飞虱等。桑虫研究室（杭州拱寰桥）研究桑螨、桑蛀虫等。棉虫研究室（杭州七堡）研究棉铃虫、地老虎等。果虫研究室（黄岩双江学舍）研究柑橘介壳虫及其他生物学的防治法。标本室，管理标本采集、制作、交换等事，所藏标本甚丰。药剂室，注意国产药剂之调查及试验。机械室，仿制喷雾器。植物病理研究室，研究浙江重要作物之病害，尤注意稻热病及兔丝子之探讨。蚊蝇研究室，研究浙江省之蚊虫及蝇类，尤注意于疟蚊之研究。寄生昆虫研究室，研究浙江重要害虫之寄生昆虫。防治指导室，派员出发指导防治工作，答复各方关于病虫害之咨询，并制定各种治虫法规，呈请建设厅公布实施。

浙江省之治虫组织较为完善，除省政府设昆虫局外，各县均有治虫专款，每县设有治虫专员及督促员，担任实际治虫指导工作。该局曾为浙江省政府代办浙江省治虫人员养成所三班（1931年、1932年、1933年），造就实地治虫人员80人。

全国各大学农学院之从事农业昆虫学研究者：中央大学农学院之研究蝗虫；浙江大学之研究油桐尺蠖及枇杷毛虫；北平清华大学则设有农业研究所害虫组，对于棉花、高粱、玉米、小麦、小米等害虫正从事研究；山东大学农学院与中央棉产改进所合作研究；岭南大学对于广东之经济害虫亦注意调查及研究。

文章的重要害虫之防治部分，分别介绍了各地治蝗、治螟、其他稻虫之防治、防治桑虫情形等。此外，文章还对飞蝗及竹蝗、稻虫、棉虫、桑虫、仓库害虫、园艺害虫、森林害虫及其他害虫的特征及为害情况、分布作了介绍。

文章最后还介绍八种效果比较显著的国产杀虫药剂：巴豆、雷公藤、闹羊花、苦树、鱼藤、砒化物、棉油、松脂，并对这8种药剂的特点及试用情况作了说明。

不懈治虫　支持抗战

日本帝国主义从19世纪70年代就开始不断掠夺中国的土地和财富，并残酷屠杀中国军民，到了20世纪更加猖狂。1931年9月18日，悍然制造了"九·一八"事变，发动侵华战争，迅速占领东北，进而入侵华北。于1937年7月7日，又制造"卢沟桥事变"，发动全面侵华战争。

中国军民从未停止过对日本侵略者的抗争。1931—1945年的14年，则是在中华大地上展开的规模最大、持续时间最长、影响最深远、最惨烈的全民奋起抗击日寇的战斗。

当中华民族到了最危险的时候，不愿做奴隶的人们——工、农、兵、学、商，一起来救亡。抗日义勇军、游击队如燎原烈火；运输、通信、情报、救护、募捐、宣传等组织如雨后春笋在全国各地迅速成立。19路军、第5军、29军将士们以装备简陋之少数奋起迎战装备精良之多数，曾有60余名战士用火油浸湿全身，背负重磅炸药，猛扑日军阵地，日军溃败，勇士们全部壮烈牺牲。守卫卢沟桥两个排的战士抡起大刀冲入敌阵，与敌人肉搏，几乎全部战死于桥头。海外华侨不仅踊跃捐款，还纷纷回国参战，奋勇杀敌，以身报国。抗战初期最早壮烈牺牲的将领佟麟阁、赵登禹亲临前线指挥战斗，负伤不下火线，实现了生前"国家多难，唯一死报国"的誓言。吉鸿昌为保卫平、津被捕，英勇就义前留下"恨不抗日死，留作今日羞。国破尚如此，我何惜此头"的悲壮诗句。英勇的中国军民用自己的血肉之躯筑起了新的长城，击碎了日本军国主义"3个月消灭中国"的狂妄野心。

1937年7月7日爆发的卢沟桥事变，是日本帝国主义全面侵华的开始，也是中国各族人民团结一致奋起抗战的起点。同年8月13日，日本侵略者向上海发动进攻。中国军队在上海人民和全国同胞的大力支持下，斗志昂扬，以劣势装备和血肉之躯赴汤蹈火，奋力迎敌，谱写了中国抗日战争史上一曲悲壮的战歌。淞沪会战历时3个月。日寇虽然占领了上海，但也付出了4万人伤亡的代价。同年11月，日军分3路向国民党中央政府所在地南京进逼。11月20日南京国民政府迁往重庆，军事委员会迁往武汉。12月11日，南京陷落。

日寇占领南京后，立即开始了惨绝人寰、震惊世界的大屠杀，30多万市民、难民和战俘被枪杀、戳死、扫射、砍头、剖腹、挖心、肢解、用枪头挑着幼儿的肛门投入火中活活烧死。日本军国主义欠下的灭绝人性的血债，中国人民世世代代刻骨铭心。

上海失守前，中央农业实验所奉命西迁，先在湖南长沙设立办事处，由吴福桢主持办事处的工作。当时吴福桢的指导思想是，国难当头，更要坚持不懈地加紧治虫，增加农业特别是粮棉的产量，以支持长期抗战之需要。当他了解到安徽省怀远、五河两县的小麦发生病虫害后，立即选派技术人员赶赴当地，运用温浸处理法指导当地农民防治小麦黑穗病，用清水汰选法防治小麦线虫病，共计防治10 300余亩。同时，还在湖南省调查农作物病虫害发生情况，作为防治指导之根据。

1938年1月，中央农业实验所又奉命迁往四川。吴福桢随机关长途跋涉，从长沙经柳州、贵阳才到达四川。入川后，吴福桢便立即组织有关人员对西部各省的稻虫、棉虫、仓虫、玉米螟、麦虫、虫白蜡等虫害的发生情况进行认真调查，并研究防治方法。1938年当年，吴福桢领导植物病虫害系协助四川省指导农民秋季采除螟虫卵块72万余块，冬季处理稻根17万余市亩，又应用松碱合剂防治柑橘红蜡介壳虫8 300余株。协助四川、陕西、云南三省应用烟草水、棉油乳剂、木板拍杀及冬耕等方法指导农民防治棉蚜、卷叶虫、红玲虫等草棉78 000余亩，木棉2 600余株，又应用清理棉虫法驱除红铃虫562万余亩。协助湖南、广西两省应用氯化苦及人工车晒等法处理积谷350万余千克，修葺仓库32所。

当年仅根据积谷害虫及棉蚜、卷叶虫等三项防治结果，估计共增加农民收益 325 000 余元。

1938年，广西中央农业试验所、广西农事试验场、广西大学农学院昆虫同志合影
（摄于广西农事试验场办公厅前）
前排左起：刘友英、严家显、吴福桢、陶心冶、冯敦堂、吴逊三
后排左起：陆培文、邱式邦、陈金璧、刘调化、冯宗林、钱念曾、（未详）、李永禧、于菊正

中央农业实验所所长谢家声、副所长沈宗翰对植物病虫害系的工作予以很高评价，1940年他们联名在一篇文章中写道："植物病虫害系对于我国重要农作物病虫之生态习性以及防治方法之研究，均获相当之成就。同时对于病虫防治之基础设施，如喷雾器与病虫药剂之研究与制造，赖吴福桢主任暨该系诸同仁之努力，在艰苦困难之中，锐意发展，双管喷雾器、自动喷雾器及各种国产药剂亦次第研制完成，推行各地，殊足称道。"

总结抗战胜利前的防虫治虫工作

1944年，吴福桢任中央农业实验所病虫害系主任已十余年，他在《中农月刊》上发表了《新时代中我国治虫技术之成就及今后之趋向》一文，对抗日战争胜利前我国的防虫治虫工作进行了全面的回顾和总结，并对今后的治虫工作提出四项建议。文章包括昆虫与农业之关系，害虫可治——近代治虫技术及其在我国之应用，近年来我国治虫技术之成就和今后我国治虫技术之趋势4部分。

谈到昆虫与农业的关系时，文中写道："吾人生活所需之资源，十九取之于植物，如棉与桑为吾人衣被之所自出，而蚜虫金刚钻卷叶虫等侵害之，稻、麦、玉米、大豆、蔬菜为吾人食用之所需，而螟虫、稻苞虫、菜青虫等啮食之，森林乃吾人建筑器用交通工具之所资，而天鹅招毛虫等摧残之。盖农作物自发芽以起迄乎种子收获为止，在其一生之间，几无时不受昆虫之袭击，而其种类之多，尤出乎人想象之外。据美国政府之统计，美国农民每年防治害虫之所费较其子女教育费为尤大，换言之，即美国全国害虫之损失，实远过于全国教育之经费。语云：民为邦本，食为民天。国父遗训：'要用国家大力量来消除害虫，以增加农产'之旨，以增加农业改善人民的生活也。"

接着，作者断言害虫可治，称："自近世科学发达以来，曩昔以为神鬼所致之病虫灾害者，今皆得以科学之知识预防于未生，或扑灭于既发。例如冬耕灌水，翻土除草，以使潜伏害虫暴露地面，冻冷而死，或为敌害所乘，啄食而灭，又或根据病虫发生时期，提前或移后播种作物日期，及实行适当轮作制度，以断绝昆虫经常之食料，置之于死命，此即应用农业栽培上之变化防治害虫之法也。飞蝗性好合群，飞迁踪迹所至，赤地千里，吾人常就蝗虫迁移之趋向，掘沟灌水，阻其前进，或设计捕蝗，聚而歼之，此即应用物理方法防治害虫之例也。至于应用药剂防治害虫，其效之著，施用之广，尤为近世欧美各国农民所乐用。例如撒布药粉，毒杀食叶害虫，喷射药液，腐蚀吸汁害虫，施放毒气，窒死室内害虫等是也。以上诸例，皆不仅证明昆虫为害虽剧，吾人防治可期，而其裨益农民经济之大，稳定一国农业之巨，其效尤不可泯也。略举近年我国应用科学方法实施治虫之实例数则如下。

江苏江宁螟害甚烈，中央农业实验所植物病虫害系遂于1935年秋协助江宁县政府在第1、第4、第5各区发动农民集中晚稻40万亩，采除之三化螟卵超千万块，共计减少稻谷损失420千克，足为我国防治害虫工作纪念之一页。

1935年，南京紫金山松毛虫盛发，松树针叶被害殆尽，松树相继枯萎，汲汲不可终日。1936年，松毛虫续发，复用中央农业实验所调制虫胶9 000千克，涂治大小松树26万株，阻止松毛虫上树为害，饥饿而死。紫金山松树得救于灾，陵园松林犹依然完整焉。

棉蚜为我国北部诸省棉作之重大威胁，农民畏之如虎，常有十年九蚜之谚。1937年，前中央棉产改进所会同中央农业实验所，协助河南、河北、山东、山西、江苏五省应用烟草水及棉油乳剂，指导农民实施扑治，总计是年处理棉田662 000亩，增产皮棉1 490 000千克，效果甚著。

我国山东生产烟草甚丰，战前曾外输，远及南洋等地，惟农民苦于蚜害惨烈，多束手无策。1937年，中央农业实验所乃协助山东省政府在临淄、寿光、临朐、益都四县应用棉油乳剂，指导农民防治烟草26 000亩，共计增加农民当年收值526 000余元。农民久困蚜害，睹此成果，均喜不自胜。

七·七战起，吾人为运用速效方法增加后方粮食原棉生产，以配合政府长期抗战争取最后胜利既定国策起见，故于农作病虫防治方面，拟订工作方针五端：一为扑治稻虫，以增稻产；二为预防黑穗病，以增麦产；三为改进仓储，防除仓害，以减少积谷损耗；四为防除蔬果杂粮病虫以增蔬果薯产；五为扑灭棉虫，以增棉产。迄于1943年共计指导农民防治稻棉甘薯蔬果各种害虫1 000万亩，处理积谷4 000 045 000吨，修建仓库11 000所，减少粮食损失3亿千克，籽棉2千万千克，其效果所至，固又不仅裨益农民收益而已也。"

在写到近年来我国治虫技术之成就时，文章相继阐述了重要稻虫及玉米螟之防治途径，仓储改进及药剂熏蒸之应用，7大棉虫之有效防治法，重要桑虫防治之对策，蔬果害虫扑治之捷径，油桐烟草甘蔗害虫之防治曙光，松毛虫在各季温暖区江浙区防治方法之不同，中农砒酸钙之创制与杀虫植物之利用以及各式喷雾器之设计与应用等。

文章的最后谈到今后我国治虫技术之趋势。"第一，化学药剂之广泛采用与自力更生。害虫种类之多，世无其匹，根据其为害习性，可分为若干类，应用适当之药物以治之，如熏蒸剂之于许多室内害虫，胃毒剂之于食菜害虫，接触剂之于吸汁害虫，避免剂之于多种害虫，均有显著之效果，我国农民守旧成性，对于病虫灾害视为神鬼作祟，惟近年来经专家之努力，与政府之提倡，已知科学药剂效力之宏，此后更宜努力研究利用国产之有效药剂，以求自足，以增生产。第二，机械之大规模运用。自近代喷雾器及喷粉器发明以来，不特杀虫效力大为增进，而人工也大省。美国植棉各地，多已应用飞机喷治。农林部于去年创设病虫药械制造实验厂，此后诚宜加强工作，努力推广，以建立我国农业机械化之基础。近年以来，我国治虫技术进步颇速，应用飞机以治蝗为期已不远矣。第三，试行以虫治虫。已发现之数十万昆虫之中，食害作物者约占2/3，而掠食昆虫同类者约占1/3，前者谓之害虫，后者谓之益虫。近世生物学发达，以科学方法繁殖益虫，以消灭害虫，吾人称之为以虫治虫，试验以来不乏成功之例。1932年浙江省昆虫局发现应用大红瓢虫以治黄岩顺绵台壳虫，颇获相当之效果。此项工作，以后当尽力为之。第四，制定法规，强制治虫，阻止害虫之蔓延。一为制定植物检验法，以防止国外害虫之输入；二为制定法规，以阻止国内害虫之传播；三为制定法规，强迫执行某种害虫之扑灭；四为杀虫药剂掺杂之取缔与品质之检定。以上四点，我国过去虽已推行而尚须加强，或全未发动尚待创立，今后治虫技术日益发展，其实施效力之发挥，则有赖于此项法规之执行。"

1975年，沈宗瀚在中国台湾出版的《沈宗瀚自述》一书中列举了中农所1933—1945年的研究改良工作最收实效者11项，其中第四项称赞了吴福桢。书中写道:"吴福桢以化学药剂防治棉花和蔬菜蚜虫,于1935年成功,大力推广,为中国大规模药剂治虫之创始,其他若干害虫,以后亦得以逐渐防治。"

1979年,中国台湾商务印书馆出版的《中华农业史》一书中,在写到20世纪30年代中央农业实验所研究工作卓有成效时列出20项,其中第4、第13项提到吴福桢。原文如下。

这段期间业务工作卓有成效者大致归纳为:

……

4. 吴福桢以药剂防治棉花蔬菜蚜虫,于1935年成功,扩大推广,为中国大规模药剂治虫之创始。

……

13. 吴福桢、冯敩堂、刘廷尉等与西南各省合作,对稻、棉、桑、柑橘、蔬菜等仓库虫害调查研究防治均收成效,并设立病虫害药械厂,大量制造喷雾器与药剂。

主持全国病虫防治研讨会

1948年,农林部在南京召开全国病虫防治讨论会。参加会议的有张巨伯、朱凤美、邱式邦等各地的代表和专家40余人,老、中、青都有,人称是历史上第一次几世同堂的病虫专家盛会。会上,18个省市的代表介绍了当地病虫发生情况及防治工作的情况,10个中央有关农业机关作了工作报告。会议还讨论了本年病虫防治方针,病虫药械的管理与应用,各地与各部门之间的联系与协调等问题。会期八天,当时吴福桢已升任中央农业实验所简任技正、副所长,他主持了这次讨论会,并在会议结束时致闭幕词。

吴福桢在闭幕词中谈到了在防虫治虫工作中遇到的困难和问题:"一、指导人员之太少,许多地方,因缺乏适当技术指导,不知药械如何应用,或以应用方法不当而发生弊端。二、交通实在困难,致使药械无法及时运到乡村,以应急需。三、药械数量仍嫌太少,不能普遍供应农民之需要。四、各地保管药械者尚有与使用药械者未能切实配合。这些都是我们以后工作的借镜。"

谈到当年农业遭虫害的严重情况时说："全国各地病虫发生至为严重，粮食棉花等生产大受打击，甘肃麦类损失于黑穗病者达70%，长江下游的水稻损失于螟虫者，达20%～90%，甚至颗粒无收。"

谈到应用药械治虫问题时，吴福桢强调指出："指导农民应用药械，防治病虫成绩显著，尤其是蔬菜害虫之防治，各地农民索药，函电交驰，而湖北武昌县的老百姓愿以人工换取菜虫药剂，足以表现农民对于药械防虫之急迫需要，所以诸公的工作，实已获得农民深切之信仰。"

吴福桢还强调了我国的治虫技术"显见进步，治蝗尤见其效。最近试用六六六制为毒饵治蝗，其效更速而显。螟虫问题，为这次会议讨论最热烈的议题之一，我们将作大规模防治试验：试用新兴药剂DDT、六六六等，以新式农具毁灭过冬幼虫，提倡早稻或晚稻避免螟害，试行以虫治虫等。"

这次讨论会还向政府有关当局提出了诸如成立中央病虫专业局及农业病虫标本室，加强商品检验局工作，请政府购买治虫直升飞机及培养飞机治虫技术人才，修改大学病虫学课程等建议。

第五节 创建病虫药械制造实验厂

中央农业实验所西迁四川后，药剂和器械研究工作分两地进行，药剂研究在成都，器械研究在重庆，且经费不足，设备简陋，只有一间平房、一台车床、一名机械工。吴福桢四处奔走呼吁：为了加强药械研究，扩大生产，培育专业人才，应当尽快建立病虫药械制造实验厂。农林部决定建立病虫药械制造厂，吴福桢力争增加"实验"二字，他说："实验与生产相结合才能更快出成绩，促生产。"农林部采纳了他的意见。

选厂址渝郊良心桥

国民党政府西迁重庆后，日军飞机不断地对四川进行轰炸。警报一响，老百姓就匆忙躲进防空洞，这是当年常见的情景。中农所所在地三江村于1940年6月的空袭中就遭轰炸，中农所房屋震坏，该所防空洞山上亦落下一枚大炸弹，洞内震动剧烈，躲在防空洞里的人如处大浪船中，炸后出洞，见弹壳就在洞口，十分危险。

1943年，农林部病虫药械制造实验厂在重庆成立，由吴福桢亲任厂长，冯敩堂任副厂长。工厂各部门主管人员也由中央农业实验所有关人员兼任，厂、所密切合作，研究、制造、实验、推广各方面工作都配合得很好。成立时，全厂共有技术人员和职工90余人。

该厂的厂址是吴福桢亲自选定的。为了躲避当时日军飞机对四川的频繁轰炸，保证该厂的安全，他把厂址选在嘉陵江北偏僻的良心桥一带。这是嘉陵江畔的一片山坡，只有厂部一幢砖瓦结构的两层小楼像个办公用房的样子。科研人员和职工的宿舍、食堂、实验室都因陋就简，分布在办公楼附近的山坡上。房屋不够用，还在附近租赁一些民房。厂内物质条件简陋，有电灯而无自来水，实验厂的工作用水、职工和家属的生活用水都要雇人下一段又陡又长的坡到嘉陵江去挑。有电话而无汽车，唯一的交通工具是工厂购置的一条无篷的小木船和一位老船工，作为职工来往过江摆渡之用。吴福桢是中央农业实验所病虫害系主任兼该厂厂长，带头紧张地投入工作。当时中央农业实验所重庆办事处设在嘉陵江南，而实验厂在江北，他必须频繁地来往于两岸，由老船工划着木桨，乘小木船摆渡。

工厂成立时的1943年，农林部是把它作为农业科学研究机构对待的。所有科技人员和职工的薪水、津贴悉数由部里按行政事业费拨给。推广出去的药械，仅收回原料成本费，没有赢利。从1944年起，体制改为经营性质，进行经济核算，必须考虑赢利，以维持工厂长期生存与发展。为了推销产品，厂里专设推广组，背上药剂、药械及其他各种产品，深入农村,向农民做宣传、推广工作。他们先在重庆郊区向菜农做药械防治病虫害的示范表演,取得经验后,逐步向外地推广。推广组织由长江、嘉陵江、沱江等水路沿线和成渝公路沿线,先后到过江津、泸州、涪陵、万县、宜宾、合川、遂宁、永川等县市,辛辛苦苦,唇干舌燥地向农民宣讲植物病虫害防治和新式药械的使用操作技术。推广组离开后,就委托各县农业推广所为他们代售药械产品,保证农民经常得到供应。除了四川本省,产品也推广到大后方其他各省。

"农业的兵工厂"

病虫药械制造实验厂成立的1943年,世界反法西斯战争的形势出现了重大转折。2月,苏联红军在斯大林格勒经过200昼夜的艰苦拼杀,终于击退了德军的强大攻势,并组织实施了反攻,对被包围在斯大林格勒的德军给

1943年重庆政府农林部病虫药械制造实验厂药效试验室

予毁灭性的打击。在这次会战中,德国法西斯集团损失了当时在苏德战场作战兵力的1/4,死伤、被俘和失踪的官兵总数达150万人。意大利专制政府宣布向英、美投降。德国和意大利在欧洲战场上的惨败,对日本产生了巨大压力。日本被迫由战略进攻转为战略防御,在军事上采取守势,准备作最后的挣扎。

在当时的战争环境下,病虫药械制造实验厂虽然条件差,工作人员生活清苦,但是大家的情绪却很高昂,全厂上下都清楚地知道,自己的工作是直接为我国的粮棉增产服务的,而粮棉增产又是直接为夺取抗

日战争胜利所必需的。人们把病虫药械制造实验厂称之为"农业的兵工厂",说:"如果把农作物的病虫害比作农事上的敌人,那么,病虫药械制造实验厂就是消灭这些敌人的农用兵工厂了。"这句话非常确切地说明了工厂的建立与抗日战争的密切关系。它是直接为赢得抗日战争的最后胜利而服务的。

这是我国第一家农业病虫药械制造实验厂,可以生产、加工砒酸铅、砒酸钙、鱼藤粉、烟草水棉油乳剂、硫酸铜等多种杀虫、杀菌农药,并可每年生产近1 000台手动喷雾器。当时,进口农用药剂早已中断,到1943—1944年间连配剂用的煤油都十分匮乏。该厂立足于自力更生,开发研制国产杀虫药剂,大量栽植除虫菊,开辟除虫菊示范农场20亩。从此,中国病虫防治开始用上了自己制造、生产的农药和喷雾器具,为现代植保事业打下了坚实的基础,跨上了新的里程碑。吴福桢对此付出了辛勤劳动,做出了重大贡献。

抗战胜利　由渝迁沪

1945年8月6日,美军在日本广岛扔下了第1颗原子弹,受害者超过20万人。8月11日,又在长崎扔下了第2颗原子弹,死伤7万余人。美国投掷原子弹加速了日本的投降。同年8月9日,苏联政府宣布与日本进入战争状态。同日,当时的苏联军队以150多万人的庞大兵力,从西、东、北3个方向同时向日本关东军发起攻击,并在南库页岛和千岛群岛实施登陆作战。到8月14日,当时的苏联仅用6天时间,就在不同方向推进了50～500公里。苏联对日宣战后,中国军队立即与之配合,对被包围的日军展开了全面反攻,全力配合苏军及其他盟国军队消灭万恶的日本侵略军。

1945年8月15日,日本裕仁天皇发表投降诏书,日本政府正式宣布无条件投降。当时的夜幕中突然从嘉陵江南的重庆市区传来持续不断的鞭炮声。起初嘉陵江北良心桥一带的民众和病虫药械制造实验厂的工作人员和家属们误以为是枪声。几分钟后传来令人欣喜若狂的好消息:

"日本投降了！"江北也立即锣鼓喧天、爆竹齐鸣、群众欢呼歌唱。年轻人立即到江南市区去抢购"号外"，老人们喜极而泣，孩子们欢呼雀跃，不停地跳呀、喊呀——"日本投降啰！""日本投降啰！"4万万5千万同胞彻夜未眠。

1945年9月2日，日本政府及大本营全权代表于停泊在东京湾的美国军舰"密苏里"号上，正式签署投降书。美国麦克阿瑟将军代表美、英、中、苏所有对日作战国家，进行了接受日本投降的签字。日本政府及大本营全权代表分别在投降书上签了字。

1945年9月9日上午9时，寓意为"三九良辰"，在中国的受降仪式在南京原中央陆军军官学校大礼堂举行。冈村宁次代表日本在投降书上签了字，何应钦将军代表中国政府在日本投降书上签字受降。

中国的抗日战争不仅是一场民族解放战争，而且是世界反法西斯战争的重要组成部分。在世界反法西斯战争中，中国战场开辟最早，持续时间最长。由于中国人民的长期英勇作战，日本陆军的主力被牵制在中国。中国是歼灭日军最多的国家，日军在中国的伤亡达150多万人。

中国人民经过8年艰苦卓绝的抗击日本侵略者的斗争，终于打败了号称"东方第一强国"的日本帝国主义，取得了抗日战争的伟大胜利。欢欣鼓舞的吴福桢，他下决心更好地为光复后的祖国服务，加倍努力地在植保事业方面作更大的贡献。

1945年11月，病虫药械制造实验厂奉命从四川迁上海。职工们欣喜若狂，向生活了8年的大后方告别。到上海后，首先接收敌产——位于榆林路802号的日本第一工业株式会社上海支店的油脂工厂，扩建为药剂研究室和药剂制造车间。同时将隔街相望的榆林路801号原日资野村株式会社铁工厂扩建为药械实验室和药械制造车间。原属第一工业株式会社位于江浦路535号的日本职员宿舍，接收后作为厂部办公之用。搬迁完毕，百废待兴，职工们发扬八年抗战时的艰苦奋斗精神，整修厂房，安装机器，很快恢复了生产。1946年，该厂又奉命到北平接收位于先农坛的日营农药、青果两个株式会社，改建为病虫药械制造实验厂北平分厂。此时，上海厂才正式成为初具规模的总厂。与重庆江北的战时小厂相比，各方面的条件都有了很大改善，不可同日而语了。

厂　徽

还在战时重庆建厂初期，病虫药械制造实验厂的职工们就深入农村，广泛宣传，向农民推广产品。战后，工厂在中央农业实验所的支持下，选择若干重要粮食产区和经济作物产区，派员指导农民学习病虫药剂和器械的配置、使用及简单维修，同时与各省农业改进所密切配合，取得他们的支持和帮助，

1946年吴福桢与同仁们合影喜庆抗战胜利，中央农业实验所由重庆迁回南京。前排左四吴福桢，右一朱凤美，后排左一柳支英，左五付胜发，右一陆培文

在较大的地区设立供应站，在较小的地方设立代售处。这样，药械推广的范围就较以前大大地扩展了。

病虫药械制造实验厂有个标志，作为厂徽，也是产品的商标。图案是红色齿轮包围的绿十字架，配以两对黑色翅膀。他们是这样加以说明的："绿色表示植物是青葱，绿十字则是植物的'看护'。绿十字传播到哪里，那里的植物就永远青葱，欣欣向荣。绿十字外围的红色齿轮，代表时代前进不息。他们的工作也永远不停地改进。黑翅两对，表示昆虫，他们要把这些害虫一一钉死在绿色的十字架上。"在重庆时，有一位《大公报》记者曾采访过该厂的药械推广工作，写过一篇通讯，题目为"绿

十字的故事"，发表在当时的《大公报》上，颇引起社会各界对药械防虫工作的重视。随着该厂产品的日益普及，这个绿十字架厂徽为越来越多的农场和农民所熟知。

抗日战争胜利后，随着国民党中央政府及所属机构的回迁，吴福桢也回到南京设在中山门外孝陵卫的中央农业实验所，并升任副所长。病虫药械制造实验厂厂长由原副厂长冯敦堂担任，吴福桢兼任该厂顾问。作为顾问，他对中国第一家病虫药械厂的发展壮大时刻关心着，并尽心竭力地予以支持。有一篇文章这样写到他："为了策划我国病虫药械制造的大计，常常见他仆仆风尘于宁沪线上。"

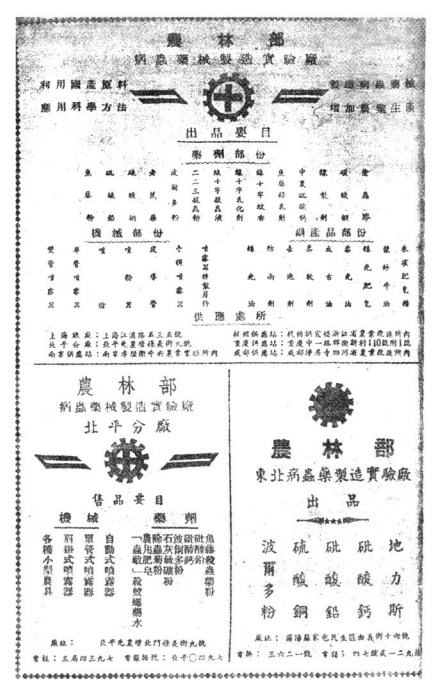

1948年刊登在《中华昆虫学会通讯》上的广告，宣传农林部病虫药械制造实验厂总厂和分厂的产品和供应点

到1948年，病虫药械制造实验厂生产的产品种类大大增加。同年4月该厂刊登在《中华昆虫学会通讯》上的广告所列出的产品，药剂部分有塗虫胶、碳酸铜、中农砒酸钙、鱼藤精乳剂、绿十字杀虫液、波尔多粉、硫酸铜、砒酸铅、鱼藤粉等14种；机械部分有双管喷雾器、单管喷雾器、喷枪、喷粉器、皮导管等7种器械零件；副产品部分有防雨剂、去泡剂、柔软剂、太古油、朱雀肥皂精等9种。列出的供应处除上海总厂和北平分厂外，还有南京、杭州、重庆、成都4个供应站。

挚友朱凤美

吴福桢任中央农业实验所副所长后，该所病虫害系主任一职由朱凤美接任。朱凤美是我国著名的植物病理学家，与吴福桢同事多年，两人又是性情相投、志趣相同、无话不谈的挚友，经常串门聊天。

朱凤美1895年11月29日出生于江苏省宜兴县。1913年考取南京江苏第一农业学校，1917年留校任助教。1918年赴日本鹿儿岛高等农业学校学习。1921年毕业回国，先后担任江苏第一农业学校、安徽第二农业学校教员，后在河北大学农科专门部、武昌大学、北平农学院等校任教授。1927年再次去日本，留学于东京帝国大学农学部，专攻植物病理学。1930年回国，任浙江大学农学院教授，兼任浙江昆虫局技师。1933年任中央农业实验所技正，进行麦类病害防治研究。

1931年在江苏省江宁县禄口镇调查蝗患。右三吴福桢，左二朱凤美

1962年南京中山陵，吴福桢与同窗挚友、著名植物病理学家朱凤美（左）合影

1937年抗日战争爆发，随中央农业实验所内迁，1938年到贵阳，兼任农林部贵阳推广繁殖站主任和贵州省农业改进所病虫害系主任。抗战胜利后，随中央农业实验所返回南京，1947年任该所病虫害系主任。解放后，先后担任华东农业科学研究所、中国农业科学院江苏分院一级研究员、植物保护系主任。

朱凤美一生从事植物病虫害防治研究工作，在开拓我国植物病理学研究事业和农作物防治实践上作出了卓越的贡献。1956 年被授予全国农业劳动模范，并先后被选为江苏省第二届人大代表，第三届全国人大代表。农业部聘他为学术委员会委员。他先后被推选为中国植物病理学会副理事长，江苏省植物病理学会理事长，中国植物保护学会副理事长。他一生为祖国的植物保护事业呕心沥血，鞠躬尽瘁，曾多次受到中央领导同志的接见。"文化大革命"期间，他和其他科学家一样，受到了冲击，但仍以惊人的毅力努力工作。朱凤美于 1970 年 6 月 11 日逝世，享年 75 岁。在他逝世前的最后 30 分钟，桌上还展开着尚未读完的一本书，钢笔尖上尚留着书写未尽的墨水滴。

第六节　家人重聚南京

1945 年 8 月 15 日，日本无条件投降。中国四万万五千万同胞浴血抗战八年，多少母亲教儿打东洋，多少妻子送郎上战场，无数爱国将士和同胞、万山丛中的万千抗日英雄和青纱帐里的游击健儿抛头颅、洒热血、为国捐躯。终于把万恶的日寇赶出了中国，夺回了森林煤矿和漫山遍野的大豆高粱。流浪的孩儿回到了爹娘的家园，闻到了故乡泥土的芳香。妻离子散天各一方的家庭终于团圆，怒吼了八年的黄河也冲卷起层层欢乐的浪花，以告慰南京大屠杀中惨死的 30 万同胞，告慰八年中伤亡的 3 500 万同胞，告慰被惨无人道的日本鬼子做病毒、细菌活体试验而痛苦死去、甚至活埋的死难同胞。

抗战胜利，百废待兴，百业待创。1945 年 11 月吴福桢奉命将病虫药械制造实验厂从重庆迁到上海，并建立药剂研究室和制造车间、药械实验室和制造车间。重任在肩的吴福桢无暇顾及在重庆翘首盼望早日回到江南故土的家人，又只身随单位先行了。

1946 年，吴福桢的妻子带着几个孩子，在江上颠簸了多日，历经艰难险阻，终于有惊无险地回到了南京。望眼欲穿的吴福桢又与家人团圆了，住进了中山门外孝陵卫中央农业实验所分配的房子。8 年离乱不得相见的亲朋好友们纷纷前来相聚。欢谈间，亲朋们总要指着地面问："为什么房间正中有一长条补丁？"吴福桢笑答："这座房子原来是日本人的马厩，现在用水泥把中间的凹槽填平，就可以住人了。"

第七节　广育人才　桃李满园

吴福桢 1927 年从美国留学归国后，先在广州中山大学农学院任教，讲授昆虫学。中山大学农学院的前身为广东公立农业专门学校，建于 1917 年。1918 年，该校开设昆虫学课程。1923 年，广东公立农专与东南大学农科、北京农业大学议定三校交换教授、相互接受学生转学。东南大学病虫害系张巨伯教授作为交换教授前往广东公立农专任教。1924 年，广东公立农专易名为广东大学农学院，1927 年又更名为中山大学农学院。吴福桢就是在这一年到中山大学农学院任教的，与他同时在该校任教的除张巨伯教授外，还有植物检疫专家张景欧、农业昆虫学家尤其伟等。该学院培养出不少昆虫学人才，著名昆虫学家赵善欢、黎国涛、王贵儒、蒲蛰龙、利翠英、刘秀琼等都是中山大学农学院的毕业生。

此后，他在南京东南大学、金陵大学、无锡教育学院、浙江大学等院校任教授，同时在当地农业科研部门从事研究工作。

他对学生要求严格，引导青年刻苦学习。他要求学生晚上要学习，听学术报告要记笔记。一旦发现有学生晚上不去图书馆或者听学术报告不记笔记，他都要提出批评。同时，他还崇尚实践，要求年青人既要学习基础理论知识，也要努力学会做实际工作，解决实际问题。他首先以身作则，身体力行，在任东南大学教授期间，就亲自带领该校农科的学生参加当地治理蝗患的实战，让他们把课堂上学到的知识运用于实践。在他培养的学生中，有些人成为知名教授、学术带头人、植保界领导。如我国著名昆虫学家陈世骧、周明牂、黄其林、柳支英等都曾是他教过的学生。

他在科研机关担任领导工作时，仍然十分重视培养人才。1931 年，任浙江病虫防治所所长期间，浙江虫患严重，专业人员不足，他果断地成立了治虫人员养成所，并亲自任所长，聘请本所技师及浙江大学教授讲课。养成所章程规定：凡甲种农校毕业及高中毕业或大学肄业一年以上有治虫经验的青年均可报名。经严格考试，录取学生24人，学习一年，毕业后均分配做治虫工作。1932—1933年养成所又续办两届。3届共毕业70余人。在当时，这是一批得力的治虫指导员，后来都成为浙江治虫事业的骨干。

吴福桢对已经参加工作的年轻科技人员也是严格要求。著名昆虫学家邱式邦大学毕业后分配到中央农业实验所，在吴福桢直接领导下工作，他回忆当时的情况说："吴先生对我们这些青年人要求很严，这对我们后来的工作很有好处。"又说："吴先生要求青年人不但要努力学会做实际工作，解决实际问题，还要继续认真学习基础理论，提高业务水平。"

1937年，美国洛氏基金会与中央农业实验所合作开办洛氏基金训练班，以培养高级昆虫学研究骨干为宗旨，招收大学生物系或农学院毕业生并有一年以上工作经验的青年。由各省推荐经中央农业实验所同意，或由中央农业实验所自己选拔，学习两年毕业，由政府分配工作。据此，招收学员10名，并由吴福桢兼任班主任。由于抗日战争全面开始，中央农业实验所由南京迁移后方，该训练班工作受阻，临时停办。全国解放后任中国农科院副院长的林山以及任农业部研究员的钱念曾，当年就是洛氏基金训练班的学员。

吴福桢对人才的培养，贯穿于他一生的昆虫科研事业中，可谓桃李满园。

第三章

从六足学会到中华昆虫学会

我国最早的昆虫学术团体创建于何时，以后怎样演变成为全国性的昆虫学会，这些团体又有哪些主要活动，知情者并不多。吴福桢作为我国最早的昆虫学术团体的创建人之一，又长期参与和领导昆虫学术团体的活动，对此进行了详细的回忆，并留下记载。

第一节 六足学会创始人之一

据吴福桢回忆："我国最早的昆虫学学术团体，叫六足学会（注：昆虫都具有六足的特征）成立于1920年，是由当时的江苏昆虫局技术人员及东南大学（即现在的南京大学及南京农学院的前身）、金陵大学的师生组成的，共有会员二十余人，张巨伯任会长。会员由张景欧、杨惟义、邹钟琳、吴福桢、尤其伟、吴宏吉、陈家详、邹同善、柳支英、程涂藩、祝汝佐、张尔耕等。六足学会成立时，正是我大学毕业的那一年，当时我22岁。（注：有些昆虫学家的著作中称'六足学会'成立于1924年。《中国农业百科全书·昆虫》卷中《中国近代农业昆虫学史》这个条目写道'六足学会'成立于20年代初。）据我所知，我国农业方面的学术团体，当时只有中华农学会，至于农业范围的各专门学科的学术团体，还一个没有。这也说明我们老一辈的六足同道在学术方面的积极性不后于人。"

"当时，六足学会的成立与我国近代昆虫学的发展密切相关。1917—1920年江苏省沿海南北棉区'棉大造桥虫'及'金刚钻'大发生，棉花收成大减，有的地区仅及常年的二成，严重影响新兴的上海纺织工业，震动了上海的纱厂老板，引起了农工商银行各界的重视，从而促进了棉花研究。张巨伯教授在南汇老港镇主持棉花研究所，我协助之。同时，江苏省也酝酿成立昆虫局。全国仅有的少数昆虫学者集中于南京，便促成了六足学会的组成。此会当时的学术活动，仅仅是每周或半月集会一次，会员报告自己的工作或读书心得，仅仅是学会的一种原始形式。"

吴福桢接着回忆道："1927年，六足学会更名为中华昆虫学会，推张巨伯为会长。当时，昆虫专业机构如凤毛麟角，从事昆虫工作的实在太少，六足学会及以后改称的中国昆虫学会，仅仅是地方性学会形式，其活动范围也只限于南京。当时正值军阀混战，政局不稳，许多学术活动计划难以开展，1932年江苏昆虫局因战事影响而停办，中华昆虫学会的活动也随之而停顿。"

第二节 各大学、各地昆虫学会

据吴福桢回忆，比六足学会稍晚成立的昆虫学术团体有以下几个。

中山大学昆虫学会。1931年成立于广州，由中山大学农学院昆虫组师生组成。经常举办学术报告会、讨论会，进行野外采集及调查研究，在校刊《农声》上曾发表昆虫专号共3期，为我国华南昆虫学留下早期文献，会员有张景欧、杨邦杰、赵善欢等数十人。

杭州植物病虫学会。1930年12月26日由吴福桢、涂治、王啟虞、王历农等十余人在杭州浙江省病虫防治所召开杭州植物病虫害学会筹委会。1931年1月23日召开成立大会，推选吴福桢为理事长，涂治、朱凤美、王啟虞为执行委员。学术活动主要是集体远足、采集昆虫标本及举行学术讲演。1931—1932年共举办学术讲演22次，内容广泛而精彩。

昆虫趣味学会。1934年10月，江苏南通昆虫学同道尤奇伟等发起组织了昆虫趣味学会，由南通学院农科师生组成，会员有尤奇伟、周尧、王鼎定、王彤官等70余人。第一届推尤奇伟为名誉会长，周尧为会长，第二届王鼎定、王彤官为会长。学术活动以组织会员进行学术讨论和采集标本为主。1935年起，编印《趣味昆虫》月刊，内容包括研究报告、译丛、浅说、文献、索引、棉虫专号等，至1937年共出版3卷。

清华昆虫学会。抗战期间，清华、北大、南开三校内迁昆明，组成西南联大，由该校昆虫专业师生刘崇乐、毛应计、朱弘复、姜淮章等发起，于1938年成立清华昆虫学会，会员20余人，学术活动分年会、月会、周会，1942年创刊《清华昆虫学》通讯。

此外，尚有一些昆虫学术小团体，通过开展多种多样的学术活动，对促进我国昆虫事业的发展，也起到一定的作用。

第三节　任中华昆虫学会第一、第二届理事长

吴福桢回忆全国性学术团体——中华昆虫学会的组成情况是："20世纪20年代，我国一些大专院校和科研单位，培养了一批昆虫专业人才，还有不少归国学者，为了发展我国的昆虫事业，他们迫切需要学术交流。1937年，第五届国际昆虫学会在巴黎召开，吴福桢等中国昆虫学家不甘坐视我国昆虫学与国际水平之差距越拉越大，他们积极筹备，打算成立全国昆虫学会，后因抗日战争爆发而暂时中断。"

抗日烽火点燃后，全国各族人民与日本帝国主义展开了浴血奋战，国民党领导的正面战场和共产党领导的敌后战场，在战略上互相配合，不断给日本侵略者以重创。1943年，随着苏联红军在斯大林格勒保卫战中给德国法西斯军队以毁灭性的打击，世界反法西斯战争的形势发生了重大变化。日本帝国主义被迫从战略进攻转入战略防御，在中国战场上开始走下坡路了。中国人民经过多年的艰苦斗争，在付出了巨大的牺牲之后，终于见到了抗日战争胜利的曙光。在这大好形势的鼓舞下，大大激发了我国昆虫学家们的爱国热忱，促进了学会的筹建组织活动。1944年5月1日，在重庆的昆虫学家吴福桢、邹钟琳等具名函约全国各地老一辈的昆虫学同道一起作为中华昆虫学会的发起人，很快就接到各地复信，一致表示赞同。发起人张巨伯、吴福桢、邹钟琳、蔡邦华等30余人，请准当时的国民党政府社会部筹备组织中华昆虫学会。

中华昆虫学会成立大会于1944年10月12日借座中华农学会重庆所（在枣子岚坝）举行。到会者有发起筹备委员及新会员共50余人，当时的社会部和中华农学会也派代表参加了成立大会。成立大会上选举理事11人，吴福桢为第一任理事长，张巨伯等任监事。同时，举行了第一次年会，宣读论文两篇：蔡邦华的《五倍子蚜虫生活史研究》，何琦的《中华疟蚊与微小疟蚊越冬观察》，这些在抗战艰苦环境下做出的成果，受到与会者的赞扬。大会还通过了学会章程，拟定了工作计划，并设立学术

委员会。

1945年抗战胜利，中华昆虫学会由重庆迁到南京。1947年召开第二次年会，这次年会是与中华农学会、林学会、稻作学会、植物病理学会等18个学术团体联合举行的。在本次年会上选举吴福桢、张巨伯连任理事长及监事。会上宣读论文17篇，内容涉及昆虫分类、农林害虫、医学害虫、植物检疫、杀虫药剂等方面的科研成果。

第四节　在中华昆虫学会第二次年会上发表论文

在中华昆虫学会第二次年会上，吴福桢发表的论文是《30年来我国治虫研究之重要成就》。这是我国近代昆虫学的开创与发展的历史记录，引起农业同道的重视。

该论文首先介绍30年来我国设立治虫研究机构的经过："1920年，江苏沿江棉区造桥虫大猖獗，棉田几被毁灭。前东南大学农科在南汇老港镇创设棉虫田野实验室，研究其防治方法，是为我国政府以科学方法研究防治农业害虫之嚆矢。其后迭经浙江省昆虫局、中央农业实验所、中央棉产改进所、全国稻麦改进所、农林部病虫药械制造实验厂、各省农业改进所及公私立大学农学院之相继努力，对于我国稻麦棉桑桐茶蔬果杂粮诸重要害虫防治方法均有重要之贡献，尤以杀虫用之药剂与机械已能利用国产原料自制产品，为农民所采用，使我国害虫防治渐臻稳固，厥功至伟。"

接着，论述我国迁移飞蝗原产地之探查："已探明，迁移飞蝗在我国之繁殖地及其分布区域多数限于海拔50米以下之平原，如黄河三角洲、扬子江下游三角洲、淮河流域、海河流域等平原，其中如洪泽湖与微山湖之草滩，河南、河北两省之低湿地与碱地，山东广饶、沾化、无棣及江苏东海阜宁等处之海滩尤为蝗蝻发生之渊薮。在此区域以内如遇冬季温暖夏季少雨，蝗虫繁殖增多即行迁飞其他区域蔓延为害而呈周期之猖獗，根据过去50～60年之记载，5～6年或11～12年大发生一次。故吾人如能根据此项考察结果在历年飞蝗猖獗发生之渊薮地区联系各省为戒备年年扑灭，必可收事半功倍之效。"

然后，分别介绍了 30 年来我国防治主要农业害虫的各种方法。

关于治蝗，论文称：1946 年和 1947 年，我国分别从美国、加拿大和英国进口了氟矽酸钠等药剂，中央农业实验所使其与麦麸相拌和，制为毒饵，对于各期跳螨及蝗虫，致死率可达到 90%～100%，获得农民深切之信仰，是为我国农业技术之一大进步。

关于稻虫及玉米螟之防治。论文指出：螟虫及稻苞虫为我国水稻之两大害虫，其次玉米螟在我国西南各省亦极猖獗。文章介绍了秋季采卵，冬季处理稻根和插烟茎的治虫方法。插烟茎，即将烟茎斜切段长 6～7 厘米，在每一稻根处斜行插入，蓄水半月，使烟茎没入使其易于流入水中。此外，选择适当的播种期亦可避免螟虫为害。据调查，广西柳州地区玉米播种不迟于 4 月，即可避免玉米螟为害。

关于仓储改进与药剂熏蒸，文章指出，我国积谷受虫害损失率平均为 5%，并介绍了使用熏蒸剂熏蒸的时间和方法，如措施得当，仓虫死亡率可达 100%。

关于地老虎、蚜虫、红蜘蛛、叶跳虫、金钢钻、棉大卷叶虫及红铃虫 7 大棉虫的防治方法，文章提出用烟草水或植物油乳剂防治棉蚜虫，用植物油乳剂及石粉糊防治红蜘蛛，堆草诱杀法防治地老虎，石灰硫黄液或波尔多液防治叶跳虫，使用中农砒酸钙防治棉大卷叶虫，使用摘拾被害花果法防治棉铃虫、金钢钻及红铃虫。

关于重要桑虫之防治对策。文章指出，桑蟥、桑虱、桑螟及桑蛀虫等为我国浙江诸省产桑区域之严重害虫，根据多年研究结果，刮除树干越冬卵及摘去叶部非越冬卵为防治桑蟥之有效方法。冬季束草于树下至翌年 2 月解除焚毁为防治桑螟之有效方法。利用石油、柴油、桐油等油类或除虫菊浸出液注入树枝虫孔为防治桑蛀虫之有效方法。桑虱的抑制方法，曾发现红绿瓢虫的制裁力量颇大，足资采用。四川农业改进所发现木虱为害桑树极烈，据传此虫在川为害已有 2 000 余年。曾研究出以下 3 种防治方法：1. 在成虫羽化期及夏冬季密集网捕成虫；2. 春季摘除卵叶；3. 为夏季剪伐稚枝，颇有成效。

关于蔬果害虫之扑治，文章提出使用松脂合剂杀灭柑橘红蜡介壳虫及吹棉介壳虫。在树干密扎草辫或涂刷石灰水足以防制天牛之产卵。黄条菜蚤体小善跃，由一人手持胶虫箱往复行于田间，使菜株通过胶箱，菜蚤受箱内特殊构造之惊扰，即行跳跃粘着虫箱，往往数十分钟内可以胶虫数万头。对于伏地而生的叶类，则应用荳薯肥皂液及毛鱼藤肥皂液喷治。应用烟草石灰粉对于黄条菜蚤的防治效力极佳。菜螟为广西十字花科蔬菜害虫之一，萝卜如能延迟至10月下旬播种，即可减轻虫害。

关于桐油烟草及甘蔗害虫之防治。文章指出，油桐尺蠖在浙东一带为害油桐甚烈，有4种防治方法：1. 取缔油桐与松林混栽；2. 桐林与松林相距至少应在500尺（1尺≈33厘米，全书同）以上；3. 摘除油桐刺毛蝇壳以防治利用产卵；4. 利用有缝隙松干悬挂桐林可诱杀卵块。用中农砒酸钙防治油桐金龟子，死亡率达90%。

蚜虫及烟草螟蛉为烟草之两大害虫，文章认为烟草水和棉乳剂为防治蚜虫之优良药剂，而中农砒酸钙为防治烟草螟蛉之优良药剂。

关于松毛虫的防治，文章认为应以刮落树皮及涂胶遮断这两种方法进行。而虫胶则是防治松毛虫之优良药剂，中央农业实验所于1936年试制成功，其粘力两个月不变，温度华氏110～120度不流，曾在南京紫金山应用防止松毛虫，确有实效。文章还认为，理想的杀虫剂应具备三个条件，一为效大且价廉，二无害植物，三对人畜无毒。而除虫菊最合乎此种理想，应提倡栽植。

论文最后谈到我国农林部病虫药械制造厂于1943年自行设计制造自动式、单管式、双管式多种喷雾器，治虫效果甚佳，供应区域已遍及浙、皖、赣、冀、鲁、豫、晋、鄂、陕、川、湘、黔、滇、桂、闽、宁夏察哈尔及南京、上海、天津、北平等23个省市，前途发展殊堪乐观。

吴福桢在这篇论文中所谈到的各种防治农业害虫的方法，都是经过多年实践，被证明其确实有效并为农业界和农民所接受，实用性很强，因此发表后受到各方关注和好评。

第五节　创办《中华昆虫学会通讯》

吴福桢回忆道:"中华昆虫学会于1947年创办《中华昆虫学会通讯》季刊,至1948年共出版两卷五期,内容是学会重要活动消息,各地昆虫同道工作情况,会友动态,昆虫图书介绍。在旧中国科学不被重视的情况下,对昆虫学同道来说,这是唯一的在学术上交流经验,共同磋商的昆虫科学的刊物。"《中华昆虫学会通讯》的出版,深受会员们的欢迎,并引起社会的重视。

吴福桢为1947年10月出版的《中华昆虫学会通讯》创刊号撰写了发刊词。他写道:"吾人环顾世界各国进步之趋势,默查国内农业科学之落伍,不禁兴鸡鸣起早急起直追之感,同道等忧心忡忡,不甘落后,爰在京集会多次,以为昆虫事业之基础,不能全仗政府,必赖同道之自力更生,惟是同道之人数有限,个人之力量薄弱,必需群策群力,共同奋斗以达目的,更以同道星布各地,欣谋研究与学业之切磋,必须先求工作之沟通与精神之联系,故佥认应先创立一刊物,名之曰'中华昆虫学会通讯',以为工作与精神之联系,切磋并进以与世界同道相联系。"接着又写道:"据吾人所知水稻害虫已发现者达百数十种,棉花害虫160种,桑树害虫170种,果树害虫546种,蔬菜害虫200余种,油桐害虫58种,茶树害虫64种,大豆害虫24种,仓库害虫100余种,其严重可知。反观昆虫同道,则昆虫学会会员只有190余人耳。大害虫,人类之大敌也。治虫有如作战,检阅敌我之势,不禁怀然于吾人战力之薄弱矣。今后之同道将如何加强联系,继续研究以发挥治虫战力,诚为农业改进上重要问题之一。本刊之发行其目的在联合同志以谋昆虫科学之发展及我国治虫事业基础之奠定。"发刊辞的最后写道:"本会同仁此次愿下最大决心,不避艰难,创刊此一通讯,未敢奢望其丰富满意,但求其能垂至永久,日见进步,尚乞诸位同道协力以赴,社会贤达不吝指正。"

遗憾的是,吴福桢期望《中华昆虫学会通讯》"垂至永久"的夙愿未能实现。在紧张的内战影响下,中华昆虫学会的会务活动于1948年陷于停顿。《中华昆虫学会通讯》也于1949年初停刊了。

关于经费的筹募,吴福桢回忆道:"旧社会的各学会学术活动,经费都由学会自己负担,政府是不管的。日常开支靠会员所交会费维持,较大的活动所需经费,如编印会刊,筹建标本馆、图书资料馆等则便设法筹募。"张巨伯、吴福桢将兼职大学教书的工资全部捐赠"六足学会"。

"中华昆虫学会"成立之初,只有会员 50 人,后来发展到 408 人,并先后成立了成都分会、广东分会、武汉分会、杭州分会、平津分会 5 个分会,其中,以平津分会的活动比较活跃。"

吴福桢的上述回忆为我国昆虫界留下了珍贵的史料。

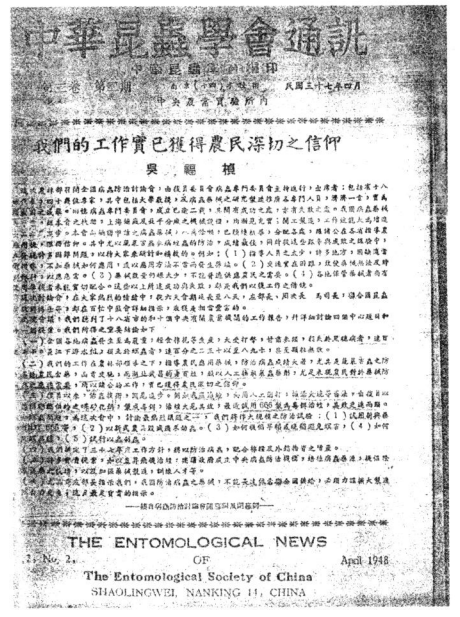

创办于 1947 年的季刊《中华昆虫学会通讯》深受会员欢迎,并引起社会的重视,但因内战和经费困难,于 1949 年初停刊

第四章

喜迎新中国诞生

1946年6月，国民党军队悍然向解放区发动全面进攻，内战爆发。从1946年6月至1947年6月，中国人民解放军处于战略防御阶段，战争主要在解放区进行。1947年6月30日夜，刘伯承、邓小平率大军12万人千里跃进大别山，一举突破黄河天险，揭开了战略进攻的序幕。1947年10月10日，中国人民解放军总部发表宣言，响亮地提出"打倒蒋介石，解放全中国"的口号。从1948年9月12日到1949年1月31日先后发动了声势浩大的辽沈战役、淮海战役和平津战役，这三大战役历时4个多月，共歼灭国民党军队154万人，国民党赖以维持其反动统治的主要军事力量被摧毁，为中国革命在全国的胜利奠定了基础。

1949年4月，国民党政府拒绝在《国内和平协定》上签字。毛泽东主席和朱德总司令便下达了大进军的命令。中国人民解放军百万雄师在发动渡江战役后的第3天，即1949年4月23日，一举解放国民党政府的首都南京，正式宣告了国民党政府的灭亡。5月27日，又乘胜解放了中国最大的城市上海。

第一节　坚留大陆　不去台湾

国民党政府垮台前夕，各机关及其工作人员纷纷迁台。国民党当局竭力动员吴福桢去台湾，并且已经为他买好了赴台的机票。吴老考虑再三，决定坚留大陆，不去台湾。他不忍抛下与他相濡以沫几十年的老伴，也舍不得孩子们。他深知，如果去了台湾，那就不是像以前那样同妻儿们的短暂离别，而将是遥不可知的骨肉分离。同时，他也不相信国民党当局蓄意散布的所谓"共产党杀人放火，共产共妻"的宣传。他认为，共产党来了，他照样可以继续搞他的科学研究，一如既往地进行防虫治虫的工作。于是，他坚决地留了下来。这是他一生中唯一的一次没有随机关先行。

南京即将解放，吴福桢奉命随单位赴上海，并主持上海办事处的工作，妻儿因火车一票难求暂留南京。吴福桢的一位老师热心相助，命其在铁路部门工作的儿子，为吴福桢一家买到了火车票。上车时拥挤不堪，混乱之极，全靠这位身强力壮的老师之子先将吴妻和大孩子挤送上车，再把小一些的孩子一个个从车窗塞进车厢。当时从南京到上海的火车开到浦口要停下来，整列火车要分几次摆渡，过江后再挂钩恢复原状继续前进，由宁到沪（南京—上海）全程需要 8 个小时。吴福桢一家在上海团聚了。

上海解放前夕，中国人民解放军第三野战军司令员兼政治委员陈毅指出，解放上海，既要打军事仗，又要打政治仗、政策仗，做到军政全胜；既要迅速歼灭敌人，又要保护人民的生命财产。规定在市区不准用炮，以保证市区完整，便于尔后建设。人民解放军进入市区后，严格执行政策，自觉遵守纪律。各级指挥所不进民房，指挥员就在马路边、街道旁指挥作战。部队一面清扫残敌，一面迅速占领警卫目标，及时维护社会秩序，严格保护人民群众

1949 年，上海，就职于华东农林部的吴福桢

和外侨的生命财产。指战员们不入民宅，不扰市民，进入市区的头 3 天都露宿于街道两旁。在货币制度变动未明确前，不买东西，没有菜吃，就用盐水拌饭。

上海解放的那天清晨，走出家门去上班上工的人、背着书包去上学的孩子、提着竹篮去买菜的家庭主妇，一走到马路上都被眼前的一幕惊呆了：人行道上躺满了疲惫不堪遍身征尘还在酣睡的人民解放军官兵。人们被感动得热泪盈眶："啊！这是共产党领导的人民解放军！多好的军队啊！"所有人都驻足交谈着，感动着，心痛着，也喜悦着："啊！上海解放了！解放军好啊！共产党好啊！"上海各界人士齐赞人民解放军是仁义之师。西方通讯社也纷纷报道："胜利之师睡马路，情景感人。"

被深深地感动的吴福桢，庆幸地说："不去台湾是对的！我可以专心地搞自己的工作了。"

上海市人民政府有关部门了解到吴福桢是一位具有真才实学的科学家，解放前曾当过中央农业实验所的副所长，但他清正廉洁，因此请他

出任华东农林部学术顾问、病虫防治所所长。吴福桢看到共产党的干部作风朴实，廉洁自律，对知识分子很尊重，很信任。于是他欣然接受了人民政府的安排，到华东农林部就职，立即全身心地、满腔热情地投入到新中国的防虫治虫工作中去了。

第二节　科普佳作《昆虫与人类》

1950 年，上海刚解放，吴福桢就撰写了一篇两万余字的科普文章《昆虫与人类》，分上、中、下 3 篇在当时颇有影响的上海《科学画报》上连载。文章分《昆虫世界乎？人类世界乎？》《昆虫善于适生》《昆虫为人类之大敌》《昆虫为人类之益友》《昆虫之命运》5 个部分，详细论述了昆虫的种类、习性、生活方式及其与人类的密切关系。文字生动活泼，风趣幽默，时有戏谑之词，读来饶有趣味，引人入胜。这是吴福桢献给新中国的第一份礼物。逢周日，在上海人民广播电台《科普讲述》播出，延续数月，广受欢迎。摘要如下。

《昆虫世界乎？人类世界乎？》

文章开卷写道："人类因有特别发达之脑部，智慧超群，故能战胜毒蛇猛兽，征服自然……吾人类安然以此自满自豪为万物之灵，以今日之世界为人类之世界。"作者认为这种观点"大谬不然。"接着称："君不见飞蝗蔽日，赤地千里，人类之粮食受侵害，饥民遍野乎？又不见夏秋之际，瘟疫流行，死亡相继，由于蚊蝇蚤虱之传染乎？……若以超然之态度以观众生，则昆虫与人类实为世界上互相抗衡之两大势力，甚至可称今日之世界乃昆虫之世界。"

"吾农民终岁勤劳所种之稻及蔬菜、杂粮，须先尽螟虫、菜虫无数'地主'之饱餐，幸而尚有收获，入于仓库，复遭第二批'地主'如：米象、谷蠹等之剥削，并恣意便溺其中……至于农民之耕种蝗氏之田者，待庄稼繁茂，可卜丰收之际，蝗氏牵其族众，突入农田，不劳而获，尽食禾稼，然后呼啸而去。1927年山东大蝗，全省蔓延达63县，灾民达700万人，可为蝗虫夺我民食、杀我无辜之一例。昆虫中性情残暴者，为蚊、蝇、蚤、虱之流，随时吸吮人类之血液，随心所欲注射毒液于人体，传布疟疾、鼠疫、伤寒、霍乱等疾病，而致吾人于死命。14世纪时，欧洲死于鼠疫者，占是时人口1/4。此种昆虫杀人如麻之记载，史不绝书。"

"昆虫固不特以夺我民食，杀我无辜为己足，吾人辛勤栽植棉麻以制衣被，红铃虫、麻蝴蝶起而食之。吾人营造居室以御寒者，白蚁竹蠹匿居其间而毁坏之。即精神食粮之书籍亦不能逃避书蠹之啃噬破坏。"

这一节的最后写道："昆虫历史之悠久，种类之繁衍，早为人类所勿及，50万年前猿人如北京人、爪哇人在此世界穴居野处之时，昆虫已于5 000万年前开始为世界之主人翁矣。据1944年之估计，全世界已发现之动物为90余万种，而属于昆虫类者占63万种，昆虫类约占全动物界71%。又据1943年估计，全世界人口为21亿4 500万，而每一平方英里之地面即有相当或超过此数之昆虫。故以昆虫在世界之势力，及其历史之悠久，种类与数量之繁多观之，则今日世界乃昆虫之世界，而非人类之世界也。"

《昆虫善于适生》

作者（吴福桢）问："彼渺小之昆虫，何能与智足多谋庞然大物之人类争生存乎？"回答道："物竞天择，适者生存，彼昆虫自有其适存之道，自有其较强于人类之处。"作者（吴福桢）列举了昆虫的五条适存之道。

一、世代繁衍处女生殖。"吾人每胎一儿，孪生者已属罕见。而昆虫普通一胎，则数百卵，多者数千。白蚁母后每分钟产60卵，每日能产卵1 500，一生能产百万卵。至于每胎发育之速度，吾人亦不若昆虫远甚，吾人十月怀胎，数年一产；昆虫每年一般可以发生2～3代，多者如蚜虫一年可传至20余代。昆虫中更有所谓'孤雌生殖者'，即女儿未嫁即能生殖。据学者调查，玉米之根蚜虫，每一母虫，若假想其后代均能生存，则每年遽衍而生之虫，可环地球一周而有余。昆虫因繁殖迅速，子孙繁多，故能与人类作殊死战，而兵源不感缺乏，人类虽有最佳之杀虫药剂，但昆虫仍前仆后继，而能以众克寡也。"

二、衣食住行适应环境。衣，"吾人夏葛冬裘，挥扇围炉。昆虫仅一身外衣，寒暑均能适用。至于昆虫衣服之色泽花纹，则更巧夺天工，若干种类均模仿其自然环境之颜色与姿态，使鸟兽人畜之类不易察觉加害。昆虫有此一袭万能衣，宜其御寒觅食，抗敌避仇，无往而不利。"

食，"昆虫为食，举凡吾人之所好如稻、麦、豆、粟、蔬、果、鱼、肉以及人畜之血液，昆虫莫不嗜食之；又如树皮草根，人类弃而不取，而金龟子幼虫及树皮甲蠹，则以其为主要粮食；人类粪便垃圾，蝇头视为美食；甚至人类及其他动物之肠胃无法消化之木质，而白蚁则以之为生。"

住，"昆虫之居处乃四海为家，随遇而安，陆上水中高空地下无不有其踪迹。吾人旅居他乡，常感水土不服，而昆虫则虽远涉重洋，亦复宾至如归。……江苏一带本无蚕豆象虫之存在，战争中日人输入战马饲料，一并携入，致造成目前蚕豆生产之严重问题。"

行，"吾人水陆交通多赖舟车，空中往返则藉飞机。昆虫有翅可以飞翔，蝗虫迁移，远及数省，菲律宾产生之飞蝗，迁移远及吾国之台湾。印度之沙蝗飞窜深入伊朗。玉米蝗虽娇子，但能振翅以渡海峡。蝗虫之游泳技术，更为人类所不及。江苏江北之蝗蝻，尝结队为球，横渡长江，势如潮涌，侵袭江南之水稻。昆虫步行跳跃之能力，亦胜我十筹。"

三、器官发达得天独厚。"昆虫之各种器官，莫不得天独厚，各有妙用。例如触角功用之大，远胜于吾人之手，一般昆虫之触角司感觉，蚊之触角司听，蝇之触角司嗅，蚁之触角司传递消息，此外侦察避敌觅食招侣等，莫不唯触角是赖。昆虫之口器变化多端，构造复杂，所以适应环境，大致有三类：一咀嚼式，以切磨之方法取食，如蝗虫；二吸收式，以针状之管插入动植物体内吸收其汁液或血液，如蚜虫；三口吸嚼式，介乎前二者之间，如蜂类。昆虫之呼吸，能就水陆环境之不同，变化为气孔与腮，以求适应。"

四、耐食抗寒坚毅勇敢。"昆虫抵抗恶劣环境之本能，更非吾人所能想象。臭虫能1年不食，成熟之松毛虫在春夏之交，平均能绝食19日。巴勒斯坦沙漠上之气温高至摄氏55～62度，犹有昆虫悠游其间。本年一月，南京之气温最低至摄氏零下10.5度，奇寒为十余年来所未有，下关难民冻毙者时有所闻，而中山陵园之松毛虫则安然无恙。昆虫天性之坚毅，属难能可贵。昆虫作战，奋不顾身，童年观黄黑二蚁群之战争者，莫不熟悉此种不避艰难之精神。"

五、昆虫体小而分节。"昆虫体小，故所需食料极少，易得一饱。人类所弃之废物及一切动物食下之余沥，足以维持数十万昆虫之生活而有余。又以其体小之故，足以逃避他物之侵害。昆虫体躯之分节，前部各节化为视嗅听及取食之用，是为头，中部各节化为胸，附有六足四翅，伶俐活泼，而长于运动，后部各节化为腹，以容纳内部诸脏，经营生理作用。昆虫之头胸腹部如此分工合作，遂成一小精悍天演之胜利者。"

《昆虫为人类之大敌》

一、昆虫损害农作物之可惊。"虫害猖獗之年，农民终岁勤劳之结果，常至一无所获，青葱禾稼，尽饕昆虫之口腹，可谓'一场辛苦为虫忙'"。1927年山东蝗灾，蔓延达63县，虫迹所至，草木仅存枝节，颠沛流离之饿莩达700万人。吾号称世界四大产棉国之一，1/4以上之棉产供食于棉红铃虫等作食料。据中农所估计，因棉虫为害而损失之皮棉是每年平均达336万余担，足供一亿人口每人棉衣一袭之需。

二、昆虫伤害人类之生命。1.蚊。"疟疾系由一种疟蚊所传染，分布全世界，我国东南沿海，长江流域及西南各省流行特甚，患者达

11%～30%，有的地方竟超过50%。云南省元江县疟疾猖獗，其人口于10年间减少40%。1900年，印度军队中患疟疾者占1/3。1903年以前西班牙驻古巴之军队，3年之内死于疟疾者达10万人。黄热病为另一种蚊虫所传染之疾病，猖獗于热带。19世纪末叶开凿巴拿马运河，前后共有14 000人死于黄热病，平均计算每掘2英里（1英里≈1 609米，全书同），因黄热病死亡之工人有300名。"2.蝇。"人类重要疾病如霍乱、伤寒、肺病、痢疾等，苍蝇莫不为其重要传播者。1932年吾国死于霍乱者，计有31 944人。苍蝇所传染之伤寒及痢疾，亦为极流行之疾病，1929年杭州一地因伤寒而死亡者，即达1 183人。"3.蚤。"吾国东北诸省山间有一种野拨山鼠，此鼠有病曰鼠疫，鼠既死寄生其体上之跳蚤即移至猎户身上，将鼠疫菌输入其血中，其后辗转传染，造成1910年东北之大鼠疫，一年间死亡达6万人。1918年东北大鼠疫中，死亡者50万人。6世纪时埃及君士坦丁堡一带发生鼠疫，连续50～60年，死亡达1亿。14世纪欧洲死于鼠疫者2 500万人，占总人口之1/4。"4.虱。"虱之可恶，乃在传染斑疹伤寒。第一次世界大战中，塞尔维亚士兵死于斑疹伤寒者，占25%。苏联军队1914—1918年间死于此疾病者数百万人。波兰军队染此病者40万人，死亡率达到10%。虱类所传播之另一种重要疾病，为回归热。抗日战争期间我国亦颇流行，尤以伤病医院中为最。"

三、昆虫侵扰家畜之可怖。1.损害兽皮羊毛。"现行大宗出口之黄牛皮损伤率约在30%，四川省黄牛皮损伤率高达80%，其中虫害病伤占21.4%。牛皮上此种损伤为牛瘤蝇所致，该蝇之蛆初在牛体内寄生，最后移至牛背皮层下，隆起如瘤状，此种牛皮一经硝制，皮面即现洞孔，一如弹穿。羊疥癣虫寄生之绵羊，即发生疥癣病，受害之羊，因身体奇痒常在各处摩擦，羊皮由红而白，羊毛脱落，皮层坚硬且裂开出血，病重时可致死亡。2.减少乳肉产量。家畜居处，蚊虫蝇类最喜飞聚，当夏秋暑季，牛类朝夕被虫害侵扰，不堪其苦，因之产乳量大减，肉用之牛则多体重减轻。3.影响家畜健康。蚊、蝇、蚤、虱，多吸食家畜之血液，即鸡类亦有多种鸡蚤虱类为害，影响于产卵量，至为重大。4.传染疾病及寄生为害。牛虻能传染眼丝虫病、炭疽病、兔热病等；蚊虫传播犬之丝虫病；尚有牛扁虱者能传染牛疟，患者排泄红尿，日渐消瘦，渐至死亡。马蝇之幼虫寄生于马肠胃中，吸收其食料，使马消化不良，举止失常。牛瘤蝇寄生牛皮层下，使皮层穿孔。

四、昆虫损毁衣物无所不至。作者（吴福桢）虚拟了一则故事："某日，王君拟携眷作郊游，晨起披衣，发现毛衣为衣蛾所侵蚀。进早餐，火腿为火腿鲣节虫所窃食，干酪亦为干酪蝶所垂涎。早餐后倚藤椅小憩，口衔雪茄一支。藤椅支支作响，竹骨已遭竹蠹蛀蚀，摇摇欲坠，雪茄又被雪茄甲虫贯穿。寻发电话于友人，因电线外裹之铅皮，为铅皮虫所钻透，消息无法传递。夫人入室携手提包，皮包已为皮革甲虫所毁坏。及登自备之木艇，则舱有积水，板有虫孔，乃凿船虫之破坏。王君游兴索然，遂回家，午餐时正欣赏白菜之佳味，忽见青虫一条，不觉恶心大作。夫人寻以水果进，正品评蜜桃，有物蠕蠕，白桃内出，则赫然桃蛀虫也。王君乃自书架上抽取《三国演义》一书翻阅，则书页片片作蝴蝶飞，已为白蚁噬食。检视平日收集之邮票，大清邮票一套正有衣鱼盘踞其上，剥食邮票面之胶质。王君烦恼已极，晚夕无心，遂入浴，浴罢站在地毯上，毯毛脱落过半，已遭毯甲虫光顾。华灯初上，即倒卧床上，时有黑色蜚蠊穿梭往返。"作者然后写道："上述故事虽属虚构，吾人一日之间或不致遭逢如许之恶运，但昆虫损坏人类物品，种类之多，上述故事中，仅能道其万一耳。"

《昆虫为人类之益友》

"多数昆虫对于人类有害，吾人称之为害虫，但有若干昆虫其体肤或产物转足为人类所利用，或其生活方式对于人类有益，于是吾人称之为益虫。昆虫对于人类有八大益处。"

一、虫产成为我国重要外汇物资及工业原料。1.生丝。"家蚕成熟时，吐丝作茧。数千年前倡导养蚕，纺织丝绸，即为我国衣物主要原料。榨蚕之丝，可织为腰带、窗幔、夏服、衬衣、手套、桌布及各种装饰品。"2.白蜡。"白蜡系由一种介壳虫寄生于女贞及水蜡树上，其雄虫能分泌白色蜡丝，以沸水溶化，即可制成白蜡，此为我国四川湖南之特产。川湘人民均用白蜡加入他种油类，制成蜡烛以代油灯。在工业上可提高油蜡之融点，并作布匹器皿磨光之用，及制纸原料、药丸外壳及电绝缘物等。"3. 五倍子。"五倍子系一种蚜虫，寄生于盐肤木上，能刺激细胞组织使之分裂，加速生长围裹蚜虫，形成一虫窝，曰'五倍子'。此种植物组织内含鞣酸量特高，约达70%，为制造皮革之重要原料，也为黑色、蓝色染料之原料。"4. 紫胶。"系一种介壳虫寄生于皂荚等植物上，能分泌胶质，保护虫体，此项分泌物经提炼制为紫胶。用途甚广，为工业上之假漆油、印墨水、封蜡、电绝缘物、留声机唱片、纽扣、玩具、鞋油，俱为应用紫胶之制品。"5. 蜂蜡。"蜜蜂能转蜂蜜为蜂蜡，蜂蜡之主要用途为制造蜡烛、剃须膏、雪花膏、复写纸、铅笔、印刷品等。"6. 洋红。"由一种名曰胭脂虫的介壳虫所制成，此虫体内含有洋红精，具着色作用。其用途除制造化妆品外，尚可供各种颜料着色及糕饼装潢之用。在医药上有镇静止痛之功用，医治百日咳及神经痛等常用之。"7. 天蚕渔网。"天蚕亦曰樟蚕产于赣、粤、闽、桂及海南等多处，其所吐之丝，制为弦线，入水透明无影，且坚韧不烂，为钓鱼及制网捕鱼者所重视。"

二、昆虫能传递花粉增加农产。"所有农作物必须由花粉授精后始能结实。花粉之授精，其主要媒介物为水、风及昆虫。据美国农业部昆虫局统计，50%以上之农作物，须借虫媒授精。1920年，一美国人曾将苹果园平分为2区，其中，1区罩之以纱，使昆虫隔离，另1区则无纱，任令昆虫接触，结果前者颗粒无收，后者则硕果累累。"

"昆虫数量之多寡，足以影响作物产量之丰歉，美国密歇根州1927年以前，苹果丰收时，每年仅获1 500英斗[①]，1927年输入50群蜜蜂，每年苹果产量竟达5 200英斗[②]，超过以前3倍之多。"

"昆虫之活动，可改进农产物之品质。美国加州1900年前移植家生种无花果，品质不若原产地优良。研究结果发现无花果乃雌雄异株，必须藉一种小茧蜂为之传递花粉，才能受精完全而获美果。1900年由原产

---

① 这里1 500英斗苹果约为13万千克
② 这里5 200英斗苹果约为37 500千克

地输入此蜂后，无花果品质大为改进，堪与原产地所产者媲美。"

三、昆虫为食用佳品。"日本长野地方隔绝海洋，鱼类稀少，食品中蛋白质缺乏，居民择食昆虫，以摄取蛋白质，好嗜蜂属昆虫及蝉、蚱蜢、螳螂等。圣经旧约上摩西率领以色列人到以淋与西九之旷野中，饿无以食，耶和华令鹌鹑降赐吗哪充饥，相传以色列人赖以度日者，垂40年。吗哪为一种介壳虫，寄生在柽树上，分泌液体，据化验，内含蔗糖55%，转化糖25%，糊精19.3%。

蜜蜂访花采蜜化为蜂蜜，吾人取蜜制为食品。

我国粤人喜食龙虱及田鳖，江浙饷食蚕蛹，作为美食。"

四、昆虫可供制医药。"鳞翅目越冬幼虫被菌类寄生于体内时，夏季伸出有柄之籽实，体形类野草，故名冬虫夏草，有保肺益肾，止咳化痰作用。白僵蚕可治中风失音，五倍子收敛，蝼蛄可利尿，虫螵蛸可强肾，五谷虫可治小儿伤食，蝉壳可解热，治百日咳。国药中采用昆虫为药材者，不下20～30种。"

五、昆虫为良好之科学研究材料。"近年来科学家多喜用昆虫以代替动植物，以作育种遗传之研究。譬如饲育果蝇，10日内即可完成一代，以一玻璃管，内投入香蕉若干，即可容纳数千头果蝇，作复杂之遗传育种研究，且此类果蝇特征显著，唾液细胞染色体特大，观察尤为容易。昆虫之活动随气候而转移，各种不同之昆虫，在各地出现及鸣叫之早晚，足以预告气候与节气之递变。"

六、利用昆虫治虫。"昆虫种类繁多，凡以植物为食者危害农作物，曰害虫。其肉食性者残害同类，以害虫为食，有益于农业，曰益虫。若能利用益虫治害虫，谓之以虫治虫。澳洲之吹绵介壳虫于1868年潜入美国加州，为害柑橘，数年后猖獗遍及全州，橘树被摧毁殆尽。卒发现澳洲有一种瓢虫专以介壳虫为食，于是输入此瓢虫140头至加州，从事繁殖寄放于果园1年后，虫灾减少，旋至无形消灭。若干国家效法实验，大半皆告成功。"

七、利用昆虫除草。"1840年有医生携带一盆仙人掌至澳洲作观赏之用，乃扦插繁殖，广传各地，不料此树繁殖力极强，30年后已在野外生长成林，此树虽高仅一尺，唯枝杈稠密，人畜无法通过，1910年蔓延侵占农田及牧草地达400万公顷，最后达2 000万～2 400万公顷，且继续蔓延，不可遏制。澳洲政府采用昆虫除草法，于1925年自美洲、印度等地输入专害仙人掌之昆虫，其中从阿根廷输入之一种最为有效。食害仙人掌时，遗留虫孔，使植株腐烂枯死，此虫迅速繁殖，竟使仙人掌之患逐渐消灭，原有耕地逐渐恢复。"

八、玩赏昆虫雅俗共赏。"借昆虫以资玩赏娱乐，乃东方人古来之风趣佳话。民间斗蟋蟀，传系南宋贾似道发明，流传至今，民间斗蟋蟀时节，乐于此道者趋之若鹜。文人多借昆虫为题，赋诗寄兴，或即案抒怀，如杜甫的曲江诗：'穿花蛱蝶深深见，点水蜻蜓款款飞。传语风光共流转，暂时相识莫相违。'白居易闻虫诗：'闻虫唧唧夜绵绵，况且秋阴欲雨天。犹恐愁人暂得睡，声声移近卧床前。'"

《昆虫之命运》

一、顺我者昌，逆我者亡。关于消灭害虫之技术，自1865年美国人利用巴黎绿治马铃薯甲虫成功后，大见进步。至1892年，又创制砒酸铅以治树蛾，效力至佳，且无害于植物。1900年以来，人类发明以虫治虫之法。另一方面，人类也发现有若干昆虫可利用之，以为人类衣食之助，乃不特不加消灭反设法抚育而繁殖之，以为己用。人类从此遂分昆虫为益虫与害虫两大类，前者善为抚育，后者尽力扑灭，所谓顺我者昌逆我者亡。

二、科学昌明人类优势。半世纪以来，科学大昌，育蚕养蜂技能大进。美国威斯康辛州自1938—1945年，每一蜂群平均产蜜24.7千克，若以良好之品种，进步之方法养育者，可产49～114千克。蜂群过冬，常因储藏花粉不足，死亡甚多。近年美国人发明以三磅之大豆粉与一磅花粉相混制为花糕，可供3万蜜蜂之冬粮，若仅以0.45千克花粉喂之，则每磅仅能养蜂4 500，增加花粉之效能至7倍之多。日本及中国养蚕之方法，近年来也突飞猛进。日本近年育成之新品种，茧厚而蛹小，产量较以前旧品种增加20%。蛹可制为营养品，蚕粪可改造为胶质玻璃，可制为各种器材。

治虫之道，其发展益足惊人。DDT 为杀虫灵药，不仅对蚊蝇虱蚤有特效，还能治许多农业害虫，其杀虫种类之多，维持效力之久，为以前任何杀虫药剂所不及。据美国和我国近年来之试验，应用以 10% DDT 硫黄粉治棉红铃虫，可增加棉产 30%，以治菜虫，可增加产量 20%～60%。据美国的试验，用 DDT 治牛角蝇，3 个月后，比不治者增产 7.7～31.5 千克。

继 DDT 之后，英国又于 1943 年制出六六六，对于治理蝗虫及地下害虫仓虫有特效。1947 年，吾人在滁州及河南应用六六六治蝗，当见死蝗遍野，人民称奇不止。

东方尚有除虫菊和鱼藤。除虫菊的效力虽无 DDT 和六六六持久，但性情温和，对于人畜及植物均无害，而见效特速，有一触即倒之优点，故有人以 DDT 和除虫菊相和，其杀虫效力既速且久，可称尽善尽美。约 1932 年，日本由新加坡输入鱼藤防治棉虫、菜虫有奇效，且无害于人畜及植物，大获农民之信仰。至今北平及京沪农民，犹念念不忘也。

自 1922 年美国农业部用飞机以砒酸钙治棉象鼻虫，大见成效。近年来飞机治虫范围日广，多运用于广大之森林及低湿地区，人迹罕至之蝗虫原产地。飞机治虫每天工作 10 小时，可治棉虫 6 千亩，如一人以普通效率为之，当需 9 年之久。以飞机治虫不但省工经济，亦且迅速。

人类治虫之武器与技术日益进步，现代化城市的蚊、蚤、蝇、虱之类几乎绝迹，乡村田野之间与仓库之中，棉、烟、粮食作物所受害虫之损失，亦大为减少。治虫武器之产量必须大量增加，并更求进步，乡村道路交通必须改善，以利运输及技术人员下乡，农民之教育必须提高，组织必须健全，以增加其接受新法之能力，循此以进，则人类之优势将益显，害虫之命运则益见暗淡矣。

这篇科普文章材料丰富，说服力强，且文字顺畅洒脱，读起来令人爱不释手。这对于普及昆虫知识，激发人们对于研究昆虫的兴趣，克服社会上存在的搞昆虫是"雕虫小技，不足一学"的错误思想，都起了很好的作用。同时，也说明吴福桢在解放初期心情舒畅愉悦，当时的政治环境和学术环境都宽松平和。

第三节　专著《中国的飞蝗》

早在20世纪20年代，吴福桢就两次亲自参加我国治理蝗患的实战。1932年他任中央农业实验所病虫害系主任之后，又多次组织全国蝗情调查，并先后发表全国蝗情报告数篇。鉴于他在蝗虫研究方面有深厚的根底和丰富的实践经验，全国解放后，治蝗界的许多同行希望他能写一本关于蝗虫的专著，以应各方面的需要。

1951年，时任华东农业部学术顾问、病虫防治所所长的吴福桢，在多年精心研究和丰富实践的基础上，又查阅了古今中外的大量文献，撰写了《中国的飞蝗》一书，这是继1950年在上海《科学画报》上发表的长篇科普作品《昆虫与人类》后向新中国献上的又一份厚礼。此书1951年出版，1953年再版，是新中国农业丛书优秀著作之一，由上海永祥印书馆出版，对全国灭蝗工作起到了积极作用。

"我国蝗患自古称烈"

该书首先简要地介绍了我国自古以来蝗患肆虐的概况。作者写道："我国蝗患自古称烈，历史上之记载甚多。纪元前707年（周平王元年为纪元前707年），山东地区发生蝗灾，是为我国历史上最早之记载。……汉平帝元始二年（公元2年）郡国大旱生蝗，……唐开元时（公元716年）山东诸州蝗大起，……五代晋齐王天福八年（公元943年）天下诸州皆遭蝗灾，田园尽芜。""自纪元前707年到1935年，2 642年间，共发生蝗患796次，即平均每3年发生蝗患一次。……自1931年以来，在全国范围内几乎每年都有蝗虫发生，不过有轻重之别而已。"

写到蝗患猖獗的严重情况，作者举例作了如下描述："1929年江苏省下蜀发现大群蝗蝻，从长江边直趋内地，当大群蝗蝻跳越过铁路时，把轨道盖没了，火车无法通过，后经许多工人设法把蝗蝻驱除，火车方能通过。……同时下蜀镇被成千万的蝗蝻袭击，房屋的墙壁屋顶都爬满了蝗蝻，并向室内进袭，各商店无法开门，仅在门上开一个窗洞，买卖东西。"

盛赞解放区的治蝗经验

作者引用《太行山捕蝗记》中的一段文字，介绍了1944年发生在解放区的蝗患："8月22日，大批飞蝗突然从磁武敌占区暴风雨般的飞来，经过武安磁山，向岗西一带降落，一点多钟工夫，满山遍野，落了很厚一层，多的地方有0.33～0.66米厚。落在树上，就把树枝压弯压断，有16平方千米的山区，变成了蝗虫的世界。"写到这里，作者由衷地赞扬共产党的领导。"由于解放区中共的领导，曾动员群众25万人，打死飞蝗跳蝻和卵块共917万千克，其中，除蝗卵2 500万千克外，蝻蝗各半，如其照0.5千克卵以4万个计，一斤蝻以13 000余个计，0.5千克飞蝗以80个计，总共加起来，就有63 452 500千克，如其均变为飞蝗，并以一个啣（衔）住一个的连接起来，每18个就有一米长，他们可以环绕地球1.25周。如把他们堆积起来，比太行山还要高79 300倍。这样严重的蝗情，如果不是把这些蝗虫打死，农庄所遭的损失，是不可想象的……我国蝗患已有2 000余年的历史，打蝗捕蝻，从来没有这样做得彻底过……治蝗的人是边区政府的厅长、分区司令员、专员、县长，还有正规军、游击队、机关学校，商店士绅、知识分子，六七十岁的白发老人和妇孺等参加。从这一治蝗运动中，可以看出组织力量的重要和群众力量的伟大……这一治蝗战役，规模之大，治蝗成绩之佳，为历史上所未见。"

同时，作者还引用明朝郭敬写的《咏飞蝗》诗："飞蝗蔽空日无色，野老田中泪垂血，牵衣顿足捕不能，大叶全空小枝折，去年拖欠鬻男女，今岁科征向谁说，官朝醉卧闻不闻，叹息回头望京阙。"作者感慨地写道："古时的蝗患和现在的蝗患，其严重情况并无二致，只是封建时代的政府，对人民的疾苦漠不关心。而现在的人民政府，则确实是为人民谋幸福的。"这些文字表达了吴福桢对共产党深深的钦佩和敬仰之情。

飞蝗的分布与地势、温度、雨量有关

该书在介绍了中国飞蝗的种类和形态，发育变态和生活年史以及习性之后，对其分布和为害的区域进行了分析。作者首先以1933年大蝗灾为例，说明"是年中国飞蝗发生之地带，为河北、河南、江苏、山东、安徽、浙江、湖南、山西、陕西、南京9省1市265县……在这一广大区域内发生之蝗虫，大致密集于河北、河南、山东、江苏4省。自此向北向南逐渐稀少。"作者进一步指出，"我国飞蝗分布之省区，北止于长城，南达长江流域杭州湾，西面及西南面被阻于太行山、伏牛山、黄山，东迄于海，这一事实很显明地说明其分布区域，与地势、温度、雨量有关。"

作者接着写道："以地势而言，飞蝗分布之区域大部分在海拔50米以下之平地。300米以上之高地蝗虫已少见……四大水道（海河、黄河、长江、淮河）流域之平原地带，均为蝗虫发生及繁殖区域，较高之山脉则有限制其分布的作用，例如，河北山西间之太行山脉，高度在1 000～3 000米，河北之飞蝗很少能飞越此山脉至山西为害，太行山麓流传一句民谚'蝗虫不吃山西'，就是说明这个现象。"作者接着写道："在四大流域平原地区内的湖滩、河岸低湿地、碱地、海岸、盐垦地，均属一目无垠的平坦地。丛生着芦苇杂草，实为蝗虫发生的巢穴。"

与温度的关系，作者写道："冬季平均气温在-4℃以下，平均最低气温在-10℃以下，即无飞蝗发生。显然是由于越冬卵的孵化受到影响。"

与雨量的关系，作者写道："我国的飞蝗南面止于北纬28度以北。这是由于南方雨量过多的关系。"

"总结起来说，飞蝗发生地区多在海拔200米以下的平原地带，北方受到冬季平均气温-4℃和最低温度-10℃地区的限制，南方受到降雨量1 000公厘地区的限制。"

作者把中国飞蝗产生基地归纳为4类：河川沿岸，湖沼沿岸，大川入海的三角洲和沿岸的盐垦地。此四类地区"均为海拔极低的平坦地，其土壤为盐基性之冲积层，土内水分相当高，不适宜于耕作，人迹罕至，杂草丛生，适合于此等地带之植物，大致为芦苇杞柳等。"

书中专有一章，作者在总结古今中外治蝗经验的基础上，介绍和论述各种治蝗方法。

人工治蝗法

作者写道："治蝗方法有很多，有人工扑灭法，器械的利用，药剂的应用等。"接着，介绍了以下几种人工治蝗的方法。

一、掘毁卵块。蝗卵多产于田边路旁坟上，草原山麓，河岸湖边，或其他荒芜之处，卵块离土面3.3～6.6厘米深。凡产卵处均有密集小穴，掘卵人员应列队用锹锄铲之类将卵块掘起，每一个卵块有卵粒4万～8万颗。以暴露其卵块，为烈日、低温或敌害所杀死，以减少其卵化率。

二、治跳蝻法。治蝗必以治蝻为先，治蝻必打幼蝻为主，这是我国治蝗要诀。治跳蝻有围打法、沟阻法、铁皮阻集法、灌水法、压杀法、油杀法、袋集法等八种方法。

三、捕杀飞蝗法。飞蝗的飞翔力强大，很不容易捕捉，唯在雨天或傍晚至早晨，气温降低，露水降落时，飞蝗翅上沾着雨水或露水，不能飞翔，故易捕捉。介绍4种方法，即①手捕法。飞蝗往往落户在芦苇高粱和杂草的叶子上面，由于叶是软弱的，它们无法飞起，可以于黎明或午夜时点起灯笼去捕捉。江苏武进兄弟二人，半夜工夫在芦苇里就捕获飞蝗100多千克。②灯火诱杀法。飞蝗有趋火性，可在庄家田里挖许多小坑，上小底大，网底放一灯，飞蝗进去就把它捏死。③火攻法。我国古代就已经采用。土耳其曾用火焰机（用汽油）治蝗。1946年我国也曾以军用喷火机治蝗，收到相当效果。④锣鼓浓烟或黑旗趋蝗法。高扬黑旗或深蓝旗并敲锣鼓，及以稍湿之草焚烟，亦收到驱逐的效果。烟火一起，飞蝗就迷失了方向，只能在烟圈里打旋转，飞不出去，落在地上，很久不能动弹，易被打死。

药剂治蝗法

除人工治蝗外，作者还介绍了五种药剂治蝗法。

一、喷射胃毒液。将胃毒液喷射于植物，让蝗虫吃了中毒而死。这是很有效的办法。苏联和非洲应用此法，确能解决蝗害问题。他们所用药剂，最普通的是亚砒酸钠及巴黎绿两种。1936年，前中央农业实验所在皖北用矽酸钠液与石粉相和，防治蝗蝻，效果极佳。这种方法优点为效果确实，缺点则是费用较大。

二、毒气应用。苏联曾试用毒气治蝗，但觉得费用太大，且有危险，未能大规模应用。阿根廷曾试用氰化钙治理，幼蝗蝻群可于2小时内被消灭，收到很好的效果，但是对于老蝻效力较小，而且有风时不能使用。

三、毒液喷杀。前江苏昆虫局曾用氰酸钠液喷于蝗虫密集之处，蝗虫触到即死，效力极好……前苏联及南美曾用D.N.O.C液体，以飞机喷治空中飞蝗，曾收到很好效果。1947年，阿根廷用直升飞机11架，在空中喷射D.N.O.C药液，蝗虫纷纷落地，成绩显著，据报告可杀蝗虫98%。

四、毒饵诱杀。昆虫对于某些物质有特殊的嗅觉，而趋向这些物质，利用这种习性，把蝗虫所喜欢的食物与毒物相和，以毒饵引蝗虫来吃，而毒杀之。以毒饵治蝗效力极佳，为近代治蝗最好的方法之一。1947年在皖北滁县定边边境，应用六六六粉和氟矽酸钠做毒饵，第二天大部蝗虫均死于大土块之下。当地有一名叫龙虎山的山峰，蝻群密集，深可没胫，经撒布大量毒饵，三天后蝗尸遍野。这是我国应用毒饵治蝗的第一次大成功。

五、粉剂毒杀。即喷撒毒粉，接触蝗体或其触角而致蝗于死。苏联及其他国家曾采用此法治蝗，收到很好的效果，主要的药粉为亚砒酸钠或砒酸钠、氟矽酸钠等，同时加消石灰或石膏粉10倍。近年以来，我国应用六六六粉剂治蝗，速效而确实，凡是蝗虫触到或吃到均于数小时后死去。此粉效验之速，不特为砒酸钠所不及，即毒饵法亦将视为落伍。

根本治蝗之道

该书的最后，作者明确指出"垦荒濬河是根本治蝗之道。"作者写道："我们纵观世界蝗虫之发展与消灭的历史，便可了然于农业环境与蝗患之消长实有密切关系。例如，当18世纪、19世纪之际，在罗马尼亚、匈牙利、奥国及德国等处均有蝗患，其基地均在多瑙河流域，但到了19世纪末叶，蝗虫逐渐消灭。其原因何在，由于农业之发展，产蝗基地环境的改变，蝗虫不能立足，以致于渐趋消灭，则是显然无疑的事实。我国蝗虫的基地多属河湖四周芦苇地，碱地荒土或淤塞之大小河道，水涨则一片泽国，水退则为广漠之平原，丛生着芦苇及禾土科杂草，均为蝗虫最好的食料。这些区域便成为产蝗基地，若能把这些基地消灭，蝗虫自然没有了。我们以上所说各种治蝗方法，均属消极的，是被动的，均是待蝗虫发生以后加以消灭。根本治蝗之道，必须采取主动战术，把蝗虫的原产地开垦起来，淤塞的河道濬好了，不毛的盐碱土改良起来，变荒漠为熟地，把蝗虫的原产基地开垦起来，把蝗虫的原产地消灭掉，把适宜于蝗虫产卵和生活的环境改变为不适宜的环境，蝗虫自然逐渐消灭，这是根本治蝗之道。"

吴福桢的这本专著1951年出版，印3 000册，1953年再版增订本，又加印1 000册。此书对普及治蝗常识和当时的治蝗工作，都起到了积极的作用，受到各有关方面的欢迎和赞扬。至今50多年过去了，我国的农业有了极大的发展，生态环境也有了显著的改变。吴福桢当年所竭力提倡的根本治蝗之道，即垦荒疏河、改良盐碱地、变荒芜为良田，消灭蝗虫的原产地，令蝗虫自然消灭的目标已经达到了。

第四节　中华昆虫学会改名为中国昆虫学会

1949年12月，中央农业部召开全国农业生产会议，散处各地的中华昆虫学会部分会员应邀来京出席会议。大家相见甚欢，并谈到了学会问题，一致认为应当积极恢复会务活动，群策群力为新中国建设事业服务。于是择定12月18日在八面槽玉华台饭店举行会员联谊聚餐会，到会的有北京、天津、上海、南京、浙江、山东等地的会员共40余人。公推吴福桢主持座谈，徐硕俊记录。会上大家踊跃发言，一致认为因受3年内战影响，会务停顿，现在全国解放了，应当尽快重新组织起来，共同奋斗，为建设新中国而努力。座谈会商定成立中华昆虫学会改组筹备委员会，并推荐张巨伯、胡经甫、吴福桢、刘崇乐等16人为委员，指定刘崇乐为召集人。经过讨论，大家一致同意，为了与其他各学会的名称统一，应把中华昆虫学会改名为中国昆虫学会。

改组筹备委员会组织票选理事15人。于是，1950年6月20日在北京协和医学院举行中国昆虫学会第一届理事会，同时宣布改组筹备委员会工作结束。选举刘崇乐为主席，胡经甫、张景欧为副主席，张巨伯、蔡邦华、吴福桢等为理事。

第五节　在中国昆虫学会第一届全国代表大会上致开幕词

1951年9月1日至7日，中国昆虫学会在北京辅仁大学召开全国会员代表大会。吴福桢任大会主席团主席，并致如下开幕词。

今天，中国昆虫学会第一届全国会员代表大会正式宣布开会，各省区代表36人，首长来宾亲临指导，这是空前的而富有历史意义的集会。

这次出席的代表36人，代表着25个省市。解放以来学会会员由303人增加到600多人，这次代表性之广泛和会员人数之迅速增加，说明了我们昆虫学工作同志的团结，另一方面说明了学会的工作是在迅速展开。

其次回想到中央人民政府成立两年以来，昆虫事业是在一日千里地发展着，在政府机关中有中央农业部病虫害防治司、防治所、防治科、防治站，在全国范围已设立120～130处，另外中国科学院昆虫研究室，各大行政区的农科研究所及大学的虫害系已大大加强，这说明了政府的重视。

另一方面解放以来昆虫事业的发展与成就，主要表现在农业生产建设方面，1950年全国就动员了2 000万人以上投入治虫工作，保证了粮食与棉花的生产，1951年山东省动员了270万人以上投入治蚜工作。

20世纪50年代初，农林部派飞机在蝗灾区撒药治蝗收到很好效果

华东有970万人治蝗，华北各省有1亿人治蝗，由此而得到了全国棉花的增产，同时在受灾（蝗灾）区，中央人民政府农业部派飞机治蝗收到很好成绩，受到了群众的热烈欢迎。

这种大规模的治虫运动，不但我国的历史上，而且在世界历史上也是没有见过的，中外人士一致认为是奇迹，这种奇迹不是中国共产党和中央人民政府的领导是不可能出现的。

在这一大规模的治虫运动中，取得了不少的宝贵经验。这些经验告诉我们广大农民迫切需要治虫技术，政府对这一工作极端重视，农民的治虫方法必须加以研究与提高，必须由点到面，发展要平衡，更必须大大地予以普及，这一提高普及工作都落在我们身上，因此，我们就必须要团结起来，组织起来，来担负这一光荣而严肃的任务。昆虫学会的成立是团结与组织的具体形式，今天开幕的这一代表大会将要讨论如何把我们昆虫界同志组成一个坚强的与害虫斗争的战斗体，进行坚决而勇敢的斗争。

今天首长们亲临指导给了我们最大的鼓励,我们不但要把会开好,而且要在理论与实际结合的原则下,全心全意组织昆虫工作者为人民服务,在毛主席和中央人民政府领导下,从提高与普及两方面帮助政府建设新中国。

这次代表大会受到各有关部门的高度重视。中央人民政府农业部长李书城,中央人民政府林垦部长梁希,中国科学院副院长竺可桢,中华全国自然科学普及协会代表茅以升,北京农业大学校长孙晓邨,辅仁大学副教务长赵光贤以及中国动物学会代表王家楫等,均到会致贺并讲话。蔡邦华致闭幕词。

大会选举朱弘复、蔡邦华、冯兰洲、吴福桢、陈世骧、曹骥、吴宏吉、徐硕俊、任明道、周尧、陈方洁、肖采瑜、傅胜发、蒋书楠、柳支英15人为中国昆虫学会第一届理事会理事,冯兰洲为理事长,朱弘复为秘书长。

大会受到社会舆论的重视。《人民日报》作了"中国昆虫学会现阶段的中心任务是做好治虫工作,为帮助政府争取国家财政经济状况的基本好转而斗争"的报道。《光明日报》也发表了"中国昆虫学会召开会员代表大会"的消息,并进一步报道:"大会讨论及的有30种害虫,其中着重地讨论并研究出棉粮害虫(如蝗虫、螟虫、棉蚜及小麦吸浆虫),卫生害虫(如蚤、蚊、恙虫与白铃子),森林害虫(如松毛虫)与仓库害虫的可行而有效的防治方法。这对今后农业增产将起很大作用。"

1952年11月3日在上海市南京西路604号举行中国昆虫学会上海分会的成立大会。吴福桢任大会主席,并在会上介绍了前苏联专家帮助我国用飞机撒六六六粉治飞蝗的成功经验。

第六节 感慨新旧社会的对比

吴福桢亲身感受到解放前后中国昆虫学会的史实,新旧社会的强烈对比使他十分感慨。他说:"解放前1948年中华昆虫学会的会员只有408人,解放初期会员已增至600人,目前(注:20世纪60年代)已有

1961年，上海昆虫学会年会，右四吴福桢，右五邹树文

1 000余人。解放前只有5个分会，目前全国至少有28个分会。解放前昆虫专门刊物只有一个《中华昆虫学会通讯》，目前，全国性的专门期刊有《昆虫学报》《昆虫知识》《植保学报》《植物保护》4种。至于各省农业科学期刊也像雨后春笋，百花齐放，其中也有不少昆虫论文，至于论文数量的激增及质量的提高更是不可同日而语。关于科学性群众组织的活动，以前是自生自灭，政府不管，科学工作者的学术活动是困苦艰难，局促不安。目前，有党和政府的大力支持，一切科学活动和刊物的费用均由国家负担，科学工作者可以安心地在党和国家的领导下做他们的工作，毋需操心筹募经费的事。凡此种种，均充分说明，党对科学事业的重视及社会主义制度的优越性。"

1962年广州昆虫学会活动，右三吴福桢，左一曾省，左四邹钟林

第七节　痛悼恩师张巨伯

张巨伯，1892年出生，祖籍广东省高鹤县（今鹤山县）。1917年，张巨伯在美国俄亥俄州立大学农学院获得昆虫学硕士学位后，婉拒一家美国公司的高薪聘请，毅然回国，先后在南京高等师范学院、东南大学、金陵大学任教授。1928年担任江苏省昆虫局局长。1932年，主持浙江省昆虫局工作。张巨伯在江苏、浙江两省工作的近20年中，吴福桢是张巨伯的学生，也是张巨伯工作中的助手，关系甚密。1936年，张巨伯回广东中山大学任教，同时在广东省农林局兼职。

张巨伯一心为中国的昆虫事业，为农业生产服务，始终不渝。中国昆虫界一致认为，江苏、浙江、广东等省病虫害防治工作的基础，是和张巨伯的辛勤耕耘、奋力拼搏分不开的。

自张巨伯离开江浙赴广东工作后，吴福桢一直没有机会与他见面。直到1948年，张巨伯作为昆虫专家从穗赴南京参加国民党政府农林部召开的全国病虫防治讨论会，吴福桢才又有幸见到张先生。师生二人久别重逢，十分高兴，紧紧握手，亲切交谈，共叙20多年前的浓浓师生情。8天的会议结束了，师生二人仍难舍难分。

1949年，身居羊城的张巨伯喜迎广州解放和中华人民共和国成立。他对社会主义祖国的新气象和社会主义建设充满了信心和激情，决心在新中国为我国的昆虫学作更大的贡献。不幸的是，1951年3月2日癌症夺去了他宝贵的生命，终年59岁。这是我国昆虫界的一大损失。

张巨伯不仅是吴福桢在南京高等师范学院农科上学时的老师，还参加了张巨伯亲自领导的治虫工作，对张巨伯渊博的知识、生动的授课以及对治虫工作执著的敬业精神十分钦佩。张巨伯对吴福桢一生的成长都有重要的影响。

1951年，当时在华东农林部病虫害防治所任所长的吴福桢获悉恩师张巨伯不幸病逝的噩耗，十分悲痛，怀着深深的敬仰之情，于同年7月

1日写了题为《张巨伯先生对于中国昆虫事业的倡导》的悼念文章,刊登在1951年9月的《中国昆虫学会通讯》上,全文如下。

业师张巨伯先生突于3月2日病逝于北京协和医院,昆虫同道传来非正式的消息,才知道他是由于患肺癌开刀割治所致。近年以来我与张师分处南北,各忙工作,自1948年在南京开病虫会议聚首以来,既未见面,亦鲜音讯。惊闻噩耗不禁悲恸,寝食不安数日。我最崇敬之老师,竟未得于易箦之际谋一面,获一字而倏然长别,为了纪念先生,特提出其对我国昆虫事业之倡导数端,作为我们昆虫同道者团结前进的楷模。

以科学方法在田间研究害虫的第一人

首先,我们要纪念先生的,他是我们中国研究应用昆虫学,以科学方法在田间研究农作物害虫问题的第一人。1919—1920年苏南沿海一带,如南汇、奉贤等县棉田遭到一种突然而来的棉大造桥虫的袭击,该地棉花几乎没有收成。正在萌芽的上海纱厂,大为恐慌,由上海纱厂捐助银元2 000元,作为研究棉花大造桥虫的经费。当时张先生是前东南大学的教授,便应命到南汇棉区设立田野实验室于海滨老港镇,我是张先生的助手,张先生领导我做养虫和治虫的试验,生活非常简单朴素,从早到晚与虫为伍,其他一切都不管,这样专心一志实事求是地研究问题,是张先生的特长。我们在老港镇做研究工作一年,到了秋季,试验田及室内养的虫子全被大水所淹,但所获成绩不少。张先生对于棉大造桥虫的形态生活习性,都有了详细的记载与分析,手绘精致的形态图,著有棉大造桥虫报告书,刊登于江苏昆虫局的害虫报告中。这是我国对于棉大造桥虫的唯一研究刊物,现在恐怕只有南京农业科学研究所尚存一孤本。张先生的这一工作,对于我国昆虫方面之贡献,不仅在于此一害虫的报告书,最重要的还是在于他是中国第一个昆虫学家愿亲自下田动手,把科学理论与实际问题结合起来,帮助农民解决害虫问题。当时进步的农民曾试用火油、火油乳剂、石灰等杀治造桥虫,均告失败,反将棉株烧死。张先生领导我在老港镇试用砒酸铅杀死此虫,收到很好的效果。

在今日看来，以砒酸铅杀害虫是很平常的，但是在30年以前能这样做，开辟药剂治虫的途径，实在是值得我们对张先生纪念的。

我国昆虫研究团体的创建者

第二，张先生是我国昆虫研究团体之创造者。昆虫学在我国发展的历史，只有30余年，组织同道互相切磋，作集体之研究，则自张先生始。早在1920年，当时南京学习昆虫者有20余人，以张先生为首，组织六足学会，其后又改组为昆虫学会。当时张先生的思想，是一切为了昆虫科学，他所注意的事业，即为培养人才及发展昆虫学会。为了打下昆虫学会的基础，张先生曾约我将在金大及东大教书所赚得的薪水，全部捐作昆虫学会基金。此基金之主要用途，是培植昆虫科学的人才，受其惠者有邹钟琳先生等。我们应当认识当时学术空气是非常淡薄的，政府也根本不注意，张先生以全部精神发展昆虫学会，并培植人才，其卓越见解与热衷发展学术的思想，是值得我们崇敬的。

中国在大学教授昆虫科学第一人

第三，张先生在学术界中最大的贡献是教育了不少昆虫人才，张先生为中国在大学中教授昆虫科学的第一人，并且毕生从事，未曾稍移其志。教授法的特长为条理清楚、材料丰富。他做人作事治学都是规规矩矩老老实实，亦即是实事求是的精神。在1928—1930年，他在金大及东大农学院教书，他吸引并培养了不少昆虫人才，他的学生很多，遍布全国，有的在大学任教授，有的在农业机关当干部，而且他们受了张先生的熏陶都忠于昆虫事业，好好为人民服务，张先生对于我国学术界最大的贡献与影响也在于此。

张先生的学生遍全国，已为中国农业建设中的昆虫部门打下基础。学生当中，唯我从先生最早，受益亦最深。我之学习昆虫是受先生的影响，完全是在先生的门下打基础的。我的出国研究，是得到先生的鼓励与援助的。我的治学与做事,得益于先生的指示与熏陶,至深且钜。每一念及,不禁凄然泪下。先生年已六旬而精神矍铄,以其德望与学问,在解放后的中国正可发挥其为人民服务的作用,作更大的贡献。可惜溘然长逝,我为师生的情谊,为人民的事业,哀悼之深,实非笔墨所能形容。今年山东皖北等处飞蝗猖獗,我从泗洪协助治蝗归来,卧床数日,在病中怀念先生,回忆1928年和1929年江苏省飞蝗蔽日,我和吴宏吉、陈家祥等协助先生治蝗的情形,如在目前,而日月如驶已经是20年以前的事情了。现在在人民政府领导下,治虫技术一日千里,今日已开始应用飞机喷撒666粉治蝗,收到很好的成绩。飞蝗的猖獗,已不能像以前那样的肆无忌惮了。先生九泉有知,亦当欣然了。

1951年7月1日
上　海

第八节　盛赞邹秉文

邹秉文,字应崧,原籍江苏省,1893年12月3日出生于广州。1910年17岁时到美国就读于纽约柯克中学,后转入威里斯顿中学,1912年以优异成绩毕业,補取为留美官费生。同年秋,考入康乃尔大学,先学机械工程,后改学农科,专修植物病理学。1915年毕业获学士学位后继续在该校研究院攻读植物病理学一年,于1916年回国。回国后,任金陵大学教授,主讲植物病理学和植物学课程。1917年,转入国立南京高等师范学校(后改为东南大学)担任农业专修科首任主任。他提出并建立了教学、科学研究、推广三者相辅相成的教育体系。由于教育经费拮据,他还不遗余力地多方游说,四处化缘,从社会各界募得大量资金,以切实保证三结合教育体系真正得以贯彻。把东南大学办得出类拔萃,驾乎全国南北各高等农业院校之上,显示出他异乎寻常的才干。

1917年国立南京高等师范学校创立之初,农场面积只有40余亩,经邹秉文7年的艰苦奋斗,扩充到近400亩,含一个农事试验总场,9

个分场。9个分场分别作为东南大学水稻、小麦、桑蚕、果蔬、棉花的研究、试验农场,地域遍及南京、江苏、河南、湖北、河北,对教学、研究和推广均具有巨大而深远的裨益。

有了这样的优越条件,加上聘请了国内外的知名专家、教授任课,东南大学农科培养出了一批又一批杰出的农业专家,如金善宝(小麦)、周拾禄(水稻)、吴福桢(昆虫)、邹钟琳(农业教育)、孙本忠(桑蚕)、冯泽芳和胡竞良(棉花育种与推广)等,不胜枚举。他们都以邹秉文先生为榜样,将所学的知识全部献给了祖国和人民,辛劳一生,无怨无悔。

1928年,邹秉文出任上海商品检验局局长,坚持原则,严格把关,确保进出口商品的质量,成绩斐然。1931—1947年,担任上海商业银行副总经理,其间,1943年起兼任联合国粮农组织筹备委员会副主席、联合国粮农组织首任中方执行委员、农业部高等顾问兼驻美代表、中美农业合作团中方团长。邹秉文在美期间,运用他的地位和影响,主动争取,多方协商,得以派到美国进修深造的留学生达到四批,人数达到200多名。这4批留学生,后来多成为新中国农业科技战线上的骨干。他还竭尽全力为中国引进美国的许多优良品种。1948年起改任美国纽约和昌公司董事长,经营中美间的化肥、种子和农产品贸易。

"东南三杰"之一

1950年,新中国成立之初,身居美国的邹秉文得知国内棉种奇缺,他不顾当时正在病中,立即乘飞机前往产棉区,动员当地华侨不分昼夜驾车奔波3日到各私人农场,不论多少,悉数收购,共得棉种496吨,随即打包装车,运往港口。在当时美国对我封锁禁运的情况下,货轮绕道南美,于翌年清明前安抵青岛,未误播种农时。当年我国棉花产量增长了48.8%。邹秉文先生殚精竭虑精忠报国的赤子之心,令人感动、敬佩。

1956年6月,邹秉文和夫人以赴欧洲旅游为名绕道回国。周恩来总理得知他们到达巴黎后,立即派冀朝铸前往法国迎接。同年8月,经中方精心安排,他们经莫斯科回到人民中国。周总理委托中国科协书记范长江到机场迎接。这是国民党高层人士中最早回到新中国的科学家,引起各方高度重视,《人民日报》在头版作了报道。

回国后,邹秉文以一级教授身份出任农业部和高等教育部顾问,翌年被选为第二届全国政协委员。周恩来总理曾经说:"邹秉文先生,我知道,东南三杰嘛!"(另外两杰是指东南大学工科主任茅以升、商科主任杨杏佛)。

在那场给中国人民带来严重灾难的"文化大革命"中,邹秉文也未能幸免,受到了冲击。周恩来总理得知后,以接见外宾请他作陪为名,用当面开导的形式,保护了他。为此,邹秉文对周总理满怀感激,激动地说:"中国幸亏有了个好总理。"

吴福桢在此文中盛赞邹秉文对我国农业发展所做的重要贡献

雄才大略 功勋卓著

1947年,吴福桢在《科学》刊物上发表的《30年来我国农业之改进》一文中,对于邹秉文先生在我国农业发展方面所做的重要贡献,给予了很高的评价,称:"我国农业之有今日,邹氏实开其先河。"文中写道:

1917年，国立南京高等师范农科成立，邹秉文先生主其事。邹先生鉴于过去国内农业改进工作零星散乱，无确定方针及缺乏科学基础，致难收改进实效，乃倡导下列三种政策，并力促其实现。由于此种政策之推行，我国农业改进工作渐入正途，向前迈进！

一曰教实合作。即提倡教育与建设密切联系，通力合作之谓。其时南京为江苏省会，建设事业由实业厅主持。邹先生竭力联络教育实业两厅，合组教实联合会。南高农科及后来之东大农科曾参加此组织，先从农业着手，由江苏省政府设立稻作试验场于吴县，麦作试验场于淮阴，并调整省内甲乙级农业学校，及各处农事试验场，分工合作，因地制宜，统一指导，以收事半功倍之效。如南京第一农校重棉作，苏州第二农校重稻蚕，淮阴第三农校重畜牧麦作。农事试验场亦然，行政由省署主持，技术由东大农科指导。为此，农校之培养学生有计划，有目的，有擅长，有技术；毕业后，即成为各区农业改进工作之骨干。省区农事试验场，均有一定事业计划，依照步骤循序渐行，不数年功效大著。

二曰研究推广与教学并重。民国初年，国内农业人才十分缺乏，大学农科为专门人才荟集之所，若仅教学而不负研究试验推广之责，则人才设备两缺之农事试验场殊难期其遽见实效。当时东大农科之作风为教学研究（包含试验）推广三者并重。所聘之教授，除教书外，并分别主持各部门之研究试验或推广工作。在学期之内彼等均兼作室内研究及农场之试验，暑期则出外视察指导各农校或试验场。故不仅为优良学府，并负全省农业改进之重责（后来不仅限江苏一省）。成绩卓著，非偶然也。

三曰注重稻麦棉。民国初期之农业工作，兼收并蓄，事业繁多，而人才经费有限，其结果博而不精，无一部门能收改良之实效。邹先生办理南高农科时，以为农业改良千头万绪，应视人力、财力分期举办，每期固定几种中心工作。南人食米，北人食麦，米麦为吾国主要食粮，必须改良稻麦，丰其产，优其质，以裕民食；棉为吾国重要衣料，且生产不足，必须改良推广，以裕民衣。故即确定改良稻、麦、棉，为第一期农业改良之中心工作。聘请专家，训练人才，裕筹经费，设立试验场，积极研究试验，同时举行农业调查，以供试验之根据，及推广之准备。

上述三端，虽为南高、东大农科推行之政策，实亦影响近30年来我国农业改进工作之发展。盖我国农业改进工作之能有目标，有计划，有联系之进行，科学基础之重视，专门人才之培养，均由此导其端也。我国农业之有今日，邹氏实开其先河。

师生情义深

1917年吴福桢考入国立南京高等师范农科后，就是邹秉文先生的得意门生之一。吴福桢敬佩邹秉文的渊博知识和先进的教学方式，邹秉文则欣赏吴福桢的勤奋和聪慧。吴福桢毕业后留校任助教期间，邹秉文就指派他作为张巨伯教授的助手，驻点南通作防治棉虫的研究。1930年春，邹秉文得知有一批未经消毒的美国棉种进口，已运抵上海，准备发往我国西北地区。邹秉文认为不经消毒，坚决不得启运。他在筹款的同时，通过江苏昆虫局指派吴福桢负责熏蒸消毒这批美国棉种。吴福桢毅然接受此重任，克服重重困难，圆满地完成了消毒棉种的任务。

40年代，邹秉文负责选派200余名赴美进修的农科专业人员时，一系列国内的甄别与联系工作，均委托正在中央农业实验所工作的吴福桢办理。

1963年，邹秉文从北京给正在宁夏农科所工作的吴福桢寄去40颗泰国西瓜种子。邹秉文说：在北京，给了几个农业部门试种，都没有结果。于是吴福桢在宁夏大力倡导，以及当地园林试验场农工的大力协作，经过几年的努力，终于在宁夏回族自治区（全书称宁夏）试种成功了。它的特点是味甜质脆，耐贮藏，枕头形，外观美。在宁夏大面积生产后，泰国瓜的名气越来越大，西北几个省、自治区都大面积种植这种品质优良的西瓜。吴福桢托人把泰国瓜带到北京给邹秉文品尝，老人就像得了个金娃娃一般乐呵呵地捧着让儿孙们看。

1973年，吴福桢从宁夏回北京治病。邹秉文知道后，亲自到吴的住处（三女儿家）看望。事后，吴福桢又到邹秉文在北京的住所红霞公寓回访。两位老人不仅有师生之谊，在工作上也有长达半个多世纪的合作。到了耄耋之年再相聚时，仍有说不完的话，道不完的情。

到了90年代，已95高龄的吴福桢得知正在筹备邹秉文百年诞辰纪念活动时，便翻箱倒柜，找出许多他珍藏的史料，包括1926年有邹秉文作序的著作，1928年、1929年江苏昆虫局的年刊等，令筹备组的同志深受感动。

第九节　奉调中央农业部植保局

全国解放后的头三年，我国完成了农村的土地改革，开展了镇压反革命运动，反贪污、反浪费、反官僚主义的"三反"运动和反行贿、反偷税漏税、反盗骗国家财产、反偷工减料、反盗窃国家经济情报的"五反"运动。对旧中国的科学教育文化事业进行了有效的改造，迅速恢复了在旧中国遭到严重破坏的国民经济，全国工农业生产1953年底已经达到历史的最高水平，人民生活逐步得到改善。

解放初期，组织上对吴福桢在解放前是否参加过国民党的问题进行了审查。当时认为，在国民党政府中一直受到重用并担任过重要职务的人，一般都是国民党员。对此，吴福桢心里很坦然，如实地向组织上作了说明：他从来没有参加过国民党，并表示相信组织上一定会实事求是地查清楚这件事。组织上经过反复调查，证明吴福桢解放前是一位专心搞植物保护的科研人员，确实没有加入过国民党，终于解除了对他的怀疑。

1953年，中央农业部派人到上海，商调吴福桢到中央农业部任职。吴老当时感到很突然，认为上海华东农林部的领导和同志们对他都很好，他已经适应了这里良好的工作环境，业务情况也逐渐熟悉了，一再表示希望能够继续留在上海工作。吴福桢在上海三年多的时间里，除了完成本职工作外，还撰写了长篇科普文章《昆虫与人类》，出版了专著《中国的飞蝗》，成果丰硕，他是真的舍不得离开上海。

可是，农业部的同志却很执着，他们住在招待所，一次不行两次，两次不行三次，再三进行动员，最后甚至笑着说："您要是不同意，我们就在这里坐等，不回北京了。"吴福桢无可奈何，只能服从组织调动，赴京工作了。

到北京后，吴福桢任农业部植保局顾问，负责指导全国的植物保护工作。1954年，农业部成立中国农业科学院筹备小组，吴老即参加筹建中国农科院的工作，任筹备小组技术组组长。

1956年4月，农业部向国务院提交了《关于筹建中国农业科学院问题的报告》，称："目前农业部共有综合性的和专业性的科研所12个，地方性的农业试验站153个，共有农业科学工作人员4 405人（副研以上193人），有高等农业院校28个，副教授以上可以兼作科研活动的有819人。为了适应全国农业发展纲要（草案）和随着农业合作化高潮而来的农业生产高潮对农业科技的迫切要求，我部拟于年内加速筹备和正式建立中国农科院……多次与党内外科学家就筹建中国农科院问题恳切交换意见，一致认为正式成立中国农科院已刻不容缓。"并建议"以华北农科所作为中国农科院院址。"

经国务院批准，中国农业科学院于1957年3月1日在北京正式成立。任命稻作专家、华南农学院院长丁颖为中国农科院院长，金善宝、陈凤桐、程绍迥等人为副院长。丁颖院长在3月1日成立大会上的报告中说："中国农业科学院是我国农业科学技术的领导中心。基本任务是，根据国家发展农业生产的计划，农业生产实践中的客观需要和世界农业科学的发展趋势，组织领导全国农业科学家进行有关农业生产技术和农业科学理论的研究，以新的科学研究成果，保证我国社会主义农业生产和农业科学的不断提高和发展。"报告中还说："中国农业科学院建立了学术委员会，以领导全国农业科学研究的学术活动。"

中国农科院成立之前，吴福桢参加了筹建工作。农科院正式成立之后，吴福桢便调任农科院研究员，并任第一届学术委员会委员。

吴福桢调到北京后，家安在东单范子平胡同一个旧四合院内一间约20平方米的房间，房门口的走廊上放煤炉子，就是厨房了。全院七八家共用一个厕所、一个露天自来水龙头，冬季每天要用开水把水管内的冰浇化。冬天把炉子挪到房间里安上烟筒,既取暖又做饭、烧水。因为刚从南方到北京,虽有热心的邻居指导,但还未完全掌握取暖炉的封火方法,所以夜里常常因为炉火熄灭而人被冻醒。又因为炉子与烟筒衔接处的烟灰未及时清除而几次煤气中毒。

令老两口感到欣慰的是,全家人在北京团聚了。大女儿一家4口已于3年前到北京,两个参军的女儿于1953年从部队复员在北京,四女儿在南京高中毕业后到北京上大学,这是分别4年后的大团圆。每到节假日,欢乐祥和的气氛充满了这间简陋拥挤的房间,浓浓的亲情温暖着每个人的心。

1953年,吴福桢伉俪(后排中、后排左)的二女儿(前排右一)和三女儿(前排左一)先后从部队复员到京。
全家三代欢聚于范子平胡同家院中,后排右大女儿

在这里住了3年,又搬到附近的苏州胡同。这是一个老洋楼院,条件好多了。一座两层小楼住4家,每家两间。另有两家住平房,各家都有厨房、自来水。厕所虽是公用的,但条件比范子平胡同好多了。院里有老树几株,春天,嫩绿的新叶给大家带来蓬勃朝气,炎炎夏日,浓密

的绿荫下有沁人心脾的清凉，萧瑟秋风中，它们用纷纷飘落的黄、红色叶片祝大家冬季平安。

1956年，吴福桢（前排左一）作为出席全国科普积极分子大会农业系统的代表与农业部负责同志合影

但好景不长，席卷全国的反右派运动使吴福桢受到了极大的冲击。被"补课"戴上了"右派分子"帽子。

第十节 被错划"右派" 下放宁夏

1957年4月27日，中共中央正式发出了《关于整风运动的指示》，指出："几年以来，在我们党内，脱离群众和脱离实际的官僚主义、宗派主义和主观主义，有了新的滋长。因此，中央认为有必要按照'从团结的愿望出发，经过批评和自我批评，在新的基础上达到新的团结'的方针，在全党重新进行一次普遍的、深入的反官僚主义、反宗派主义、反主观主义的整风运动，提高全党的马克思主义的思想水平，改进作风，以适应社会主义改造和社会主义建设的需要。"整风指示发布后，各级党政领导机关和高等院校、科学研究机构、文化艺术单位的党组织纷纷召开各种形式的座谈会和小组会，听取党内外群众的意见。不久，党中央的指导思想开始发生变化。同年 6 月 8 日，中央发出组织力量反击右派分子进攻的党内指示，同日《人民日报》发表《这是为什么？》的社论。一场全国规模的群众性的急风暴雨式的反右派运动猛烈地开展起来了。这场斗争被严重地扩大化了，把一批知识分子、爱国人士和党内干部错划为"右派分子"，造成了不幸的后果。邓小平同志 1980 年 1 月在《目前的形势和任务》一文中谈到反右派斗争时说："问题是随着运动的发展，扩大化了，打击面宽了，打击的分量也太重。大批的人确实处理得不适当，太重，他们多年受了委屈，不能为人民发挥他们的聪明才智，这不但是他们的损失，也是整个国家的损失。"

吴福桢在四月下旬开始的整风运动中，由于工作繁忙很少参加会议，即使到会也很少发言，可是在反右派斗争即将结束的后期，1958 年，单位进行"补课"时却把吴福桢给"补"了进去。吴老就这样在这场严重扩大化了的"反右派斗争"中被错划为"右派"，受到降两级的处分，并调离北京，下放宁夏。亲朋好友们大惑不解、愤愤不平。一位专心致志搞科学研究、衷心拥护共产党和社会主义的老科学家，怎么会是反党反社会主义的右派分子呢？年届六旬的吴福桢老人也万万没有想到。面对这严酷的现实，他很无奈，也很冷静，他安慰大家说："我大半辈子都在内地工作，这次到宁夏，可以把西北的情况弄弄清楚，能为边疆老百姓做点事，这是我的运气。我的问题一定会有个公正的结论。"这几句话充分表现了他对生活的乐观和对事业的一片丹心。吴老身处逆境，患难之际能有这样坦荡的胸怀，实在令人钦佩。

第五章

———

宁夏工作二十载

第一节 支援"老、少、边"建设

宁夏回族自治区（后简称宁夏），位于黄河河套西部，东南部跨黄土高原。与陕西、内蒙古自治区（后简称内蒙古）、甘肃等省区为邻。贺兰山脉绵亘于宁夏西北边境，山脉挡住了西北寒风的东进和腾格里沙漠东移，是银川平原的天然屏障。银川平原自古灌溉农业发达，沟渠纵横，林木成行，素有"塞上江南"、"塞上谷仓"之称，为我国西北地区重要商品粮基地。有回、汉、满等民族。1958年10月25日正式成立宁夏回族自治区。

1958年是我国历史上的"大跃进"年代，以高指标、瞎指挥、浮夸风、共产风为主要标志的"左"倾错误严重泛滥。当时，正值宁夏回族自治区正式成立，急需人才，国家号召"支援老、少、边地区"（注：指老解放区、少数民族地区和边远地区），动员各行各业的专家和青年知识分子踊跃支援宁夏建设。吴福桢正是随着1958年这股大潮从北京调到宁夏的。一时间宁夏人才云集，到处可以听到南北各地不同口音的方言，好不热闹。

吴福桢的妻子听到他要调往西北工作的消息之后，便开始收拾行装和家什，准备搬家。年届六旬的吴福桢却不因"右派"的被发配而沮丧，依然像以往几十年一样，急于到新的工作岗位报到，尽快投入新的科研工作，便只身一人匆匆登上北京开往银川的火车，赶赴宁夏。

当时，宁夏农业科学研究所正在筹建，吴福桢被分配到该所筹建植物保护系。同时也自然成为全所各系的"筹建高参"，因为从上到下都一股风声地知道吴老是一位多么知名的专家教授啊！宁夏迎来的是一位精神矍铄、思维敏捷、谈笑风生的老人。吴福桢被安排到一间约15平方米的平房住下，是时正值深秋，宁夏天气已经寒冷，屋里需要生火取暖。因为是专家，除了睡床以外，还特意配备了一张写字台，以及几张接待来访用的椅子。吴老随身带来的除了衣被和生活必需品以外，还带来了不少昆虫方面的书籍，中文和外文的专业图书，以及几十个装有昆虫标本的精致的标本盒，其中，多为蛾类和甲虫标本，为了防蛀，标本盒内均有樟脑精，散发出浓烈刺鼻的异味。这些都表明，吴福桢做好了长期在宁夏做一番科学事业的准备。

吴福桢是戴着"右派分子"的帽子来到宁夏的，但当时的党政领导特别是宁夏农科所所长程焕卿同志和自治区农业厅厅长张兴同志不仅毫不歧视他，而且对这位科学家很关心，很重视，经常征询他对工作的意见。农科所有些工作人员久闻吴福桢的大名，有的同志在上大学时就听过吴老的学术报告，因而都十分敬重他。

尽管当时社会上存在着违反客观经济规律的"左"的做法，但是吴老一生注重实际，尊重客观规律，他根据初步了解到的情况，很快向农科所和自治区农业厅的领导建议：宁夏的农业植物保护科学基础薄弱，应当先开展农业昆虫基本情况调查，希望能给他配备一位能写善画的专业助手，一位采集、制作标本的人员，提供几个保存标本和试验药品的柜子。当时物质条件颇为困难，连木材都十分紧缺，但这些要求竟很快得到满足。吴老高兴之极，马上行动起来，白天到近郊农田采虫，夜间用电灯在屋前诱虫，整日伏案鉴定昆虫标本。吴老对农科所和自治区农业厅领导的支持和体恤赞不绝口，多年以后仍念念不忘。

先读《朔方志》 熟悉风土情

初到宁夏的人，对这里的一切都会感到新鲜，吴福桢也不例外。他从小生活在江南——江苏省常州市武进县。从美国留学回国后又在南京等地工作，抗战期间携家带口到了四川，很少涉足北方，更没有到过银川。他只听说过："黄河百害唯富一套（注：河套地区），天下黄河富宁夏，塞上江南鱼米香"的美好传说。到宁夏后又听说道："早穿皮袄午披纱，围着火炉吃西瓜"，开始亲身体会到宁夏昼夜温差大的大陆性气候。

吴老搞科研工作几十年所形成的习惯是，每到一地，必定要先了解当地的自然生态、农业生产等各方面的基本情况，他认为这些是搞农业科研的基础。于是，他便向农科所的工作人员请教。他们很快就向他提供了解放八年来有关宁夏农业生产、作物品种、技术推广、病虫防治等方面的资料。同时他还了解到宁夏地处中亚细亚区与中国东北亚区的交界点，在我国生物区系和农业地理区划上占有重要位置。

吴老听同事说有一套记载西夏以来有关宁夏情况的古籍——《朔方志》。他很高兴，急于看到这本书，请他们赶紧借来，很快如愿。他拿到《朔方志》后，饶有兴趣地仔细查阅了有关篇章。从中了解到宁夏灌溉农业悠久的历史。秦代屯垦戍边，已开始修渠引水，秦、汉、唐以来分别开辟了秦渠、汉渠、唐徕渠以引用黄河水，有了自流灌溉的农田给水系统，形成了自古以来"不靠天吃饭"的灌溉农业。吴老还了解到，解放前夕，由于渠系失修，有灌无排，致洼地成湖，盐碱遍地，再加上水土流失、风沙侵袭，灌地耕地大减，产量很低。解放后，农田水利建设的重点放在排灌渠系的整建上。建成了青铜峡水利枢纽，既提供了供水保证率，又提供了丰富的电力。新修了东、西干渠，在山区兴建了多座中小型水库。吴老了解到这些情况后，兴奋赞叹不已，感慨万千。

吴老认为，在宁夏进行农业科学研究，必须从当地的实际出发，必须遵循宁夏地区大气干旱、土壤湿度大、昼夜温差悬殊、生长季节短（注：无霜期短，只有 130～150 天）等基本特点。

边研究　边建系

吴福桢不仅是一位研究型的科学家，而且是一位创办事业的领导型实业家。初到宁夏工作的前几年虽然不居领导职位，连只有几位年轻人的植保系，也未命他负责。但实际上植保系以至农科所的筹建工作，都离不开他的操心和安排。有关全所的大计，诸如所址的选择、各系室的建立、图书馆的创办、专业的设置、科研的管理、人员的培训提高等，他都为之操心筹划，并不时给所领导提建议，且多数被采纳实施。这与吴老以前的经历有关，解放前他曾担任过中央农业实验所病虫害系主任、病虫药械制造实验厂厂长、中央农业实验所副所长等职务，解放后又担任华东农林部病虫防治所所长，在实际工作中练就了一定的总揽和掌管全局的领导能力。

当时，宁夏农科所筹备伊始，只有农学系（前身为宁夏永宁农业试验场）、土肥系（前身为宁夏农化所）和畜牧兽医系（前身为宁夏畜牧站）等稍有基础外，植保系完全是"白

20世纪60年代初宁夏农科所内，所领导和同事们合影 二排右三吴福桢，右四所长程焕卿，右六植物检疫专家叶祖荣，后排右五高兆宁

手起家"。从各方面抽调来的五六个人，多是新近毕业的大学生。至于硬件设备，则完全空白。针对这种情况，吴福桢提出"一面研究，一面建系"的方针。这个意见被采纳了，于是便在一排平房开始了植保系的研究和建系工作。

这一排6间的砖瓦房，一间是吴老的居室兼工作室，两间为技术人员的卧室和工作室，两间为"温室"以及进行标本制作和药物实验室，其余一间是杂物储藏室。

所谓"温室"，是将房子的门窗用较厚的棉门帘封堵以阻挡寒气，屋内用土坯自砌火炉，烧煤加温，炉上有铁皮抽烟筒，就成了有效提高室温的暖气管。即使严冬季节也可使室温保持在25摄氏度上下。宁夏一年有200天的霜期，科研人员在"温室"里开展了油料作物上的"亚麻漏油虫"（国内新纪录）的防治研究。亚麻在宁夏叫胡麻，是当地主要的优质食油作物，亚麻漏油虫能将亚麻籽实吃成空壳，农民形象地说："油漏空了"，故得此名。还进行了"甜菜象甲"等越冬虫体的研究。"温室"大大延长了一年中可进行研究的有效时间，加快了研究进度。吴老经常到"温室"观察指导，并高兴地说："这才叫土法上马和大跃进啊！"

这种办法和指导方针，也适合于其他系室，很快成为整个农科所仿

效的榜样，各系都在边研究边建设。这样，在一两年的时间里，植保系就增添了显微镜、解剖镜、手持扩大镜、养虫缸、黑光灯、离心机、各种化验剂及农药机械等有关硬件设备，很快达到了边建所边研究的目的，获得了显著成效。

申请立项　开展农业昆虫基本调查

吴福桢一贯崇尚实际，注重调查研究。他不止一次地说过："搞植物保护，防治害虫，如同打仗一样，一定要先摸清敌情，决不打无准备之仗。"早在20世纪20年代，他研究棉花害虫时，就在田间建立实验站，在野外进行观察研究，有时在一个地方一蹲就是几个小时。30年代他任中央农业实验所病虫害系主任时，为了更好地进行治蝗工作，就亲自组织并参加全国蝗患情况调查，并先后发表全国蝗情报告5篇。调查报告内容翔实，对治蝗工作起到了很好的指导作用，开创了我国蝗虫研究和防治的历史。50年代一到宁夏，便向有关领导提出要进行宁夏昆虫基本情况调查的建议。

1957年，中国农业科学院根据国务院制定的《农业发展纲要》，提出了全国农业昆虫基本情况调查的计划。1960年，中国科学院动物研究所、中国昆虫学会也制定了编写《中国经济昆虫志》的宏伟计划，其目的在于组织全国力量，在调查研究全国农业昆虫和其他害虫资源的基础上，整理和编辑出版一套比较全面的我国农业昆虫资料，更好地为农业植物保护事业服务。我国一些先进省区，相继开展了这方面的调查研究工作。在这种大背景下，吴老明确地提出：宁夏农业生产落后，科学基础薄弱，在植物病虫害研究方面首先要摸清害虫种类的基本情况，这是开展植物保护防治虫害的基础。他亲自制订了《宁夏农业昆虫基本调查》为题的研究计划，并正式提出立项申请。此事得到农科所领导的大力支持。

1960年，党中央开始纠正违反客观经济规律的"大跃进"所造成的错误，调整政策，一再要求全党恢复实事求是、调查研究的作风。并强调"深入基层调查研究,是领导工作的首要任务",一切从实际出发,不调查就没有发言权,必须成为全党干部的思想和行动的首要准则。在这种形势下,自治区科委很快审定同意了此项申请,并下拨了专题研究的经费。于是,从 1960 年开始,宁夏农业昆虫基本调查这项研究工程正式启动。

调查与生产实践相结合

宁夏农业昆虫基本调查在吴福桢的主持下正式启动了。吴老对调查工作的要求很严格,明确提出要避免"学院式"的做法——采集成虫、制作标本、鉴定学名、登记在案,就算达到目的了。他说:光这样做不行,而要有

1960 年,宁夏农业昆虫调查座谈会。左二吴福桢,右二老农

新特点,调查工作必须同生产实践相结合。他接着指出,虽然害虫要以成虫来鉴定其种类,但在农业生产中造成危害的多是其幼虫时期,所以,必须获得其幼虫标本,还要进而获得害虫的卵期、蛹期以及对作物为害的害状和害情资料。这样,调查工作就同生产实践结合在一起了,就可以体现出在农业生产上的经济价值。其具体设计如下。

调查采集。此项工作是研究课题的首要内容,是艰苦细致的野外工作,要求工作人员具有昆虫、植物分类和作物栽培等基础知识和田野工作经验。分别按以下专题进行。

按作物种类专题采集调查:如在果树生长季节采集果树害虫等。

季节性专题调查采集:不同害虫其发生季节不同,同一种害虫在不

同虫期也各有其不同的时间,如春初调查,可以得到其越冬虫态和越冬场所等,还可以确定下一次调查的时间,以达到此虫资料的完整性。

不同自然区域调查:如山林地区、灌溉区、草原区等的专项调查。

黑光灯或高光(如500瓦)诱虫:可常年定点设置,下田临时设置,这样便可以诱到人工难以采集到的种类,轻而易举地得到较多种类的标本。还可以将诱到的成虫活体携回室内使其产卵,进行室内饲养观察。

室内饲养观察:是田野调查采集的延续和补充,能获得许多昆虫的不同形态、取食习性、害状特征等新鲜而完整的标本资料。

标本的制作和收藏:幼虫标本是浸渍液瓶中收藏,成虫则作展翅、整姿制成标本,均需附上文字标签,记明时间、采集地点、日期、寄主名称等资料。按分类系统分盒、分柜收藏,以便逐步建立宁夏农业昆虫标本室。

分类鉴定:昆虫分类是一门专家学科,如有夜蛾类分类专家、半翅类分类专家等。作为一个省区,要对调查得到的所有昆虫进行分类鉴定,是远远无法承担这一任务的,必须与国内各科分类专家协作,帮助鉴定和校对。这也是一种"资料交换、互相协作"的科学活动。宜先自己动手进行初步鉴定,这需要大量的工具书和参考资料,对自己解决不了的疑难种类和新种,则只能依靠外单位的分类专家来做了。

"门诊"和"出诊":一个农业科学研究单位,在农民看来是一个为他们解决生产难题的专家机构,他们有很高的期望值。当他们在生产中遇到问题了,就常常登门求教,特别是在植物病虫害方面,科研单位经常要接待农民来访,吴老把这种来访美其名曰"门诊"。而科研人员需要到农田作进一步了解时,则称为"出诊"。在整个课题研究工作中,科研人员常常承担着这两方面的任务,并由此得到许多宝贵资料,同时也可以结合实际帮助农民解决一些生产中的问题,并为以后研究提供课题和立项的线索,成为一种"预备性研究"。

第二节　当选为宁夏回族自治区第一届政协委员

1961年春节前夕，组织上宣布摘掉吴福桢的"右派分子"帽子，接着又安排他担任宁夏回族自治区第一届政协委员。4月，吴老出差在北京中国科学院图书馆标本室为宁夏的昆虫作科学鉴定时，宁夏农科所连发两个电报催他回去参加政协会议。5月，在宁夏政协第一届委员会第三次会议上，吴老发言说，他到宁夏后，自治区党委组织部刘部长、统战部刘部长以及自治区政府科委金主任和农业厅张厅长等领导同志都找他谈过话，政治上予以关心，生活上给予照顾，工作上给予鼓励和支持，农科所的程所长更是全面予以关照，这些都使他受到很大的鼓舞，心情感到舒畅。最后，吴老表示晚年要更加努力地工作，为宁夏的社会主义建设事业做出更大贡献。他的具体计划是："第一，在两三年内，大约在1963年内基本完成《宁夏昆虫图志》的工作，把宁夏的益虫害虫和常见

1961年4月，吴福桢因公赴京，全家欢乐合影

的昆虫弄清楚，作出科学鉴定，绘编成图志，为宁夏农业科学资料打下基础。第二，中央提出的《全国经济昆虫志》的编写，必须由中央和各省同时并举，由于我们国家昆虫种类繁多，必须由省一级的科学研究机构长期进行。在这方面全区已有两年的经验和基础。中央的专家和领导同志认为此项工作我区已经走在各省的前面，我愿在宁夏做出一个样子，供其他各省区参考。第三，通过以上工作我想带好几个徒弟作为此项工作的接班人。"

吴老没有食言，他以"老牛自知夕阳短，不须扬鞭自奋蹄"的精神，忘我地工作，兑现了自己的承诺。

第三节　艰苦的调查研究历程

"宁夏农业昆虫基本调查"被列为自治区的重点课题，在吴福桢的主持和亲自参加下，按照以上的计划措施，以很少的人力，艰苦跋涉，锲而不舍，开始了课题的调查研究工作。

林木害虫大发生

宁夏是一个多农场、林场的省区，1960年6月接到反映，潮湖农场的护田林行道发生虫灾，为害特别严重。吴福桢和助手高兆宁急忙携带调查设备，乘农场派来的吉普车赶往现场。到了那里，只见满树爬着虫子，有拇指般粗大，长约七八厘米，把杨、柳、沙枣树上的叶子几乎全部吃光。虫子还在树下的地面上到处爬行，令人毛骨悚然，还能隐约地听见虫子食叶的沙沙声。经过采集检查，这些虫子有3种：食害沙枣叶子的叫"沙枣天蛾"，食害柳叶的是"兰目灰天蛾"，又叫"柳天蛾"，这两种均为天蛾科。其幼虫的特点和家蚕相似；其体后端都长有一角状"尾突"。而为害杨树的幼虫腹端却长着两个尾突，叫"杨双尾舟蛾"，属舟蛾科，也为害柳树。这类害虫的幼虫体型均肥大，食量也大，一旦发生，就易成灾害。

当时，由于"大跃进"和人民公社化运动中的"左"倾错误，使我国的工农业生产遭到很大破坏，人民生活相当困难。许多地区因食物短缺营养不足而相当普遍地发生浮肿病。正值"低标准"和"瓜菜代"年代，潮湖农场职工和被管教的案犯因饥饿而得浮肿病的也极普通。农场领导说，场里好多职工竟收集这些虫子和土中的蛹，蒸熟后食用以解饥饿。吴福桢听后说："这是很好的蛋白质食物。"有人拿来让吴老和高兆宁品尝，吴老竟当即吃了一个，而高兆宁却一时难以接受，没有吃。谈到这场林木虫灾时，吴老说：这种树木害虫大发生的情况，是干旱条件下灌区的特点。

乘羊皮筏子横渡黄河

课题研究开展初期，正是我国的三年困难时期，粮油等食物均定量凭票供应，每人每月23斤粮，2两（1斤＝500克，1两＝50克，全书同）油，2两肉，生活相当艰难，不少人饿得有气无力。在这种情况下，上级并不严格要求机关8小时上班制，特别是冬季，更是如此。但是，吴老在这种困难的条件下，仍然奋力工作，毫不懈怠。有一次到县上调查麦田害虫，吴老坚持要去。那时下公社，先要乘长途汽车到县上，再步行到公社。吴老是"平脚板"，加之年老，走几里的长路确实很艰难。遇到这种情况，就雇个小毛驴，骑驴代步，这是当时宁夏的一大特色，既方便，又便宜，骑一次付几角钱到一元钱即可。

有一次在麦田调查后，听说黄河对岸是一片水灌不到的干旱草原，吴老觉得这样的生态环境是奇特的，一边是引黄灌溉的农田，近在咫尺的另一边却是干旱的草原。如此差别悬殊的生态环境，一定会有不同的昆虫相和昆虫群落，也就是有明显差异的昆虫种群。吴老身背昆虫采集袋，手持捕虫网，走到黄河岸边。看到河水滔滔滚滚东流，颇为壮观。这里虽是一处渡口，但唯一的渡河工具却只是"羊皮筏"。这皮筏是用黑乎乎无毛的生羊皮充气制成的，一个筏有9只充气的生羊皮，用绳子串连在胳膊粗的柳木条架子上。这是吴老初次见到的交通工具。筏工见吴福桢他们疑虑和胆怯的模样，便向他们大声解释道："放心上来吧，这比大木船还稳当哩！"从浮力学的原理来讲，9个皮筒的排水量超过9个人的体重，现在加上筏工才3个人。高兆宁这么一算，就壮着胆子说："没有问题，可以坐！"于是，高兆宁和筏工就把吴老搀扶上去坐定。筏工使用短小的木板当浆划离了河岸，皮筏随波漂向中流。吴、高二人坐着觉得倒还稳当，唯见木架下的筏间，河水哗哗地流，还不时溅上衣裤，在汪洋的河面，他们连人带筏仍然似一个小点，真觉得有点玄乎。筏工不停地划水，吴老又惊又喜，两手紧紧抓住木条，忽忽悠悠，忽上忽下，使人心胆高悬，约20分钟便平安地漂游到了对岸。上岸后，回眸岸那一边，确有后怕之感，吴老笑嘘不已，说："哎呦！第一次，传说成了实践，不错！不错！"

岸上是一片旱柳和箭杆杨的混交林，但树龄尚小，荫蔽度不大，林下密生禾本科和豆科杂草。吴老用捕虫网到处捕捉。然后，坐在草地上吸着纸烟，抽的是优待专家的"中华牌香烟"，这是专门配给的特供商品，一般商店是不摆卖的。吴老边抽烟，边整理所采到的各种虫子标本。其中有几种蝗虫为新见种类，还有许多杨柳树害虫及幼虫，都按照要求包装入瓶。眼看太阳西垂，还得赶路。林边有一条公路直通银川，吴、高二人便在路旁招手拦车，待赶到银川时已是掌灯时分。两人饥渴疲惫，全身无力。高兆宁将吴老搀扶回家后，便到食堂按定量领了两个榆叶粉卷麦面的小馒头，狼吞虎咽般地吃下，躺下就睡了。吴老在妻子精心照料下吃了一顿热乎乎的晚餐，由于疲劳也很快入睡了。

日后，对这批标本进行整理鉴定时，竟发现有两种蝗虫为"世界新种"，还有几种为宁夏和国内的新见种类。

"革命虫"——虱子

1958年秋，吴福桢初到银川时是单身一人，妻子在北京收拾东西准备搬家，需要些时日。因此，吴老在银川过了一段时间的单身生活。他生活自理能力差，且缺乏生活常识。一次，他身上痒痒，以为得了皮肤病，便到农科所的医务室请大夫诊治。大夫认真检查后，笑着对他说："皮肤没有病。您是研究昆虫的老专家，身上长了虫子都不知道！"吴老一惊，问："长什么虫子啦？您快拿一个让我看看。"医生从他身上随手抓了一个虱子给他。吴老看后一脸苦笑，不好意思地离开了医务室。原来这是由于他长时间没有洗澡，不勤换衣服造成的。

到了60年代，吴福桢经常到外地参加农业昆虫基础调查。有一次，吴老下乡调查回来，照例由助手高兆宁把他送回家。一到家，吴老顿时觉得身上瘙痒难忍，还有什么小虫子在脖子上爬，顺手一摸，确是一个小型虫子，满以为是蚜虫什么的，拿起放大镜一看，惊讶地叫道：这是一个雌性大虱子！这一下惊动了一旁的妻子，她让吴老赶紧把全身衣服脱下来更换，准备用开水烫洗。吴老阻止道：我要采集昆虫标本！妻子皱眉说："快扔到门外去，传开了怎么办？哎呦！脏死了。"吴老根本不听，不以为然地把衬衣脱下展在桌面上，一手拿镊子，一手持放大镜，在衣缝间细查细找，将各种大小不等不同"龄期"的虱子一个个用镊子捉起来，浸入盛有70%酒精的标本瓶中，连虮子（虱卵）也不放过。妻子当然拗不过他，只好皱着眉头无可奈何地在一旁看着他："哎呦，啧啧！"

吴福桢笑着说："虱子是昆虫纲中32目之一，是昆虫分类中一个重要的阶梯，因其对生活环境的适应性强，其形态特征发生许多特异的变化，如体黑、无翅、钳钩状的足、无单眼、复眼不发达退化呈一眼斑等，在昆虫生态学、形态学方面都有其重要意义。在专业分工上，是划到医学昆虫范畴，我们可以不管，但作为一个省区级的农业昆虫馆，虱目是不可少的。以后，还可以同兽医系合作，如鸡虱、猪虱等都可以收集一些。还有蝇蚊类、蜱螨等，可以丰富我们标本的收藏量和水平。这次我不动地方，顺手牵羊，轻而易举地采集到一个'昆虫目级'的标本，岂不可喜！"一旁的高兆宁听后，连连点头称是。

当时，有一些从延安来的老干部说："当年搞革命，环境艰苦，没有条件经常洗澡，也没有条件勤换衣服，因此，不少人身上长虱子，我们便把虱子戏称为'革命虫'。"吴老回想起这几句话，便自嘲说："我的身上也长了'革命虫'，说明我的思想进步了。"高兆宁听后，哈哈大笑。

南有柑橘实蝇　北有枸杞实蝇

枸杞是我国的名贵中药，畅销国内外，宁夏是枸杞的正宗产地，是宁夏地区红（枸杞）、黄（甘草）、兰（贺兰石）、白（滩羊皮）、黑（发菜）五宝之首。其汁液甘甜，营养丰腴，但在生产和收藏的过程中，常常容易发生许多病虫害，使产量和品质均受到严重损失。而在这一领域，以前很少有人研究，几乎是一项空白，先人资料十分缺乏，在农科所植保系讨论课题设置时，吴福桢强调：一个地方研究机构，必须要有"地方特点"，而枸杞是宁夏的特产，我们必须把枸杞病虫害列为研究专题，作为特点和重点，长期坚持不懈地研究。吴老的这个意见得到了大家的支持。于是，在吴老主持的研究课题中，枸杞病虫害始终作为重点项目之一进行调查研究。

吴福桢多次到枸杞生产重点的中宁县作调查采集，发现当时为害最严重的有枸杞实蝇、木虱、蚜虫三大害虫，并将其列为自治区的重点研究课题，配备专门人员进行专题研究。吴老以前对柑橘实蝇为害的严重性素有了解，而实蝇科的害虫只有南方柑橘上的一种，现在在宁夏竟然发现又一种，而且为害的程度比柑橘实蝇更为严重，加之此类蝇子的神态和花纹特别招人：两只绿宝石般的眼睛占据了整个头部，具有掌状条纹花斑的双翅，在阳光下闪烁，映出种种彩虹，黑亮的腹背排列着银白色的条斑，在枸杞绿色幼果的衬托下，其动作姗姗彬彬，真像一位绝色佳丽。如此俊美秀丽的物体竟是一种大害虫！吴福桢常有不少物外之趣，对昆虫艺术的欣赏力颇高。因此，他对此种实蝇也特别重视和钟爱，说道："南有柑橘实蝇，北有枸杞实蝇。"

经过调查，枸杞实蝇的幼虫专以枸杞的果实为食，杞果被害率一般为22%～55%。实蝇一年发生3代。第1代幼虫发生在结果时期，为害最重，虫口密度最高；第2代次之；第3代最少。以蛹在土内越冬，分布在上下3～9厘米处。卵产于果内嫩种子上，每果1卵，幼虫生活在果内，成熟幼虫由果柄附近钻出落地入土化蛹。成虫寿命，雌虫平均14

天，雄虫5.5天。卵及幼虫21.6天，蛹18.3天，一个世代约需46.4天。

以后数年，在吴福桢的亲自指导下，枸杞实蝇、木虱、蚜虫等数种枸杞害虫的研究均取得区级研究成果。这方面的研究论文都刊登在中国昆虫学会编辑、科学出版社出版的《昆虫学报》国家一级刊物上。在吴福桢主持的基本调查课题中，初步查清枸杞害虫近20种，其中，13种为专食枸杞的害虫，它们均被收入后来出版的《宁夏农业昆虫图志》第一、第二集中。

一场虚惊

吴福桢1958年到了宁夏，家就安在农科所的一间平房里，是他的办公室兼卧室。妻子来了以后，看到住房条件比她想象的要好。令她惊讶的是，冬季未到，这身兼炊事和取暖二职的煤炉就已经启用。不过，第二天她就体验到，这里的早晚很凉，炉火把屋里烤得暖融融的，很舒服。使她为难的是用水，要从井里打水。天冷时井边的地上结了厚厚的冰，她的一双小脚很容易滑倒。幸好宁夏农科所的领导和同事们都很关心，常常主动来帮忙打水送到家里。不久，组织上又给了吴福桢两间大房子，每间都有20多平方米，一间办公，一间家居，还有暖炕。二老十分高兴，并深切感谢农科所领导的关心和照顾。

吴福桢的妻子到宁夏后，曾发生一场虚惊。一年春天，妻子把箱底的衣被拿出来晒太阳，被人发现其中一条床单上竟然印有一个国民党的党徽，立即掀起了轩然大波。这究竟是怎么回事呢？原来是吴福桢的一位同事兼朋友王作薪之妻解放前送给吴福桢妻子一床新棉絮时，随手拿了一条床单把棉絮包起来。这条印有国民党党徽的床单是王作薪的大儿子王信中（国民党某航空部门的地勤人员）的单位发的。送礼人和受礼人都是目不识丁的文盲家庭妇女，她们根本不知道国民党党徽为何物。而吴福桢又是一个从不过问家务，对家务一无所知的人。在那个随便上纲上线大整人的年代，竟被一位积极分子发现，诬为"为国民党反动派卧薪尝胆"，这不得了！这件事反映上去后，宁夏农科所和自治区农业厅的领导很重视。他们实事求是地查清了这起事件,没有上纲上线,没有扣帽子、打棍子。对此,吴福桢十分感激,妻子则双手合十,连声"阿弥陀佛",喜极而泣。由于组织上对此事处理得当,老两口终于度过了这场虚惊。

六盘山上高峰

六盘山位于宁夏南部固原县西南,险窄的山路要盘旋六重才能到达峰顶,故名六盘山。南北走向长达 240 千米,跨宁、陕、甘三省区,是泾河的发源地,其主峰高达 2 942 米,一般海拔 2 000 米,其次生天然林达 25 500 公顷,植被颇为丰富,昆虫种类繁多,是宁夏农业昆虫基本调查这一课题所调查的主要山地。吴福桢专门为"六盘山昆虫调查"制订了专题计划,并在植保系的昆虫标本室内设立了六盘山昆虫专柜。此项调查于 1964 年正式开始。

首先与在六盘山林业局工作多年的技术员谷守勤同志取得了联系,并很快得到他的大力支持。他亲自送来数盒昆虫标本,吴老见到后非常高兴,嘱咐工作人员仔细整理,先按"科"分类分盒,并急不可耐地进行了分类鉴定。他看到六盘山昆虫资源之丰富非同一般,表示一定要亲自进山实地调查采集。在作了周到的山地采集准备之后,吴福桢、高兆宁一行搭乘长途汽车,经过三天的旅程,到达了六盘山麓的泾河源。这里是六盘山林管所的所在地。该所领导热情地接待了吴老一行,并妥善地解决了食宿和进山的交通车辆,还专门派了协助我们工作的技术人员。吴福桢一行在到达的翌日,立即开始了山地和林间的昆虫采集和调查工作。

六盘山是我国西北黄土高原上的一颗绿色的明珠。毛泽东同志在 1935 年 9 月率领中央红军进入甘肃省南部,10 月初,突破敌人的封锁线,打垮了敌人的骑兵部队,胜利地越过六盘山,并写下了《清平乐·六盘山》的诗句:"天高云淡,望断南飞雁。不到长城非好汉,屈指行程二万。六盘山上高峰,红旗漫卷西风。今日长缨在手,何时缚住苍龙?"

毛主席的壮丽诗篇使六盘山闻名华夏。

一辆越野吉普，载着吴福桢一行和林管所的陪同人员，迴转盘旋，上下颠簸，过涧水，上陡坡，经过盘山公路，把他们送到了山巅。放眼南眺，真有"天高云淡"之感。高兆宁等人把吴老安排在草坪上，便深入山幽调查采集。

林间地面是松软的枯枝落叶，发出浓厚的腐殖质芬芳气味。他们开始搜罗不同林木和植物群落的害虫，发现了许多远异于农业区的昆虫种类：许多"伪态"的虫子，爬在树上，一时实难察觉，如食叶子的枯叶蛾科的虫子，爬在枝叶上，极像一片枯叶，白天不食不动，晚间进行食害。具有同

1964年，吴福桢（持网者），魏凯（右一）等登六盘山顶，调查并采集山林昆虫

样"演技"的尺蠖蛾科幼虫，爬在树枝上如同干枝，在有刺的蔷薇科枝条上，呈红刺形态，而在刺五加枝条上则呈白刺，实在巧妙的"伪装"！但它却难逃这些采集者的专业观察力。还有种种"雕刻"技艺的小蠹虫科害虫，它们体型虽然小如米粒，但却能使参天的松树致死，它们啃食树木皮层的韧皮部和新生的木质部，把树皮刻食成种种美丽的花纹。虫种不同，花纹各异。所谓"雕虫小技"，盖由此而来。而昆虫学家却能根据此种"小技"的不同来鉴定其是何属何种。更令人称奇者，许多昆虫为使其幼虫足食安居，创造出许多不可思议的巧妙办法，如这次采集到的摺叶象甲，是取食山杨叶片的害虫，在其产卵传代时，能将一片杨叶在口器和足的共同劳作下，摺捲成大如豆粒的鼓形小球，连在叶上，产一粒卵于其中，可供其幼虫一生食用。还采到多种色彩绚丽的叶甲科、

虫体肥大的天蚕蛾科、舟蛾科等标本。吴老自己也遍地仔细采集，采到了多种食草和食根害虫，如体型最大的须金龟子，多种瓢虫等。这次在六盘山调查采集了两天，收获颇丰。吴老经过分析后得出的结论是："六盘山昆虫区系，可能与秦岭相近，真是一座活的昆虫标本馆，丰富的生物基因库。"

"养虫"是研究害虫的重要手段

吴福桢在注重野外采集的同时，也十分重视昆虫的饲养工作。他说：在昆虫调查研究中，要获得各类虫子的有关资料，只靠野外采集，是难以实现的，必须同时开展昆虫饲养工作。"要会治虫，应先会养虫。"他把昆虫饲养，列为一项重要的研究手段，也成为他亲自操作的重要内容。

昆虫饲养分为室外"罩笼饲养"和"室内饲养"。吴老经常亲临观察和指导技术人员对昆虫的饲养工作，并仔细检查每种昆虫的记载内容和出现的问题。在宁夏农业昆虫基本调查项目中，先后饲养的昆虫达200余种，所得到的资料是田间采集难以获得的。如某种昆虫的幼虫期，有几龄？每一龄期有几天？各龄的体色有哪些变化？土生性昆虫如何入土？入土的深度多少？如何出土取食？还能获得各期虫态的新鲜标本等。以上都为种类鉴定、形态描述、生活习性、生物制图等提供了宝贵的第一手资料。

显微镜下的"昆虫世界"

按课题研究计划，每一种害虫和益虫，都需要鉴定出它的科学名字，包括中文名字和世界通用的拉丁文学名，给它开列一个国内外通行的"身份证"。此项研究，在昆虫学中是一项深而广的专门学科——昆虫分类学。据研究估计，昆虫种数，全世界约达200万种，截至20世纪末，定名的已知种仅95万多种，在昆虫纲中分属于32目890多科，在动物界中比任何动物的种类都多很多。对于如此浩瀚的昆虫种类，搞昆虫分类工作的专家就自然很多。别的国家无法知道,仅我国知名的昆虫分类学家,就有百位之多,多集中在科学研究机构和大专院校。对一个省区来讲,昆虫种类估计约在数千种甚至万种,本省区昆虫的分类鉴定工作只靠本地区的专家是无法完成的,必须仰赖国内其他省区的有关专家,互相协作来进行。吴老研究昆虫几十年,在昆虫界知名度高,结识的昆虫专家很多,与国内知名的分类专家有紧密联系的有五十多位。他亲自出面,请他们协助鉴定宁夏地区的疑难种类和审定一般种类。外省区的分类专家都积极予以支持。

要请教外省区的分类专家,首先得自己先作初步鉴定。在基本调查中采集到的昆虫种类标本多达千百种,应该有轻重缓急的区别,绝不能陷入汪洋大海和茫茫无序之中。吴老采取的办法是:对农业为害较重的、发生数量较多的、新见和稀有的、长在本地区特种作物上的、益虫类等优先进行鉴定。即使如此,其数量也是多不胜数啊!

在分类鉴定中,必须有权威的工具书。经过数年的努力,宁夏农科所的图书馆购进了一部分,吴老还到北京去借了一部分,其中包括中、英、日、俄四种文字的昆虫分类专著。为了扩展视野,吴老不顾年迈,还在百忙中抽出时间自修俄文。稍有一点空闲,甚至在散步、理发时,就念、背俄文单词。

吴老一再说:"要治虫,先要认虫。"吴老的许多时间和精力,都投入到昆虫鉴定和查阅国内外参考资料之中。

吴老的工作台上置有一架解剖镜、一台显微镜以及镜检用的有关药液。昆虫分类均采用其

20世纪70年代,吴福桢(左一)和青年科研人员在宁夏农科所愉快工作。持放大镜者吴福桢,右后是高兆宁

外部形态特征进行，微小虫子如蚜虫的鉴定，必须制玻片，在数百倍镜下观察其微细部位，大蛾类则还要脱鳞片观察翅脉和生殖器特点等。吴老风趣地说："我成天进入昆虫的微观世界，太迷人了！"

"社会主义大协作"

昆虫分类是一门专业性极强的学科，即使只搞一两个科的分类，也是一生奋斗而无尽的事业。吴老不擅长于此，面对宁夏已收集到的数千种和20万号标本，鉴定任务极其繁重，必须与外省区的专家协作。先自己做出初步鉴定后，对有疑问和不识的种类，分别编号，一式两份，一份存底，一份邮寄请有关分类专家鉴定确认。依吴福桢在昆虫界的地位，国内老专家多为他的同辈同行，年轻一些的多是他的晚辈学子。吴老对此事很重视，不止一次地亲自携带昆虫标本去专家单位登门求教鉴定。这种做法，专家们也颇欢迎，因为他们在鉴定确认的同时也得到了宝贵的标本和素材，丰富了他们自身的研究内容。吴老把这种关系称之曰："社会主义大协作"。

多年来，先后协作的国内专家有：中国科学院动物研究所蔡邦华、谢蕴贞、赵养昌、李传隆、朱弘复、张广学、谭娟杰、刘友樵、廖定禧、赵建铭、李鸿兴、殷惠芬、孙彩虹、虞佩玉、陈一心、王平远、章有为、陈元清、韩运发，南开大学肖采瑜、郑乐怡，江西农大杨惟义、章士美，西北农大周尧，上海昆虫所夏凯龄、范滋德、杨平澜，北京农大杨集昆，山西农大汤祊德，陕西师大郑哲民，浙江农大何俊华，南京农大匡海源，福建农大赵修复，上海复旦大学忻介六，安徽农科院葛钟林，中国农科院植保所闻锦曾，浙江大学唐觉等教授和昆虫分类专家。

上面提到的周尧是我国著名的昆虫学家，早年就与吴福桢相识，他在西北农大任教授时曾邀请吴福桢到该校讲学。吴福桢也十分赞赏周尧的才华，称他为"才子"。周尧1936年赴意大利那波里大学留学，成为世界昆虫分类学权威西维斯特尔教授的博士研究生。一年后，中国的抗日战争全面爆发。周尧回国，以其所学的昆虫学知识为武器，报效祖国。

周尧踏遍祖国的山川，历尽千辛万苦，采集了 40 多万号昆虫标本，发现了四百多新种与新属，他一生著有 200 多部篇昆虫学专著和论文。建立了中国第一座昆虫博物馆，使之成为中国农林昆虫鉴定中心及分类研究基地。周尧 1996 年获意大利西维斯特尔金质奖，并当选为圣马利诺共和国科学院院士。2008 年 12 月，96 岁高龄的周尧与世长辞。

吴福桢

1979 年，广州，参加中国昆虫学会年会的专家们参观广东昆虫所留影，前排左三吴福桢，左二周尧（建立中国第一座昆虫博物馆的著名教授）

第四节　古人类学家裴文中教授来访

我国古人类学家裴文中教授是吴福桢的挚友。裴教授于 1929 年在北京周口店发现中国猿人第一个头盖骨，把人类旧石器时代向前推进了 50 万年，这项发现震惊了全世界，对研究世界古人类学有极重要价值。他是我国旧石器考古学和第四纪地质及哺乳动物学的奠基人之一。新中国成立后历任中国科学院古脊椎动物与古人类研究所研究员，北京自然博物馆馆长，中国科学院学部委员，英国皇家人类学会荣誉会员，国际史前学和原史学协会名誉常委，国际第四纪研究联合会荣誉会员，九三学社第 3 至第 6 届中央常委，第 2 至第 5 届全国政协委员。

1963年，这位在我国享有极高声誉的专家到陕西北部的无定河流域考察后，绕道专程到银川市郊的宁夏农科所探望吴福桢，高兆宁作陪。裴老衣着朴素，面容憔悴，风尘仆仆，一副典型的刚从野外考察归来的科技人员的模样。二老晤面，热情握手拥抱，感慨万千。吴老向高兆宁简单介绍了一下这位古人类专家的情况，高兆宁不禁肃然起敬示礼，搬坐敬茶。二老久别重逢，他乡遇故知，高兴之极，又不知从何说起，东一句西一句地促膝谈心，时时畅怀大笑。裴教授谈化石，吴老说昆虫，各自都说得津津有味。

　　裴老这次出来，是到陕西北部无定河流域考察和采集化石，据说采了两箱"石头"，其中有两颗人的牙齿化石，吴福桢和高兆宁都觉得新鲜和惊奇，不禁想起唐朝大中年间诗人陈陶《陇西行》诗中的名句："誓扫匈奴不顾身，五千貂锦丧胡尘。可怜无定河边骨，犹是春闺梦里人。"裴老听后说，这只是秦汉以来的人，只是枯骨冤魂而已，不是他考察的对象。吴老对裴文中教授长期以来坚持野外考察颇感钦佩，说："搞科学研究，只有深入实际，才能取得成绩。我到宁夏这些年，对此也深有体会。回想起以前多年高高在上，真有虚度光阴之感。"裴老说："这样就对了。"两位老人互勉互励，互嘱保重，争取长寿，多为国家作贡献。

　　裴老应邀参观了吴老一手创建的宁夏农科所的昆虫标本馆，一边看一边不停地称赞吴老对宁夏所作的贡献，对我国农业昆虫研究所作的贡献，不禁感慨地说："孔子受厄而作春秋，屈原放逐乃赋离骚"，吴老听后哈哈大笑说："岂敢此比！"裴老在标本馆的参观签名簿上题词签名留念。

　　最后，吴老挽留吃饭，那时"低标准年代"尚未恢复，吴老能招待什么！定不如招待所。裴老深知、婉拒，坚持要回招待所。两位老人紧紧握手，依依惜别，互嘱健康长寿。

　　驰名中外的裴文中教授，把人类祖先的发现向前推进了50万年。作出如此重大贡献的大科学家到了宁夏，居然没有请他作一次有关我国古人类学方面的学术报告，吴老每念及此，总觉十分遗憾！这也是宁夏的一大遗憾！

第五节　为宁夏引进泰国良种西瓜

20世纪60年代，宁夏引进南方的西瓜良种，经过几年的精心试种，终于获得成功。一种又甜又脆个儿又大的枕形西瓜享誉宁夏及西北地区，还远销到北京等地，广受欢迎。在宁夏工作的干部，回家串亲访友，多以此瓜为礼品。北京召开的一次全国性会议，还专门在宁夏订购了此瓜作为礼品请与会代表品尝。吴福桢作为引进此西瓜良种的当事人，于1982年在《宁夏农业科技》杂志上发表《泰国瓜从潮州北移银川的史实》一文，介绍了当年宁夏引进南方西瓜良种的过程。

这些年来，宁夏农林科学院栽培的"泰国瓜"已在宁夏区内享有盛名，其特点是甜（含糖量较高）、脆（清脆可口）、高产（亩产2 500～3 000千克，高的可达4 000千克）、个儿大（单个7.5～15千克），皮厚耐贮藏，保存得好可以到春节。宁夏民谚说："围着火炉吃西瓜"，确实当之无愧。问到它的来源，却一直不很清楚。现将引种的过程简述如下。

1963年，我的老师、农业部顾问邹秉文老先生寄给我泰国瓜种子40粒，信上说是他到广东参观时得到的，是一个很好的西瓜品种，因在北京有关单位试种无结果，特让我在银川试种。当年我把40粒瓜种分在4处试种，结果有两颗结了瓜。开瓜品尝时大家一致认为瓜味确实好。1965年，由于极左路线干扰，闹得我无法工作，但我还是通过李国桢同志安排在芦花台园林试验场种植。经园林场工人、科技人员数年的精心试种繁殖，因瓜味出色，逐渐在区内外扩大种植。当时有人要给此瓜定名，我说此瓜由泰国引入，可叫"泰国瓜"，或者由于此种子来自农业部邹秉文顾问，为纪念他也可叫"邹瓜"。但在四人帮横行时期，谁也不敢说是"反动学术权威"引来的。在本刊介绍泰国瓜时，另起了个名字"宁引一号"。1973年，我还曾经建议注意泰国瓜种子的提纯复壮工作，但当时有人认为种西瓜不符合"以粮为纲"的方针，此事遂无人问津。

农作物品种的种植推广是有区域性的。南北风土差异很大，南种北调或北种南移，均有一定限度。以前有人把北方的优良小麦品种移种华南，结果长出来的麦苗不能拔节抽穗。可是墨西哥的一些春性小麦，从北美洲传播到世界许多地区却获得丰收，在我国一些地方也表现良好。这充分说明同一作物不同品种之间的地区适应性大有差别。泰国瓜从潮州移植到银川，在地理上从北纬23度移到北纬38.5度，由南向北推移15度之多，而生长良好，仍能保持甜、脆、耐储的优良特性，这充分表明它是一个有广泛适应性的优良品种。对此我有两点建议：

近年来宁夏地区的泰国瓜种子已有混杂退化趋向，要抓紧做好提纯复壮工作和改良工作，巩固其优良种性，并且继续选育提高。

泰国瓜兼有品质好、适应性广的特点，可考虑在更广泛的地区种植推广。泰国瓜又是一个很宝贵的品种资源，科学工作者也可以从遗传学和种质资源的角度，研究这一品种广泛适应性的特点及其在育种中的应用价值。

吴福桢认为，为宁夏引进西瓜良种，为宁夏的农民创造了经济效益，为宁夏的老百姓办了一件实事。

瓜类植物是以昆虫为媒的异花授粉，在田间很容易因"自然杂交"而退化变质。吴老关于"要抓紧做好提纯复壮工作"的建议未受到重视，宁夏也无人从事"品种提纯复壮"研究工作，致使这一良种逐渐衰退而在生产上淘汰自灭了，实在可惜！

第六节　关心年轻科研人员的成长

宁夏农科所的植保研究，随着事业的发展，人员逐年增加，研究领域也随之逐年扩展，但科研人员多为历年新分配到研究岗位的年轻人，缺乏科研工作的实践经验。吴福桢很关心青年人员的成长，在科研工作中，像辅导老师一样手把手地对青年科研人员进行指导。指导的主要内容如下。

首先是如何选题立项？吴老说必须结合宁夏当地农业生产的实际，选择那些影响严重的虫害和病害，以期解决当前生产中的实际问题。这就需要深入生产实际，进行调查研究，准确地掌握害情资料，以及当前的防治水平、病原以及害虫的种类和名称，还要查阅国内和国外的资料等，吴老把这些称之谓"预备试验"。在此基础上进行选题立项，才能选得好，选得准，也就容易获得上级的批准。

其次是"课题研究设计"。吴老说，凡事预则立，必须要根据"预备试验"阶段所得到的资料，设计课题逐年实施计划的具体内容，包括实验室、实验田的具体实验方法和内容等。

第三是研究实施。按照设计进行实地操作、试验、观察、记载，所得到的资料必须客观、真实，绝不能掺入任何主观想象，对出现的"偶然"现象应当特别予以重视。有时，"偶然"现象往往是意想不到的重要发现。

最后是撰写研究报告或论文。吴老指出，撰写研究报告或论文必须注意的是：①明确阅读者对象，写论文给谁看？这是首先要考虑的。②题目要精简而明确，做到一字不多一字不少，必须避免"帽子大，内容小"的毛病，以准确概括论文的内容。③内容条目层次要少，标题要简要明确。④要文图并茂，文、图、表互相补充，避免重复，引用别人的资料，必须注明。⑤文字口气应朴实无华，不说过头话，不说空话，凡可说可不说的一定不说。他经常要求年轻科技人员提高文字水平和逻

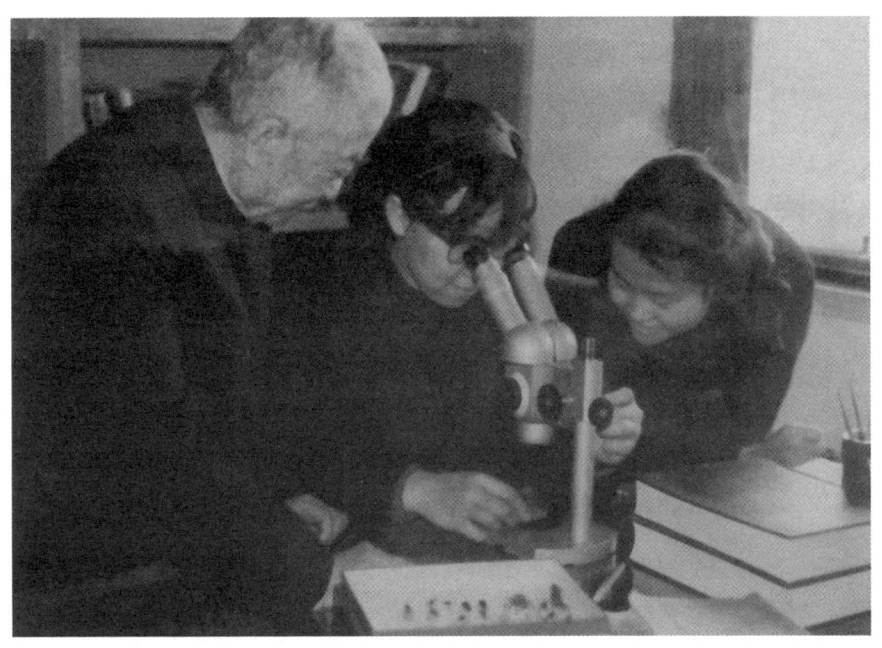

20世纪70年代，宁夏农科所，指导青年科研人员工作

辑修养以及外文水平。

吴老先后指导的科研课题有："甜菜象甲防治研究"、"枸杞实蝇防治研究"、"糜子瘿蚊防治试验"、"枸杞瘿螨防治试验"、"亚麻漏油虫防治研究"等。由于吴老的精心指导，以上课题均取得区级研究成果，论文均在国内一级刊物上发表。吴老带出了一批有成就的科研人员，成为以后宁夏农科所的高级研究人才。

第七节 《科学研究人员的修养与工作方法》（摘要）

1962年9月，吴福桢应宁夏政协、科协的邀请，结合自己从事科学研究的心得体会，在自治区大会堂作了《科学研究人员的修养与工作方法》的报告，受到全区各行各业科技人员和农业院校师生的热烈欢迎。1963年6月和1964年8月，分别应内蒙古昆虫学会和新疆昆虫学会的邀请，在呼和浩特和乌鲁木齐作了上述报告。20世纪80年代调回北京后，又给中国农科院植保所的中青年作了类似的报告。《宁夏农业科技》

1982年第1、第3、第5期分3次刊登了这个报告。吴老的报告深入浅出，具体生动，循循善诱，语重心长，号召年轻科研人员以古今中外著名科学家为榜样，为人类作更大贡献。

1978年，宁夏农科所，吴福桢（左一）指导昆虫标本分类和收藏（右起）张宗山、高兆宁、杨彩霞

"首先要立大志"

《报告》的第一部分首先讲"立志"。《报告》说："科研工作者首先应立大志、下决心，立志为我国的社会主义建设作出贡献……伟大的农学家米丘林从小就立志要改造俄国的果园，种上好果树为俄国人民过好生活打基础。他一生工作60年，就为这个大志而奋斗。最后终于如愿以偿地创造了300余种优良果树品种。可以说米丘林是有志者事竟成。我国明代药物学家和植物学家李时珍，12岁时就立志做个好医生，为人民造福。在23岁时，说服了父亲，坚持学医。经27年的辛勤劳动，阅读800种古书，走过几万里路，请教过上千位劳动人民，终于著成了57卷，100余万字的世界名著《本草纲目》。"

联系到自己，吴老谦逊地说："我个人当然谈不上大志，但是小志是有的。我从小即爱玩弄昆虫，考取大学时即看中病虫害学，决心以昆虫为专业。我别的长处没有，但从小立志搞昆虫一直到老，没有背叛自己的意向。中华民族自古以来就讲立志，古语说'三军可以夺帅，匹夫不可夺志'。志就是一种坚强力量的源泉。俗话又说'天下无难事，只怕有心人。'中国共产党人立志要改造中国社会，要中国富强，新中国成立不久，旧社会的歪风邪气，如赌博、娼妓、土匪强盗被一扫而光，中国社会果然很快得到改造，正向富强康乐的大道迈进。这是科学者的经典模范。我们要向党看齐。"

"百折不回　锲而不舍"

吴老在《报告》中引用了马克思讲的"在科学的道路上，是崎岖不平的、漫长的道路"这句话，随后说："在向科学进军的道路上，会遇到许多困难，必须有百折不回，锲而不舍的精神，方能成为真正的科学家，出成果，出人才，攀登科学高峰。"他又举米丘林为例，"米丘林的一生奋斗过程是个很好的榜样。他17岁立志培育果树新品种，由于家贫，只好在小块土地上种植些果树，并利用晚间替人修理钟表，把赚来的钱买树种、仪器和书刊。他向沙皇政府请求帮助，但等了很长时间没有消息，白等了两年零三个月，最后来了个不准。于是他不得不省吃俭用，在多少年以后才能把全部积存下来的钱买了十二俄亩土地来做实验。他的工作在沙皇时代不但得不到支持，甚至受尽侮辱、轻视和咒骂……大发明家爱迪生，在火车上以卖报为生，把赚来的钱买仪器、药品做试验……达尔文因著作进化论，被骂作'宗教的叛徒'、'侮辱祖先'、'破坏家庭的奸贼'……大物理学家伽利略，晚年还被教会告发坐监牢。"谈到本人，吴老说："我也曾被免职，不得不离开已有基础的昆虫事业，当时很灰心……1937年，日本军队侵占上海，进逼南京，我随机关西迁，过着等于流浪的生活。在抗战中，经济紊乱，物价飞涨，民不聊生，公务人员的薪水无法维持生活。我的孩子多，负担重，又不愿意像许多人那样贪污自肥，只能被迫将一部分书籍卖了，以维持生活，至今悔之。米丘林、达尔文都是旧社会的人，虽然在向科学进军的道路上遭遇到种种困难和折磨，终于能百折不回，锲而不舍，做出卓越的成就，造福人类。"

"新中国成立以来，祖国的科学事业蓬勃发展，充分说明社会主义制度的优越性。我们在新社会里要利用各种优越的条件，加倍努力，立大志，下决心，鼓干劲，攀高峰，为祖国的社会主义建设作出更大的贡献。"

"广博与精深"

吴老在《报告》中讲"复杂的自然现象及各种科学部门间的相互关系，要求科学工作者的学识既广博又精深。"

"广博与精深是矛盾的统一：精深的目的是要解决实际和理论问题，但没有广博的学识基础就很难精深。基础越广博，越能深入问题，击中要害，解决问题，克服片面性和狭隘性。"谈到自己的亲身经历时说："我上大学是农科，所学功课尽是些动植物、作物、土肥、气象、森林、果树、蚕桑、昆虫、植病、畜兽等功课。基础科学，如数理化史地很少。毕业后工作四年中感到缺乏许多基础知识。我在江苏省昆虫局工作时，直接遇到治虫实际问题，立刻感觉到知识不够用了，感到治虫这门应用科学，不是单靠自己的昆虫知识所能解决问题的，治虫像打仗，必须有武器，那就是药和械，这就牵涉到化学与机械的知识……于是我想出办法，就是与化学家合作搞农药，与懂机械的人合作搞药械。这样一来，昆虫工作者有了武器，治虫工作很快豁然开朗，如别有天地了，使实际防治病虫成为可能。"

"反过来讲，如仅有广博知识，而不亲自动手做研究，那就是只有理论没有实践，不可能精深，他只能是一个空洞的理论家。必须自己做研究才能谈得上精深。精深不但能解决实际问题，而且能反过来提高理论基础。博学——精深——更博学——更精深，相互逐步提高。博学与精深是相辅相成的。"

专心致志

吴老说:"专心致志是科学研究得出成果的必要条件,是科学研究工作者必要的修养功夫……历史上的大科学家,没有不是从专心致志中得出成绩来的。爱迪生吃饭睡觉,无时不在想他研究的问题,常常吃饭吃到一半想到一个问题就马上记下来,睡觉睡到半夜想到一个问题也爬起来记笔记,并马上做试验。为了探索合适的电灯泡灯丝,他常常接连24～36个小时不睡觉,有一次五昼夜未上床。由于他有这种专心致志的精神,终于获得成功,制成了既烧不坏,又能发强光的钨丝灯。第一次世界大战后,有的参战国家的人民吃面包都要排队报名,领食物证。爱因斯坦排在长阵之后,好容易轮到他靠近窗口,当发证人问他姓甚名谁,他当时竟然连自己的姓名都说不出来,后面的人一催他,只好让开,再到长队尾巴上去排队。他当时是专心致志地在想他的相对论,把自己的姓名都忘了……大科学家诺贝尔为了造福人类,想发明一种炸药,父子3人被炸伤好几次,他的弟弟被炸死,父亲因伤病倒,但这些不幸没有动摇诺贝尔的坚强意志,终于获得成功。著名的居里夫人冒着危险,用镭涂在自己的皮肤上,试验是否能治被人认为是绝症的恶性肿瘤。至于科学研究工作者因被工作吸引住了,忘记吃饭,食而不甘其味,戴着眼镜寻眼镜是很平常的事。"

"正确对待偶然性"

关于偶然性的问题,吴老说:"唯物辩证法认为,必然性与偶然性是相互联系着的,偶然性是必然性的补充和表现形式。的确,在科学研究中的偶然性,对发现问题和解决问题可能有很大启示。我自己在科研工作中也有类似情况,举个例子。当我研究棉花害虫金刚钻,集中观察蛾子的交尾产卵习性时,虽然花了几个整天整夜,盯着一群蛾子,也看不到动静,甚为懊丧。忽有一晚,把虫子放在桌子上,一面看书一面观察,夜深了，疲乏了，熄了灯准备上床睡觉，岂知灯一灭，瓶内的虫子飞飞作声，马上把灯一开，虫子依然静止着无可观察，再熄灯，飞飞之声又作，如是数次方知，虫子活动与灯光有关。于是置虫于蚊帐内，遮去灯光看仍无动静，最后总算在隔壁房间的曲折光线下看到了虫子的交配产卵活动……如何利用这种偶然机遇做好研究工作，是值得注意的。首先，科研工作者要对科研工作专心致志。第二，要有广博的知识和丰富的经验基础。第三，遇到自发的各种念头要及时记录下来，否则会稍纵即逝。第四，重视科研工作中的机会和偶然发现，绝对不是说就不需要有计划地进行研究，更不是说就不要踏踏实实地苦干，只是等待这种机会或偶然发现。而仅仅是说不要忽视这种机会，要善于利用这种机会。相反，必须是博学、富有经验的人，专心致志，念念不忘自己工作的人，才能利用这种偶然现象，而且抓住这种机会以后，还要继续做大量的工作，穷追猛打，才能获得成果。"

"过好基础知识、操作技术、外文这三关"

吴老在《报告》中说："作为独立科学研究工作者必须过好基础知识、操作技术、外文这3关。基础知识，即理论知识要广博。操作技术，即实际操作上的基本功。外文——科学是世界性的，不能闭关自守，科学工作者必须学习外文，了解国际科学发展情况。据说一项科研成果编到教科书里，已在7年后，许多科学专题无法——译成中文。外文是每一个国家的科学工作者应当掌握的基础工具……我56岁学俄文、日文，现在已能勉强查字典看自己的专业外文。"

谈到自己老年学外语的体会时，吴老说："学习外文要日积月累。每天10小时，10天100小时，不如每天1小时100天。要利用业余时间，如旅行、车上、候车、理发、走路、上下班前后。外文基础有了初步巩固以后，就要不时翻阅，应用到工作上去。现在尚有不少人未过好3关，要下苦功夫补课。能不能过好3关，主要靠自己。过3关不是太难，但必须下功夫。"

"同道之间的互相合作"

吴老说:"同道之间的互相合作很重要。'文人相轻,同行必妒',这是旧社会的恶习。新社会好多了,但尚有残余,应加警惕。达尔文的'自然选择论'尚未发表而准备发表时,他收到华莱士从澳洲来信,提出同样论点,大为震惊。心想他苦心研究所得出的生物进化理论,别人已有同样的创见。经过剧烈的思想斗争,决定把这种创见之功让给华莱士,让他先发表,以表示他的大度谦让。后经朋友劝告,把两人的文章同时在伦敦林奈学会上宣读。半年后,华莱士来信表示同意,他才放心。这种谦让尊重别人研究成果的科学家风度值得我们学习……科研工作者首先应了解国内有哪些单位、哪些人在研究同样的题目,设法取得联系,交流经验,这对研究工作的进展很有帮助。同道之间的关系,不是相轻,而是相助,这才是共产主义的风格。"

吴老在《报告》中还结合昆虫科研工作的实际,论述了"按部就班与突击穷追"、"认真、严肃,养成不轻小事的习惯,严格执行操作制度、理论联系实际的试验方法"等问题。《报告》的结尾时是这样讲的:"最后,我还要强调一下,我们的大志已立,并已走上了向科学进军的道路。重要的问题是如何使我们的大志巩固起来,在进军的道路上,不犯或少犯错误,少走弯路。这就要求科学工作者加强学习马列主义、毛泽东思想,及党的各项方针政策。这是我们向科学进军的灯塔和工作方法的准则。没有这些,我们就会迷失方向,多走弯路。这是最根本的问题,愿与大家共同勉励。"

吴老的报告在宁夏、内蒙古、新疆维吾尔自治区(后简称新疆)以及中国农科院植保所都受到广泛好评,中青年科研人员听后深受启迪。报告穿插引用许多中外科学家的名言、典故,不时引起听讲者的会心微笑和热烈掌声。这个报告已经过去近半个世纪了,现在读起来仍然受益匪浅,且耐人寻味。

第八节　科学考察与讲学

吴福桢所主持的《宁夏农业昆虫基本调查》的专题研究，需要联系到周边地区，因为昆虫种类的分布规律，是不以行政区划为转移的。应该将调查研究的范围扩大到与宁夏相接壤的省区。

吴老是全国知名的昆虫专家，1958年从北京调到宁夏，受到国内同行的关注。在宁夏工作期间，做出了显著成绩，全国性的专业刊物上不时刊登吴老的文章，他多次参加过全国昆虫学会的活动，担任过第一、第二届中国昆虫学会的理事，时时接到各地有关单位的邀请。

赴内蒙古考察

1963年，内蒙古农科所等单位邀请吴老赴内蒙古考察访问。吴老考虑到内蒙古与宁夏接壤，又是横贯西北、华北以至东北的大区，其"昆虫相"一定独特，同时也是昆虫资料较薄弱的地区，引起他极大的向往，愉快地接受了内蒙古的邀请，并很快得到宁夏农科所领导的批准，几天之后就成行了。

内蒙古自治区（全书称内蒙古）位于我国北部边陲，西北部与俄罗斯、蒙古两国交界，南、东、北三方与甘肃、宁夏、陕西、山西、河北、辽宁、吉林、黑龙江等省区接壤。1947年5月1日成立内蒙古自治区，是我国成立最早的一个民族自治区。全境以高原为主，通称内蒙古高原，海拔在1 000米上下，起伏和缓。大部地区水草丰美，是我国优良牧场，全国重要畜牧业基地之一。农业区主要是河套平原及东南部的丘陵、谷地，耕作制一年一熟。

吴老一行到了呼和浩特市，受到内蒙古农科所陆纯庠教授、农牧厅高映明、相里钜等专家的热情接待。经过研究，决定先到大青山以北的大草原考察。此处干旱少雨，属干草原区，生长着许多种类的低矮蓄根性植物，但其根系特别发达，可深达数米到十米，因此特别耐旱，草的质量非常高，马匹不喂精料亦肥壮光亮，是生产有名骏马——"蒙古马"的草原基地。吴福桢一行第一次见到悠闲自在散布在草原上的马群，令人惊慕不已。吴老不断地俯身观察和捕捉牧草害虫的标本，对叶丛间的微小昆虫也不放过，并用放大镜仔细观察虫体的微小特征，分析与内地农业害虫飞迁循环的关系。吴福桢一行发现草原害虫的特点是：多为不善飞翔的鞘翅目昆虫，如象甲科、伪步甲科、短翅型蝗虫，且形色多枯黄色之类，颜色艳丽会飞翔的种类极少。他还提出了许多有关昆虫生态、昆虫区系等值得深入研究的科学问题。内蒙古方面陪同的同志也不断地提问，每捉到一个奇怪的虫子就送给吴老看。一位草原技术员提到，去年在研究草原土壤时，挖土壤层剖面，发现一种特大昆虫的幼虫，头大口器长，体色橘红，长达十多厘米，许多科研人员都是第一次见到，虫子潜地深达数米。吴老十分希望见到这种虫子的标本，可惜标本未存，吴老跺足为憾，说"这是一种未见过的新种类，是不是土生性天牛之类！？"一直挂怀。吴福桢一行还在草原上的"蒙古包"内第一次尝到"手抓羊肉"的滋味，领略了蒙古族同志嗜酒和豪爽的性格。吴老不会喝酒，只是开怀而乐，并连声感谢蒙古族同志的热情款待。

离开草原返回呼和浩特市，所乘的越野吉普车在初升的朝阳照耀下，奔驰在一望无际的草原上，令人心旷神怡，无限舒畅。当车驶越阴山时，高兆宁的脑际突然冒出唐朝诗人王昌龄《出塞》中的诗句，不禁吟诵起来："秦时明月汉时关，万里长征人未还。但使龙城飞将在，不教胡马度阴山。"这首诗说的是汉代在关内外与胡人发生过一系列战争，造成世世代代人们共同的悲剧，希望边境有"不教胡马度阴山"的"龙城飞将李广"，表达了世世代代人们的共同愿望。吴老听后随之说道："现在中国各族人民和睦相处，民族不祥和的时代已经过去了。"

次日安排到农业区的河套平原考察，即内蒙古的黄河灌溉区。内蒙古的河套平原和宁夏的引黄灌区相似，是黄河冲积平原，田连千顷，林木成网。吴福桢一行在那里采集了大量的农业昆虫标本。内蒙古农科所也赠送吴老他们多种重要标本和文字资料。这些都成为吴老日后著书的重要素材。

最后两天时间,吴福桢应邀在自治区礼堂做了考察和学术专题报告,也讲了《科学研究人员的修养与工作方法》,受到内蒙古同行的欢迎和好评。

赴新疆考察

按邀请吴福桢访问的时间,新疆先于内蒙古,结果赴新疆考察讲学的时间排在了内蒙古之后,于1964年8月上旬成行。那时的交通工具只有火车,由宁夏到新疆需经兰州转车,单程时间就需要5天。

新疆位于我国西北边陲。国外同蒙古、前苏联、阿富汗、巴基斯坦、印度等国为邻,国内与西藏自治区(后简称西藏)、青海、甘肃等省区接壤。1955年10月1日建立新疆维吾尔自治区,是我国面积最大的一个省区。新疆全境地形轮廓明显,主要有三列高大的山脉、两个巨大的盆地,以天山山地为中轴,分为南疆、北疆两个自然条件有明显差别的部分。新疆有充足的热量和土地资源,很久以来,当地人民利用水源较好的地方,发展了著名的绿洲农业,吐鲁番、哈密一带还修建了从雪山引水灌溉的地下水渠——"坎儿井"。畜牧业历史更长,为我国重要牧区之一。

新疆有两套平行的行政系统:新疆维吾尔自治区政府和新疆军区生产建设兵团。具体负责和组织接待吴福桢一行的有八一农学院张学祖教授(曾任全国人大代表)和自治区农科院王敬儒教授(新疆农科院植保所所长),这两位都是国内知名的专家。在吴老等长途旅行到乌鲁木齐的翌日,便接到宁夏农科所办公室的加急电话:"请缩短在疆时间,尽快返宁。"于是,吴老一行与新疆有关方面协商后,修改缩短了原来的安排,并商定首先考察建设兵团十八师石河子棉农区和吐鲁番的瓜果区。

石河子市是在万古荒原上新建的新型城市,街道纵横,商店鳞次栉比,郊区则有无围墙的果园和一望无际的机械耕作的农田,是我国优质棉的产地。吴老是我国棉花害虫研究的奠基人之一,看到如此大的棉田而且又是机械耕作,对他来讲也是首次。他当即指出,新疆地处西北,是我国昆虫地理区划中的主要省区，地域特殊，干旱少雨，棉花病虫害相对较轻，但蚜虫和红蜘蛛则将会发生较重。当他提到内地棉花苗期的大害虫——小地老虎时，新疆同行却说从未发现过，对这种内地司空见惯的大害虫都不认识。对此，吴老感到意外。麦田的大害虫——行军虫又叫黏虫，新疆的同行也说未见到过。这两种虫都是国际远距离飞迁的世界性害虫，但在西北，它们为什么飞越不过祁连山和乌鞘岭呢？这个问题引起吴老对西北昆虫区系作进一步的分析研究和思考。

棉红铃虫是食害棉籽、咬断棉纤维的大害虫，为了防止其传播，此虫已列为国际和国内检疫重要害虫的名单。新疆的同志告诉吴老，50年代，有一位前苏联专家提托夫到新疆指导棉花种植，此人脾气暴躁，处事专断，经常训斥别人。当时，为了保护新疆棉区，防止红铃虫的传入，在铁路、公路、机场等关口均设立检疫站。凡进入新疆的人员、行李、货物都要经过严格检查或用农药熏蒸，以消灭可能传入的红铃虫。一次，从陕西等地调入新疆的棉籽，虽然已经经过调出地区专门部门的严格检查和处理，但当运到新疆石河子时，仍然又查出了一个红铃虫的虫蛹。按当时检疫法规的规定，只要同批货物中，哪怕只查出一只虫子，也可视为全部带虫。以此推断，这一虫蛹的查出，可视为这批若干吨的棉籽全部有虫。怎么办？便请示前苏联专家，这位专家当即指示："全部棉籽浇汽油集中烧毁，车行过的路线，深翻50厘米。"当时，在"一边倒"的政策下，对前苏联专家的命令视为神圣，无人敢怀疑，只能百分之百地服从和执行，并称赞前苏联专家的认真和科学精神，同时还在全国传为美谈，作为学习的榜样。

吴老听后认为这种做法带有盲目性，缺乏科学根据，明确提出昆虫地理区划可以解决这一类的问题。果然，60年代我国棉花害虫专家、江苏农科院的傅胜发教授，与甘肃农科院合作，在甘肃甘谷试验站研究红铃虫时，明确提出了红铃虫在我国的适生范围，证明红铃虫在新疆的自然条件下是不能越冬的。可见，当时苏联专家的做法，是不科学的。

石河子的同志还反映，当地麦蚜虫发生极重，在大发生的年代，蚜虫的死虫和皮蜕，落在麦行间的地面上足有一厘米厚。更使人惊奇的是，与麦田毗连的草原上,去年还发现一种天蛾幼虫,有拇指般粗大,满身布有黑、白、红色相间的花斑,密密麻麻在草滩上爬行,令人毛骨悚然,生怕此虫传入林地和农田,人力又难以捕灭,于是用牛力拉石磙子碾压杀灭,石磙上粘泞一层,实属罕见。吴老过去未曾听说过如此严重的情况,听后不断"乖乖!"惊叹。他指出,这是"大戟天蛾的幼虫,只害草原上的大戟科植物,不害其他,宁夏草原也有发生,但远没有如此之多。"

接着,吴福桢一行到瓜果之乡、优质长绒棉产地吐鲁番继续考察。他们乘火车前往,到站后县里派一辆吉普车来接。出站后是一条蜿蜒直下的公路,居高临下放眼南望,竟是一幅恢宏奇观景象,一个偌大的盆地景观尽收眼底。盆地周围是起伏不一的红色山岭环绕,大概就是《西游记》上传说的火焰山吧,真像被天火烧过一样的红秃,山顶却覆盖着皑皑白雪。盆底则是一片碧波万顷的绿洲,这样一幅白、红、绿相间的如画景观,酷似一颗大宝石镶嵌在东疆大地。盆底中央是长年积水的湖地,是全国最低之地,海拔为-154米。气候干燥,平均降雨量只有9毫米,日照时间长,几乎长年晴天。吴老对这一生态环境特别感兴趣。吴老认为,这是一个瓜果之乡,估计也将是一个特殊昆虫分布的地区,其种类不会太复杂。

吴老一行到达县招待所,首先感到的是当地的高温天气。据当地人说,气温高达40摄氏度是常事。当时虽已是8月中旬,仍然是高温季节,真不愧是全国"四大火炉"之首。中午时分,人们多避居于地下室。吴老一行住的房子比较高,但仍然炎热难忍,全身出汗不止。由于大气干燥,身上的汗水容易蒸发,干热毕竟比湿热还是要好受一些。据说,室外暴露的石板,在日光直晒的中午,温度可达七八十摄氏度,能将生面烤熟,鸡蛋烫熟。人们特别是年轻人多穿背心和短裤,不停地擦汗和吃西瓜。但到了夕阳西下,温度就很快降下来了。

农田灌水和人们用水的水源,是靠周围山上的雪水,经人工开挖的"坎儿井"引入农田自流灌溉,正像一首歌所唱的那样:"葡萄瓜果甜又甜,积雪融化灌农田。"由于这一特殊的自然条件,吐鲁番成为盛产含糖量很高的瓜果之乡,也是优质长绒棉的产地。吴老对长绒棉的种植很感兴趣。在如此干热的情况下，吴老亲自深入棉田调查病虫害。只见齐身高的棉株，赤茎绿叶，干净如画，几乎看不到变色的枯斑和虫害。吴老特别在笔记本上记录下了如此情况和特点：蝇蚊极少、林木害虫较重，有世界最大的杨大吉丁虫……

在新疆讲学

吴老一行在新疆先后考察了乌鲁木齐、石河子、吐鲁番、鄯善、米泉等地的昆虫以及防虫治虫情况。在考察调查工作全部结束后，吴老在八一农学院作了《略谈新疆农业昆虫的若干问题的报告》，分析了新疆昆虫的特点，并对进一步搞好防虫治虫工作提出了建议。当

1964年，吴福桢（右二）应邀赴新疆讲学，在乌鲁木齐市林则徐纪念堂前与八一农学院教授（右三）及在新疆工作的侄媳吴企英携子女合影

张学祖教授向与会者介绍说：吴老是我的老师时，听众为之惊讶，自语道："啊！是张教授的老师啊！为何我们过去只见苏联专家，我们国家自己也有大专家啊！"

吴福桢报告的主要内容如下。

新疆农业昆虫区系特点

新疆维吾尔自治区高山环绕，南北有塔里木、准噶尔两大盆地和较小的吐鲁番盆地，组成地理上一个独特的自然区域和昆虫区。从世界昆虫地理分布的区域来说，属旧北区的中亚细亚区的范围。北疆、南疆、

吐鲁番三个盆地，各自成为一个自然小区。主要气候因素有显著差别，昆虫区系也不同。以棉虫为例，南疆黄地老虎、红蜘蛛、牧草盲蝽为害最重；北疆苜蓿蚜、芋蓟马、棉铃虫、红蜘蛛、牧草盲蝽为害最重；吐鲁番黄地老虎、小叶盲蝽、苜蓿盲蝽为害最重。"

新疆地区农业昆虫区系特征是：害虫种类较少，而有些优势种的群体却很高。就害虫种类讲，比华北少，更远少于长江流域及其以南地区。但适应于这里的若干害虫则大为猖獗，密度很高，严重为害各种庄稼果木。1958年吐鲁番二叉蚜成灾，万余亩麦田颗粒无收。1962年喀什蚜虫飞迁，密如下雨，麦田内蚜虫平铺一厘米。自治区的优势种类有蓟马类、蝗科、蚜科、叶蝉科、盲蝽科、夜蛾科、芫菁科、粉蝶科、植食蜂类、植食蝇类、叶螨科等12种。

这里许多害虫的发生情况，往往是突然直线上升，1～2年后又突然直线下降。北疆的显纹地老虎，1958年很重，1959—1963年几乎销声匿迹，1964年又突然上升。1958年黄蝉在吐鲁番大发生，1959年以后又不见了。这类现象应从生态环境研究其升降原因，了解其发生、发展规律，为预测预报打下基础。

新疆地区的气候，一般都属于干旱类型。一旦雨水较多，湿度较大，许多害虫即迅速繁殖而严重为害。1964年吐鲁番上半年雨量较常年多20毫米，过去为害较微的棉铃虫、蓟马、榆叶蝉一齐大发生。黄地老虎自1959年用六六六拌种以来，逐渐见轻，1964年又猖獗为害。全区蝗虫过去几年已很轻微，1964年又有抬头趋势。小麦锈病也有同样情形。这是一个突出的例子。因此，在降雨较多的年份，应特别加强预报和防治工作。

治虫成绩与技术

吴福桢称赞新疆的植保工作做得好，取得了很大成绩。他说：

我到过乌鲁木齐、石河子、吐鲁番、鄯善、米泉等处，各地作物生长良好，害虫很少，农业厅推出的七大害虫（地老虎、蝗虫、麦二叉蚜、棉铃虫、棉盲蝽、红蜘蛛）基本上已被控制。蝗虫发生面积由1 100万亩压缩到16万亩，石河子一带蝗虫基地已被消灭。其他虫害由严重到中等以至轻微或不受害。自治区植保工作的辉煌成就，体现了领导、干部、群众三结合的伟大作用。特别令人注意的是领导与技术骨干根据当地人稀、栽培面积大的特点，在治虫技术方面出色地展开了飞机防治与种子处理的先进治虫方法。从1958—1964年，各地不断地广泛应用飞机施药，仅农八师就有3架飞机驻场，有效地控制了棉虫、蝗虫、林虫、甜菜害虫。飞机治虫已成为常备的保产、增产措施，为国内其他地区所不同。

新疆区农科所于1958年在莎车、墨玉、库尔勒等处试验应用六六六拌棉种，对黄地老虎有显著的防治效果，棉花增产78%，且能兼治蓟马。

新疆治虫工作，成绩卓著，但也存在一些问题：施药过多，成本较高，器械供应不足，用药量和浓度逐年增加等。六六六治麦蚜，浓度从1%加到1.5%、3%甚至6%，有些田亩施药20千克，死虫仅20%。同一种药连年用，每年用多次，有许多地方已连续用8年。这样，会不会产生抗药性，应当引起注意。

预防和制止抗药性发生，主要三措施如下。

综合防治：不专靠喷射农药，提倡应用结合农业措施、生物防治等。

改进施药方法：根据害虫种类，通过具体试验，提倡种子处理、土壤处理及内吸剂等治虫技术。

轮换及混合施药：避免经常使用一种农药，提倡几种农药轮流使用或混合施用，以防抗药性发生、发展。

合理施用农药：对各种害虫用药有利时期及最适当的浓度和药量，要通过试验决定。所谓有利时期，一般以治早治小为佳，此时用药少而效果好。所谓最适当的浓度与药量，就是以最小的浓度、最少的药量，杀死最多的害虫。

农业部提出的治虫方针是："防治并举，以防为主"，而我们做的工作，"治"比较多些，"防"少些。施用农药的方式方法，我认为给植株打药不如给土壤施药，给土壤施药不如给种子拌药。

利用合理的农业技术措施，消灭虫窝或造成不利于害虫的生活环境，使害虫不发生或少发生，是正本清源的综合防治措施。特别在新疆的大规模农业生产、组织坚强的情况下，容易贯彻，似可大力推行。如利用冬季的严寒、夏季酷热及灌溉便利的有利条件，进行秋耕冬灌，可大量消灭各种地老虎、棉铃虫等；除草灭茬可大大抑制小麦皮蓟马、红蜘蛛虫口密度；稻田换水降低碱性，可防止稻水蝇蛆的繁殖为害。

植物检疫

植物检疫工作在新疆有特别重要的意义。从地形上看，新疆西、南、北三面环山，东西有敞开的河西走廊向内蒙古延伸，西面边境与吉尔吉斯、塔吉克、乌兹别克、哈萨克接壤，且同属于中亚细亚区系。西部大山与邻邦相隔，但艾比湖一带地势较低，海拔150米，被称为准噶尔之门，是一个缺口。第二个缺口在布尔津沿额尔齐斯河，海拔450米；第3个缺口是塔城、额尔齐斯河，海拔500米。以上3个缺口是新疆与邻邦的中亚细亚昆虫互相迁移的通道。新疆东面无大山阻隔，昆虫可由河西走廊经兰州、银川平原而达内蒙古西部。

由于这一独特地形及中亚细亚昆虫区系关系，新疆有许多昆虫种类与边疆以西的中亚细亚地区相同。而新疆是我国境内中亚细亚区系的中心地区，要特别注意从西部传来的昆虫。那里的重要害虫，在新疆也能顺利繁殖，严重为害。

根据昆虫区系调查，新疆东南通过河西走廊、银川平原到内蒙古西部，同属中亚细亚区系范围。比较新疆与邻邦及国内邻省昆虫的异同，分析其区系关系，有助于农业区域的划分及植物检疫工作的开展。

对药械治虫的几点建议

在谈到药械治虫时，吴福桢根据新疆大农业生产的特点，提出以下建议。

1. 增加药剂品种，交替轮换施用，混合施用，以增药效，避免及预防抗药性的发生。

2. 新疆地区辽阔，需要增加农药加工厂，减轻运输负担。以6%的六六六来说，其中94%是土，可以用原粉在当地加工。

3. 根据农业大发展的需要，针对新疆农林牧瓜果各种不同作物生长栽培特点，应采用大型的、长皮管的、高压的及拌种用的各种类型施药器械。

4. 飞机施药在新疆有特殊需要，农田规划及作物布局应与之相适应，避免零星分散。并研究飞机施农药种类、浓度、形式等有关技术。

最后，吴福桢说："新疆地处边陲，农田面积不断扩大，新的作物不断引进，在作物面积比例不断调整的同时，害虫种类及其数量消长亦将随之有很大的变动，新的害虫问题，植物检疫问题不断发生。因此，加强农业昆虫基本调查，有特别重要的意义。"

吴福桢的上述报告受到广泛好评。《新疆农业科学》杂志于1965年第1期刊登了这个学术报告。

吴老在新疆期间，还作了《科研人员的修养和工作方法》的报告，也受到欢迎和好评。

第九节 创建"宁夏农业昆虫标本馆"

吴福桢在宁夏工作了20年，他为宁夏做出的贡献之一是在多年遍访宁夏山川，跋涉周边省区，进行实地调查研究，广泛采集昆虫标本的基础上，创建了"宁夏农业昆虫标本馆"。昆虫标本是农业害虫研究的首要资料，也是昆虫史的实物档案，是科学研究的基础建设。吴老对此十分重视，经过多年的努力，在宁夏农科所和自治区领导的大力支持下，创立了宁夏农业昆虫标本馆，并制定了一整套详细而严格的收藏昆虫标本规则，以达到便于收藏、查阅、研究和应用于实际的目的。

宁夏农业昆虫标本馆就如图书馆一样，设计了标本柜、标本盒、标本瓶及查阅标本用的卡片箱。每种昆虫成虫标本如蝶蛾类，必须按标准制作 20～50 只，每只标本要附有采集时间年、月、日，寄主名称，采集地点（需标明到县、山），最好能注明采集人，然后按分类序列装盒后入柜。柜子和标本盒中，还必须有消毒防虫蛀的药剂安放处。吴老还强调农业昆虫多以幼虫为害作物，还需要采集昆虫的幼虫标本，甚至其卵期和蛹期的标本也要采制，这样就能提高昆虫学研究的深度和应用价值。宁夏农业昆虫标本馆就是按照以上要求建立起来的，该馆收藏昆虫标本 20 余万件，幼虫浸渍标本 2 000 余瓶（包括蚜虫等微体昆虫），并与国内许多专家在专业研究上建立了联系，还互相交换标本。宁夏农业昆虫标本馆也是自治区内各级学校师生科普教育的基地，起到了昆虫博物馆的作用，同时也经常接待国外友人、专家前来参观，是国内少有的省级专业博物馆。

第十节　编著《宁夏农业昆虫图志》两集

吴福桢对宁夏所做的又一个重要贡献就是与其他同志合作编著《宁夏农业昆虫图志》两集。宁夏地处中亚细亚区与中国东北亚区的交界点，在我国生物区系和农业地理区划上占有重要位置。1959—1964 年，在吴福桢亲自主持下，在宁夏全区范围内广泛深入地开展了群众性的农业昆虫基础调查工作，收集了大量资料和标本。

在此基础上，吴福桢与高兆宁合作编著了《宁夏农业昆虫图志》第一集，于 1966 年由中国农业出版社出版发行。该集列虫 200 种，彩图 156 幅。其中，麦类害虫 8 种，水稻害虫 9 种，旱粮害虫 6 种，豆类害虫 11 种，棉花害虫 5 种，麻类害虫 6 种，甜菜害虫 9 种，蔬菜害虫 19 种，枸杞害虫 7 种，果树害虫 26 种，林木害虫 21 种，地下害虫和杂食性害虫 21 种，蝗虫类 13 种，储粮害虫 13 种，其他害虫 12 种和益虫类 14 种等共 16 部分。

此后，吴福桢又与高兆宁、郭予元合作编著了《宁夏农业昆虫图志》第二集，于 1982 年由宁夏人民出版社出版发行。第二集列虫 192 种，彩图 111 幅。其中，麦类害虫 16 种，水稻害虫 2 种，杂粮害虫 6 种，豆类害虫7种，油料作物害虫4种，蔬菜害虫3种，中草药害虫8种，果树害虫17种，林木害虫46种，地下害虫14种，仓储害虫27种，益虫类42种等共12部分。

该书两集共记述农林重要害虫和益虫392种，每种昆虫以六项基本资料描述，并多配有各期虫态和害状的原色彩图，是一部图文并茂的巨著，成为国内农业院校、科研推广、植保植检专业人员的工具书，受到读者的广泛好评。一位科研推广人员说："这两本书是我下乡必带的参考书，它们起到了看图认虫、看字知治的直接作用。"一位专业教师说："吴老！您的书大大帮了我讲授专业课的忙，我用幻灯机把讲的害虫图直接放映出来，色形如真，方便极了！"书中所有的昆虫彩图形色逼真，令人惊叹不已。日本一位专家来宁夏得到此书后说："看了此书，不唯学到许多害虫知识，同时也是一种艺术（指彩图）的享受。"

《宁夏农业昆虫图志》第一集早在1966年4月由中国农业出版社第一次出版，由于当时印数较少，很快销售一空。到1978年经农业部批示

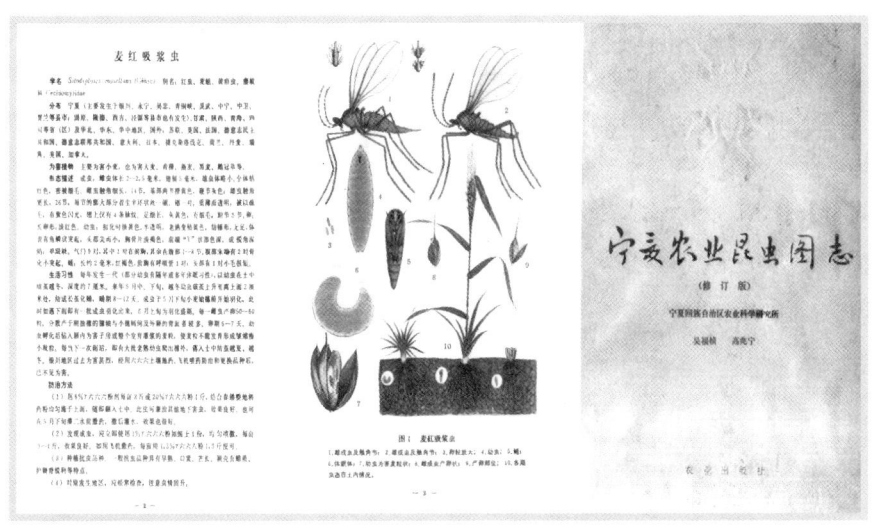

书中每种害虫均有六项文字说明（吴福桢主笔，高兆宁副笔）
书中共记述农林重要害虫378种、益虫14种。每种害虫均有各期虫态及其所害植物状态的原色彩图（第一集图多为高兆宁绘，第二集图为高兆宁、郭予元绘）
本书于1966年、1982年出版一、二集，1986年在国际图书博览会（北京）上作为优秀图书参展

又作了修订后在全国再版发行。1986年9月在北京举办的"国际图书博览会"上,该书作为"优秀图书"参展,受到国际嘉许,还被收录在世界科技书目中。

《宁夏农业昆虫图志》第一集于1966年4月由中国农业出版社出版,在全国发行。当书到读者手中时,该书封面上竟然将作者的名字和单位的名称用同色的纸厚厚贴盖,且粘贴得非常牢,连扉页上的前言也被粘合,只有从书名中的"宁夏"二字才能看得出是宁夏的书,读者根本不知道此书是谁写的,这在出版史上是从未出现过的奇怪现象。当时正值"文化大革命"的前期,林彪、四人帮横行,极左思潮猖獗,全国大串连,到处锣鼓喧天,大张旗鼓地批判"海瑞罢官"和"三家村"。在这种混乱的政治形势下,据传是中国农业出版社在征得宁夏农科院的意见后,才采取了这样一种史无前例的办法——把作者的名字设法贴盖。明眼人一看便知个中原因:吴福桢是"脱帽右派"。结果是"欲盖弥彰",你越是粘贴,读者越觉好奇,便用各种方法把粘贴的地方慢慢揭开,"吴福桢、

20世纪60年代,宁夏农科所,吴福桢(右)与高兆宁研究昆虫彩图绘制

高兆宁"的名字便原样显了出来，丝毫无损，反而招致读者的种种笑谈和议论。

还有一事成为吴老的遗憾：在20世纪60年代后期，正是吴老蒙难之时，除随时被批斗外，还被监督劳动扫公厕。英国皇家昆虫学会给吴老发来专函，邀请他参加即将举行的一次学术年会，此函由北京转到宁夏农科院。据以后透露出来的消息，当时的宁夏农科院少数负责人答复称："吴老先生因病不能前往。"

第十一节 落寞中的温暖

动乱中的1969年，中央宣传部被最高指示称为"阎王殿"，很快实行了军管，全体人员被一锅端到宁夏贺兰县立岗堡办"五七"干校（吴福桢的四女婿是其中一员），边劳动，边大批判。

动乱伊始，"资产阶级知识分子统治我们学校的现象再也不能继续下去了"一棍子把各级各类学校的领导和教职员都打成了革命的对象，学校大乱。两年后，虽然下达了"要复课闹革命"的指示，但被彻底破坏了的正常教学秩序难以恢复，在中学任教的吴福桢的四女儿带着不满5岁的小儿子也到了中宣部"五七"干校。

真是因祸得福，从此他们可以常去宁夏农科所看望年逾古稀、孤苦无助的父母了。

农科所距"五七"干校约35公里，没有直达公交，每天只有一两班的公交车从干校到银川时，已赶不上从银川到农科所的车，只得在银川住一夜澡堂子或大车店（虱子入侵），翌日才能到达目的地。

进家门只见悲喜交集瘦弱苍老的母亲，不见父亲，原来去扫公厕了。动乱初起，他就被作为"反动学术权威"，挨批斗、不许进办公室（这是他最痛苦的）、扫公厕、减住房、停工资（每月发26元生活费）。批斗时，在他颈上挂一块用细铁丝吊着的小黑板，已经很痛了，个别人还左右勒动小黑板，痛得他哇哇大叫。

一生操持家务、目不识丁的母亲也在劫难逃，被"劳动改造"摘枸杞,每天早饭后,她一手挎篮,篮里是她的午饭——一个夹着咸菜的馒头、一瓶水,一手拿一根作为拐杖的竹竿,踽踽独行,不时有沟沟坎坎,五寸金莲的她只能手足并用地爬过去。到了目的地不敢作片刻的休息,因为每天都要按规定的质量和数量交枸杞。她动作慢、视力差,到了收工的钟点仍完不成任务,只能眼巴巴地看着别人回家,此时的她已是精疲力竭,心里还惦记等着吃晚饭的老伴,不禁悲从中来,老泪纵横。年迈体弱的她,每天都是最后一个收工。苍茫暮色中,吴福桢站在家门外翘首等待着老伴的归来,远远望见她的身影就急忙迎上前去接过她手中的竹篮,搀扶她进门,相对垂泪。幸好几个月后,终于免除了她的劳动,以上都是几年前的事了。

母亲哭诉毕,72岁的父亲步履蹒跚地扛着清扫工具回来了。女儿一家哽咽着迎上前去。见到女儿一家,他高兴地大喊:"啊呀,你们来了!你们来了!"

此时是1970年,批斗停止了,"不许进办公室工作"的禁令也解除了,只是仍然继续打扫公厕。

虽然满脸倦容,但他没有眼泪、没有悲伤,不颓丧、不抱怨、不提自己遭受的磨难,反而关切地询问女儿一家在"五七"干校的生活。还说:"你们一直生活在城市,现在在农村锻炼有好处。"说他现在每天早晨做《床上八段锦》(书名)健身操,效果颇佳,并把这本书送给女儿,叫他们也照着做。又领着女儿一家到农科所的标本馆去看昆虫标本,并兴致勃勃地一一讲解。

入夜,在老两口的两床中间支一张行军床,女儿带着儿子睡。女婿只能蜷缩着睡在一口大木头箱子上。荣辱不惊的吴老很快酣然入梦,而心中五味杂陈的女儿、女婿和母亲却久久难以成眠。

1972年,吴福桢终于获得了彻底解放,停止了扫厕,退还了住房,补发了工资。他最高兴的是,可以正常上班了。

不久后,为了不耽误在干校的劳动,女儿一家改变了去农科所的途经和交通工具:休息日一早骑自行车走土路,虽然颠簸不平,还有一段只能推车前行的茫茫沙滩和一条水深及膝下的水渠(女婿把两辆车和孩子分3次趟过岸,第一次下水时,不满5岁的孩子吓得哇哇哭喊"爸爸你要淹死啦,爸爸你别下去呀!"),3个小时可到农科所,陪父母聊天、摊煤饼、搞卫生。下午再原路返回,这样可以免去请两天假的麻烦。

1973年秋,女婿趁出差之机把在上海12岁的大儿子也接到了"五七"干校。1975年原中宣部"五七"干

1973年,在宁夏"五七"干校劳动的女儿一家常到农科所看望父母

校撤销。5年中女儿一家不间断地探望,吴福桢的儿子和勤劳能干的儿媳也曾到宁夏看望二老,给落寞中的两位老人带去了温暖的亲情。

1981年6月党的11届6中全会通过的《中国共产党中央委员会关于建国以来党的若干历史问题的建议》中指出:"1966年5月至1976年10月的'文化大革命'使党、国家和人民遭到建国以来最严重的挫折和损失……历史已经判明,'文化大革命'是一场由领导者错误发动,被反革命集团利用,给党、国家和各族人民带来深重灾难的内乱。"

第十二节 科学的春天

1976年,作恶多端的"四人帮"被粉碎,全国人民欢欣鼓舞。党和人民在经历了10年的磨难和挫折后,终于以粉碎林彪、江青两个反革命集团的胜利而结束了"文化大革命"这场灾难,我国的社会秩序逐渐恢复正常,党和国家的工作重新走上健康发展的道路,中国的历史进入一

个新的发展时期。科学的春天又来到了。

出席宁夏回族自治区和全国科学大会

1978年1月，宁夏回族自治区召开全区科学大会，这是自治区历史上科技战线规模空前的一次群英会。在这次大会上，年届8旬的吴福桢情不自禁地说："我80高龄戴红花。我起码还可以工作10年，争取看到祖国实现四个现代化。"他还满怀豪情地反复吟诵叶剑英副主席《八十书怀》中的诗句"老夫喜作黄昏颂，满目青山夕照明"，表示要把有限的余生，贡献给四个现代化建设的伟大事业。大会盛赞这位老科学家在"四害"横行时，仍以坚韧的毅力，克服重重困难，坚持搞科学研究，不间断地编撰《宁夏昆虫图志》。

1978年3月，全国科学大会在北京胜利召开。邓小平同志代表党中央在开幕式上发表了重要讲话，强调指出："四个现代化，关键是科学技术的现代化。没有科学技术现代化，就不可能建设现代农业、现代工业、现代国防。

1987年，八十高龄的吴福桢（左一）在宁夏回族自治区科学大会展览会上亲自向老农讲解

没有科学技术的高速发展，也就不可能有国民经济的高速发展。"他还明确提出"科学技术是生产力……为社会主义服务的脑力劳动者是劳动人民的一部分……科学研究机构的基本任务是出成果出人才，要出又多又好的科技成果，出又红又专的科学技术人才。"这些铿锵有力的话语极大地鼓舞了广大科技工作者。吴福桢作为宁夏科学家的代表出席了这次大会。听了小平同志的讲话后，他十分激动地说："邓副主席的讲话是我久已盼望的，在林彪、'四人帮'横行的日子里，我虽然受了冲击，但我并

未丧失信心。我怀着坚定的信念,深信毛主席的知识分子政策总有一天会落实的。邓副主席的讲话,澄清了是非,落实了政策,心里感到特别舒畅,毛主席的革命路线又回到我们中间了。"在这次科学大会上,吴福桢荣获"在我国科技工作中做出重大贡献者"的奖状。

《八十高龄戴红花》

全国科学大会结束后,《宁夏日报》于1978年4月发表了由高兆宁撰写的《八十高龄戴红花——记宁夏农科所研究员、农业昆虫学家吴福桢》的专栏,盛赞吴老强烈的事业心和严谨的治学精神,高度评价他20年来为宁夏植物保护事业所作的卓越贡献。全文如下。

1978年参加宁夏科学大会,80高龄戴红花

宁夏农科所研究员、植保系主任吴福桢同志,是我国一位知名的农业昆虫学家。1958年区农科所成立以来,在各级党委和领导的支持下,他担负了植保系业务领导工作,并亲自担任本区农业昆虫基本调查的课题研究。这个课题涉及的种类多、范围广、没有较广泛的昆虫生态学、分类学以及植物学基础,任务是艰巨的。但吴福桢强烈的事业心和严谨的治学精神,十多年来勤勤恳恳为我区植保工作做出了应有的贡献。

我区地处边陲,过去植保科学基础薄弱,基本资料处于空白。吴福桢提出了要搞好植保工作,必须组织一部分力量先抓昆虫基本调查的主张,摸清本区农业昆虫种类、分布和为害习性,这样才能为植保工作和科研打好基础。他的想法,得到各级领导的支持。当时他虽然已六旬高龄,但从不服老,率领科研人员,深入农村田间、牧区草原和深山林区,调查采集各种昆虫标本和害情资料,通过室内饲养观察,标本制作,查阅国内外文献，分类鉴定，编写绘图等一系列科学程序，建立了宁夏农业昆虫标本室，编写学术论文和《宁夏农业昆虫图志》。目前已经收藏各种昆虫成虫标本6万余枚，幼虫标本5 000余瓶，分属于昆虫纲中22目176科的约1 500种，其中已鉴定学名500种。并编写《宁夏农业昆虫图志》两集，第一集已由北京中国农业出版社出版，在全国发行。第二集将要脱稿付印。这两集图志，包括我区重要农业害虫和益虫370种，每种昆虫多包括各期虫态和为害状，以原色彩图精细绘制，栩栩如生，深受广大工农兵和科研人员、农业干部的欢迎。书中所列昆虫种类中，有近40种为国内新记录或世界新种，不仅突出了宁夏昆虫区系特点，并对我国东北、西北、华北等地均有直接参考应用的意义，可作为植保、科研、检疫和农业教学应用。此外还撰写了《银川平原昆虫区系》和《银川稻虫区系》等学术论文，提出本区在全国昆虫区系中的地位的新论点，为我国生物资源调查和动物地理区划填补了空白，得到国内昆虫学界好评。

1978年，吴福桢（中）参加宁夏科学大会和代表们在一起
左起：郝季厚（宁夏水利总工程师）、黄振华（农科所研究员）、李树棠（宁夏农学院教授）、吴尚贤（宁夏水利副总工程师）、崔重九（农科所畜牧兽医研究员）、马寿桃（农科所副所长）

吴福桢同志现已8旬高龄，近年又承担了《中国经济昆虫志》的蜚蠊目蟋蟀科两个分册的编写研究任务。在"四人帮"猖獗时期，他不顾背着"反动权威"的压力，只要有机会，都在标本室整理鉴定和工作。打倒"四人帮"，科学大解放，在党中央领导下，他光荣地参加了全国五届政协、全区和全国科学大会，他激动万分，情不自禁地说："我八十戴红花！我起码还可以工作10年，争取看到祖国四个现代化。愿以有生之年，为祖国昆虫事业贡献全部力量！"

第十三节　任宁夏回族自治区科协主席

1979年11月，吴福桢被任命为宁夏回族自治区科协主席。

宁夏回族自治区第一届科协是在1959年1月28日至2月2日在银川召开的宁夏科学技术工作者代表会议上成立的。当时，杨辛当选为主席团主席，高崇维当选为主席团副主席。在"文化大革命"10年动乱的岁月里，在极"左"思潮的煽动下，科协因受冲击而解体。

1978年自治区党委决定恢复科协，党的十一届三中全会后科学技术工作重新受到重视，宁夏科协的领导班子得到进一步加强。吴福桢就是在这种形势下出任自治区科协主席的，副主席为郭鹏、郭仓、蔡学周、刘山任，由郭鹏主持工作。

宁夏回族自治区科协第二次代表大会于1980年11月15日在银川召开，郝季厚当选为主席，郭鹏、郭仓等五人当选为副主席。吴福桢在第二次代表大会召开之前已经调回北京工作了。

粉碎"四人帮"后，全国迎来了科学的春天，宁夏更是喜上加喜，1978年召开了宁夏回族自治区科学大会，又逢自治区成立20周年，全区人民欢乐庆祝，统战部长乌兰夫亲临银川祝贺并接见各界代表。

第六章

重返北京　发挥余热

第一节　调回中国农业科学院植保所

1978年3月，全国科学大会在北京召开。6月，第五届中国人民政治协商会议胜利举行。吴福桢有幸参加了这两次盛会。中国步入了一个新的历史时期，科学的春天来到了。

以此为契机，全国各系统认真抓紧落实知识分子政策，农口也不例外。在宁夏工作20年的吴福桢，于70年代末重回中国农业科学院植保所，以耄耋之年，开始了他科研事业新的征程。

中国农业科学院植物保护研究所于1957年8月成立（前身为华北农业科学研究所植物病虫害系、农业化学系农药室），是中国农业科学院建院时首批成立的五所之一。"文化大革命"中，与众多科研机构命运一样，被拆散了，下放到河南、四川等地。1978年12月，党的十一届三中全会以后，农业部决定将植保所在北京原址恢复原建制。1979年3月，豫、川下放人员回京。不久，吴老夫妇携子、媳、孙，五口之家抵马连洼植保所驻地，住入一间平房，中间有半面墙，将房间一分为二。这在当时已经是最高待遇了。这是院、所领导对老专家的特殊照顾。植保所的书记马亚鲁、副所长包大成热心接待，亲自安排落实，使吴老的家暂时安顿了下来。在平房住了一年半，于1980年底搬入住宅区的新楼房，一套三居室。几年后，儿媳的寡母来京投靠女儿，植保所又给了吴福桢一套两居室（三居室中有一间是吴福桢的工作室兼客厅）。

吴福桢调回植保所不久，于1980年9月担任该所第一届学术委员会主任。学术委员会由本所领导、专家及优秀年轻科技人员组成，并聘请有代表性的所外专家参加。副主任是植保所副所长陈善铭，委员有齐兆生、陶志新、陈果、李光博、马亚鲁、陈其瑛、何礼远、曹骥、周明牂（北京农大）、曾士迈（北京农大）、王君奎。学术委员会作为植保所在学术方面的咨询、参谋和监督机构，其主要任务为：①审议本所科技发展方向、任务和人才培养计划；②评审、推荐科研成果、自然科学基金及其他有关重大项目、课题的申报;③受所长委托,讨论有关业务的重大问题。

农业部于1992年、1996年两次组织全国农业科研机构科研开发能力综合评估,植物保护研究所均名列第一,1996年植保所又被评为农业基础研究所十强之一。

吴福桢调回植保所后,中国农业科学院和植保所的领导对他都很重视,政治上予以关心,工作上给以支持,生活上多方照顾,为他能够在晚年继续发挥余热创造了良好的条件。在党的十一届三中全会精神的鼓舞下,在领导和同志们的支持下,这位年逾八旬的老科学家精神焕发,积极投身多项重大科研项目,孜孜不倦指导青年科技人员工作并带研究生、经常参加学术会议和纪念活动、热情接待同道老友新朋和媒体采访、认真与外国专家交流。耄耋之年的他仍然坚持每天工作7小时,节假日不休息,其工作量之大、任务之繁重,即使青壮年也颇感艰难,可是他却以坚韧的毅力和高度的责任感如期出色地完成了预定目标,令人敬佩和惊叹。他参加了《中国经济昆虫志》《西藏昆虫》《西藏南迦巴瓦峰地

1983年,在家中翻阅资料

1979年吴福桢在广州昆虫所取标本

区昆虫》《云南森林昆虫》及《中国农业百科全书·昆虫卷》的编写工作，并陆续发表了中国蜚蠊与蟋蟀方面的论文十余篇，受到国内外昆虫界的重视，并获得多项奖励。

《人民日报》《北京晚报》等多家新闻媒体相继报导了他的事迹。作为第五、第六届全国政协委员，他还在全国政协会议上联络农林界的委员提出了《改善中国农业科学院植物保护研究所科研条件，振兴我国植保事业案》和《尽早筹建中国植物保护标本馆案》，还在会议上发言，呼吁改善农业科研条件，增加农业试验基地等。吴老90华诞时，中国农学会在贺词中对他给予了"万千会员之楷模，广大农业科技界之旗帜"的高度评价。

吴福桢

1980年，北京，参加动物志会议的专家们合影，前排左三吴福桢、右一周尧

1980年，北京，参加动物志会议的老友们在中科院动物所留影
右二吴福桢，中化学家孙云沛

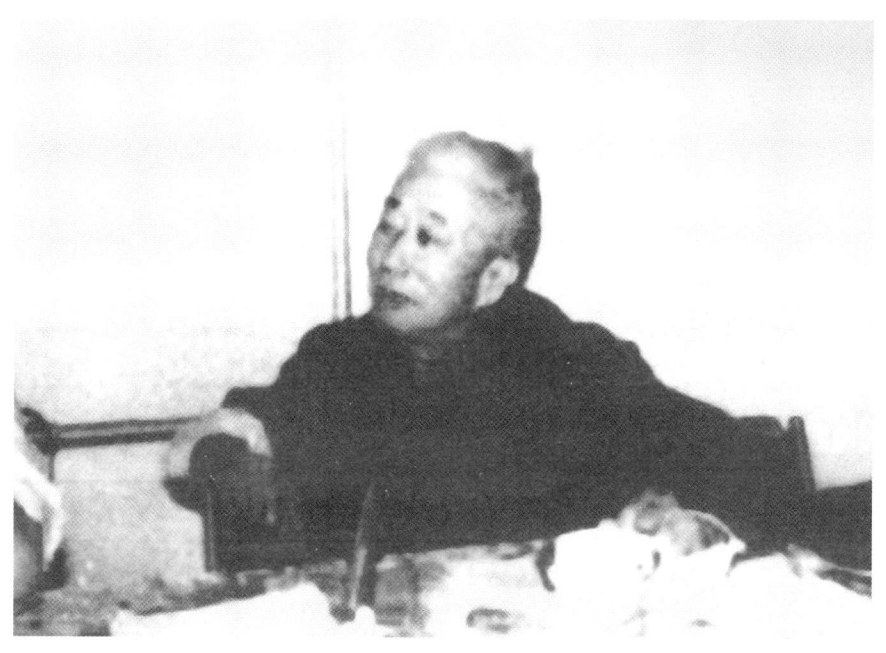

1981年，在北京香山参加《植物保护》编委会会议

1982年，南京，参加昆虫学会活动，与妹夫中科院动物所研究员、中国昆虫学会理事长、《中华昆虫学会通讯》主编岳宗（左）在莫愁湖畔留影

第六章 重返北京 发挥余热

1984年，吴福桢（坐者）与20世纪30年代浙江昆虫局养成所的老同事们相聚于北京中国昆虫学会40周年学术讨论会

抗日战争初期迁往广西柳州的中央农业实验所的老同事们，20世纪80年代重逢于北京，前排右二吴福桢，后排中岳宗

1983年,植保局老局长宋彦人(左)与吴福桢欢谈

1986年,与中国昆虫学会理事长张广学(右)欢谈

20世纪30年代初浙江昆虫局同事陶家驹（左）于1986年、1993年两次回国看望吴福桢

20世纪90年代，与同行老友管致和（右）合影

1981年，北京，农科院植保所，吴福桢（左三）与外国专家在一起

1986年，当选全国科协第三届委员，吴福桢（左）与宁夏农林科学院黄振华院长在联欢会上

第二节　蜚蠊——最古老的害虫

吴福桢说:"我从77岁起开始研究蟋蟀、蜚蠊的课题。这是两种遍布全国的重要害虫。"20世纪80年代,吴老从宁夏调回中国农业科学院植物保护研究所后,继续用很大的精力研究蜚蠊和蟋蟀,先后发表中国蜚蠊和蟋蟀方面的论文15篇,并相继发现新种和中国新纪录,填补了国内的空白,他的研究成果受到国内外同行的重视。

蜚蠊包括蟑螂、土鳖等,是世界上最古老而至今仍繁衍颇盛的昆虫类群。它们最早出现于石炭纪前期宾夕法尼亚时期,距今3.5亿年。目前,世界上已知5 000余种,中国纪载250余种。主要分布在热带、亚热带、温带。大部分是野外种,多生活于砖石下、岩缝、树洞里,以及枯枝落叶、垃圾、杂草堆中;有的钻入土下,有的生活于蚁巢、蜂巢中;有的栖息于水边。它们取食各种腐烂的动植物。少数生活于房屋内,以各种食品、杂物以及粪便、痰汁为食。

蜚蠊是一种重要的仓储、卫生害虫,还能携带30余种致病细菌,传播痢疾、结核、麻风、霍乱、沙门氏副伤寒等流行病。由于蜚蠊繁殖力强,发生量大,给生产和人类健康带来严重威胁。

1987年,吴老已年近九旬,在《昆虫学报》上发表了《中国常见蜚蠊种类及其为害、利用与防治的调查研究》的文章。此文以通俗易懂的文字,既全面又简要地介绍了我国常见蜚蠊的有关常识,摘要如下。

蜚蠊与人类的关系

家居蜚蠊与人类共同生活,它的食性复杂,吃啮人的食物,衣着用品,垃圾残渣,人粪、痰,并排泄粪便。经常出没于厨房、厕所、食堂、寝室、浴室以及下水道阴沟内。广泛出现于城乡医院、旅馆、食品工厂车间、商店仓库、火车、轮船及人们居室。它们因食性杂与疾走活动而携带病菌和寄生虫传染疾病，危害人的健康，影响人的衣、食、住、行，并造成经济损失。其危害不亚于蚊蝇。

一、蜚蠊（蟑螂的学名）是公共卫生害虫。近年来国际卫生组织报告，全世界有16种蜚蠊通过机体接触或侵袭人体而成为传病媒介。蟑螂是伤寒杆菌、副伤寒、甲、乙型杆菌、枯草杆菌和绿脓杆菌的传播者。据国外报导，在蟑螂体内查出结核杆菌、麻风杆菌、白喉杆菌及鼠疫杆菌。此外，蟑螂还有某些致过敏物质，使人接触以后发生哮喘和过敏性鼻炎等。

二、蜚蠊是家居、仓储、车船害虫。家居蜚蠊在室内繁衍，各种食物、衣着、用品被吃坏变质以至废弃，造成很大经济损失。长江流域的美洲大蠊、黑胸大蠊、德国小蠊及东北地区的日本大蠊、南方的澳洲大蠊是我国的重要室内害虫，70年代以来许多城乡盛发，不少工厂车间及仓库的商品、半成品以及工业原料被严重危害，降低产品质量，损害家室财产。食品商店的蛋糕、酱菜、油脂、肉松、糖果，中药店的红枣、茯苓、当归、菊花、蜂蜜等被大量窃食，并咬伤和污染家用衣着、皮革、鞋帽等物品。在住宅、工商业仓库、轮船、火车、浴室、饭馆、图书馆、医院等人们工作和生活的地方也受到蟑螂的影响，并造成损失。

三、蜚蠊为害农作物。有少数蜚蠊种类为害农作物，如蔗蠊，在热带亚热带地区为害香蕉、菠萝根须等，在我国南方诸省为害稻谷、糠麸、蔗苗、蔬菜等。蔗蠊在夏威夷鸡舍大量发生，扰害小鸡生活。在我国南方鸡舍内蔗蠊甚多。

四、蜚蠊是中药原料。蜚蠊之中有的地鳖虫是中药原料，早见于古医书《神农本草经》，已有2 000余年的历史，商品药名"土元"，有活血破瘀作用，味咸，有小毒，主治经期不准、不通及血瘀、腹痛、跌打损伤、积聚痞块、肌肤干裂等症。据科学鉴定药用地鳖虫有：中华地鳖、冀地鳖及金边土鳖等。

中国常见室内蜚蠊种类

中国常见室内蜚蠊：美洲大蠊、澳洲大蠊、黑胸大蠊、日本大蠊、德国小蠊及其近似种。近几年来有重要经济意义的几种蜚蠊及一个属、种新纪录如下。

一、蔗蠊。成虫均穴居土内或地面枯枝、落叶、砖石下，夜出活动，善走，偶然飞趋灯光，食性杂。有孤雌生殖习性，未经交配即能生育繁殖。原产马来群岛，通过船运，广布于世界热带、亚热带及南温带，如东南亚诸国、日、英、德、法及美国东南部；在我国广西、福建、云南、台湾均有发生。

二、东方蜚蠊。在家居蜚蠊中，此虫比较爱好栖息低温环境中，如室内地下室水管旁，阴沟与墙壁内、橱柜背后等处，有时也成群聚集于室外垃圾堆、树皮、枯叶、砖石下。此虫有时出现孤雌生殖现象。分布于新疆、北京。主要分布在温带地区，目前广布全世界的北温带，已是英国和西德的优势种类，向南，它局限于美国南部、智利、阿根廷、巴西、南非等处。我们于1982年在北京旅馆采到标本，显然是由旅客从国外带来。1983年在新疆叶城也采到10个标本。

三、中华真地鳖。好生活于阴、湿而腐殖质丰富的松土中，白天入土潜伏，夜出活动。在野外常栖息于树枝落叶及石块的松土下，在室内栖息于厨房灶脚、作坊墙边和柴草堆碎屑下。分布于我国辽宁、内蒙古、宁夏、山西、河北、山东、甘肃、江苏、浙江、四川、贵州。国外分布于苏联、蒙古。

四、冀地鳖。别名：商品"大土元"。盛产于东北及华北一带，如辽宁、河北、山西、陕西、河南、山东等省，甘肃、青海、湖南、浙江等省也有分布。国外分布于苏联外贝加尔湖南部。

五、金边土鳖。通常栖息于朽木树皮下，如在水边活动时好潜入水中，故有台湾水蠊的别名。分布于我国的广东、福建、广西、台湾等省及日本。

六、京都稀蠊。近年来我国东部沿海港口室内及船舰上发现此虫与其他家居蜚蠊混生，局部地区成为优势种。在营口酒厂内制曲车间虫口密度最高，杂食性，为害严重，其他车间及仓库、厕所也有发生，常与日本大蠊混栖于墙缝、木箱、垃圾堆中。分布于山东青岛、辽宁营口、上海；日本、朝鲜。此虫是国内小蠊科的属、种新纪录。

七、斑蠊。我国南方此虫生活于室内，偷吃各种食品，传播疾病。分布于云南、贵州、广州、广西。原产远东热带印、马地区，现扩散到全世界赤道周围，如泰国、菲律宾、马尔加什、墨西哥等国及美国的加利福尼亚州和夏威夷州、中美洲国家等。

蜚蠊的防治

室内的蜚蠊往往来自邻居建筑或室外藏匿的类群，有的蜚蠊夏季在室外垃圾堆生活，冬季窜入室内。堵塞这种虫源的窜入是防止蜚蠊为害的基本预防措施。房内所有洞穴，空隙如地板、墙壁、门框下、门臼等缝隙，自来水及暖气管道，地下室隧道等大小空隙都要用油灰、水泥或土補塞，以保证蜚蠊不能窜入。蜚蠊传入的另一途径，是从别处带进室内的藏虫箩筐、箱子等，因此，必须严密检查此类物品。房间内要经常保持不利于蜚蠊生活的干燥环境，所有食品和水缸要严密加盖，地面上不留任何食物残渣，垃圾箱要加盖，每天倾倒干净。

用药防治是目前最有效的治蠊方法。全世界通用的药剂是氨基甲酸脂，合成菊脂及有机氯。其中，合成菊脂逐渐成为国内外广泛应用的种类。我国除四害运动中有关医学卫生机关试制成治蠊专用药剂：① 8215 杀蟑膏。经试用，在医院病房和食堂涂刷 2.5% 杀蟑膏，1～3 天内即可出现大量黑胸大蠊及美洲大蠊的死虫。② 复方 FF11 型微胶囊，以胶囊涂在石灰粉墙上对美洲大蠊持效达 6 个月之久。③ 中西灭蟑灵。对美洲大蠊、黑胸大蠊、德国小蠊毒杀效果均好，特别对德国小蠊收效显著，触药后 24 小时全部死亡。在上海某宾馆施药后，大批蟑螂成群爬出，步态失常，中毒被击倒。④ 治蟑药笔。在灶台、菜墩上下、水管四周、窗台、碗柜内外及墙壁缝隙等处用药笔涂划成行，以触杀夜出活动的蟑螂。涂划3天后蟑螂死亡率达90%以上。⑤诱捕。近年来日本研制成一种捕蟑盒，扁长方形，内藏蟑螂爱吃的食物及粘胶，盒子两侧及一端有狭缝，使蟑螂能进不能出，被毒死在盒内。

发现新的蜚蠊种属

在发表上述文章之前，吴福桢于1982—1986年先后在《昆虫学报》上发表了《中国大蠊属的几种蜚蠊及其分布、生活习性与经济重要性》《中国小蠊属蜚蠊种类及其分布、生活习性和经济意义》《蜚蠊一新属新种记述》《中国弯翅蠊属（蜚蠊目：弯翅蠊科）三种常见种类的鉴定》《中国真鳖蠊属记述》等论文。

1988年，吴福桢、冯平章又在《昆虫分类学报》上发表了《云、贵蜚蠊目三新种二新纪录记述》一文。文中称："作者1982年和1986年5～6月在云南、贵州的市、县采集了一批蜚蠊目昆虫标本。贵州农学院昆虫教研室、云南省林业厅、中国科学院动物所标本馆又提供了一批标本。我们对其中部分作了鉴定，共39种，分属6科16属，有3新种、2个中国新纪录种。"

3新种为稠斑真地鳖，由赵国荣采自云南宾川；贵州歪尾蠊，由冯平章采自贵州望谟；乳突歪尾蠊，由冯平章采自云南昆明、贵州望谟。

两种中国新纪录为切板歪尾蠊，国内分布在贵州，国外分布在越南；钓口大光蠊，国内分布在云南，国外分布于越南。

文章对上述3新种和两种中国新纪录蜚蠊的形态特征作了详细的描述。

发现新种和新纪录的文章发表以后，受到英、美、日、匈、捷、加等国同行的重视，纷纷来函索要论文。

第三节 "蟋蟀——祖先最有研究的昆虫"

"蟋蟀是一种杂食性的农业害虫,为害各种作物、苗木、蔬菜、果类。全世界已知 2 300 余种,中国约 120 余种。在中国,对农作物危害最大者,在北方为油葫芦,南方为华南大蟋蟀"。

"2 500 年前的《蟋蟀》篇"

吴福桢说:"我们的祖先对两种昆虫最有研究,一是蜜蜂,二是蟋蟀"。早在 2 500 年前,中国古代的诗歌总集《诗经》中就有"蟋蟀"篇。

蟋蟀在堂,岁聿其莫。今我不乐,日月其除。
无已大康,职思其居。好乐无荒,良士瞿瞿。
蟋蟀在堂,岁聿其逝。今我不乐,日月其迈。
无已大康,职思其外。好乐无荒,良士蹶蹶。
蟋蟀在堂,役车其休。今我不乐,日月其慆。
无已大康,职思其忧。好乐无荒,良士休休。

翻译成白话文的意思是:"蟋蟀儿屋里叫,年呀将近末尾。今天我不行乐,大好时光就要失去。不要过于享受,还要考虑承担职责。喜欢享乐不能荒误职责,贤士保持清醒头脑。蟋蟀儿屋里叫,年呀将要过去。今天我不行乐,大好时光就要跨过。不要过于享受,还要考虑其他的事。喜欢享乐不能荒误正事,贤士勤奋努力。蟋蟀儿屋里叫,服役的车停歇了。今天我不行乐,大好时光就要过去。不要过于享受,还要考虑忧心的事。喜欢享乐不能荒误正事,贤士舒心惬意。"

这首诗描写的是一位属于统治阶级下层的"士",在一年即将结束的时候,感到时光易逝,人生短促,便油然而生及时行乐的思想。但他又能警戒自己,不要纵欲过度,而要效法良士的美德。

七百多年前的南宋,右丞相贾似道是个蟋蟀痴。襄阳被元军围攻数年，他竟隐匿军情，不以全力支援，却成天在西湖葛岭私邸与群妾踞地斗蟋蟀。1275年元军沿江南下，他才被迫出兵，在鲁港大败。不久，被革职放逐，在福建漳州被监送人所杀，留下千古骂名。然而，贾似道却编写了一部关于研究蟋蟀的专门著作《促织经》，详细地介绍了蟋蟀的捕捉、收买、喂养、斗胜、医伤、治病、繁殖等方法。这部著作在中国昆虫研究史上占有一席之地。古人把蟋蟀称作"促织"，含有秋气转凉，蟋蟀的鸣叫声催促妇女赶紧织布、缝制寒衣之意。

以鸣叫声鉴定蟋蟀种类

从20世纪中叶起，昆虫分类学家发现，蟋蟀雄虫的鸣叫声可以用来鉴定其种类。由于近代科学技术的发展，人们已能把昆虫鸣叫声准确录音，在示波器上显示其特征，并摄影制图，能更好地进行分析鉴定。

1986年2月，吴福桢与冯平章、何忠在《昆虫学报》第29卷第1期上发表的《北京及银川常见蟋蟀鸣叫习性与种类鉴定》的论文中指出：60年代全世界已有300余种昆虫的鸣声制成录音带，大大推动了分类鉴定工作。如美国已被认识的蟋蟀原为65种，由于对其鸣声的分类鉴定导致40个新种的发现，使总数达到105种。1978—1982年，吴福桢等对北京、银川常见的7种蟋蟀进行饲养和观察，以了解其生活与鸣叫习性。同时，对其鸣声进行录音，并摄制成鸣声图像，进行鸣声分类鉴定。

文中写道：

北京田野蟋蟀从7月初开始，直至10月中、下旬不断叫鸣。而以八至九月为各种蟋蟀共鸣时期。最早叫鸣的是七月初污斑拟针蟋的"奇一""奇一"之声，于晨昏及夜间叫鸣，7月至8月是第一代夏蟋。第二代秋蟋于8月下旬始鸣，10月下旬为止。接着针蟋始鸣之后，陆续鸣叫的是斗蟋、扁头蟋、北京油葫芦、长颚蟋和小长颚蟋，于7月底始鸣，8月上旬开始盛鸣，其中以斗蟋的宽宏声调长鸣不已及扁头蟋从黄昏直至天明的高、尖、快调较为突出。

蟋蟀叫鸣与其生活习性相适应，有3种不同的声调。

第一，"常鸣声"，起到对远方异性的招呼作用。

第二，"厮斗声"，当两雄相遇，斗前是雄壮示威之声，斗后胜者高唱凯歌，败者窜逃无声。

第三，"调情声"，当雄虫靠近雌虫求偶时，发出娓娓动听柔和之声，起到激动雌虫相应的求偶反应。

文中对七种不同蟋蟀的鸣声进行了描述。

一、斗蟋。声宽宏，响亮，长鸣不已，音节为"渠（qu）"。在旷野，温度为15～20℃，无干扰的情况下，可长鸣。当两雄相遇，鸣声突然提高而拖长，其声雄壮威武，同时大颚张开，全身前后摆动，威胁对方。如强弱悬殊，仅3～5回合，弱者败逃，强者奋勇追咬，高唱凯歌。若两方势均力敌，往往咬斗30～50回合，方见胜负。蟋蟀在厮斗中的叫鸣习性，能表达其胜负之间的感情冲动，在低等动物中是罕见的。

二、长颚蟋。声尖、高、清脆，有长短不一的拖声，音节为"句（ju）"。交尾时雄虫靠近雌虫，发出"迟（chi）"调情声。其声柔和而低沉，有时也夹杂着高、尖、清脆的慢调作点缀。

三、小长颚蟋。声高尖，清脆，均匀，无拖声，有颤抖，音节为"句"，与长颚蟋略同。

四、大扁头蟋。声高尖，清脆，短急而匀称，音节为"则（ze）"。

五、污斑拟针蟋。声低沉而匀称，有明显拖声，音节为"奇（ji）"。

六、北京油葫芦。声高尖，快速，开头与结尾低沉，中间高速，第一个音节"吉（ji）"，第二音节为"吕（lu）"，声调突然下降，到第三音节又趋平稳低沉，中间"吉—吕—"之声特快，较扁头蟋更快。雄虫求偶时，"吉"声低速，慢调，然后进入低沉而柔和的"迟"声，直至钻进雌虫体下交尾时才止。

七、银川油葫芦。声高尖，快速，发出"吉—吕"之声，开头与结尾的鸣声平直进行，显与北京油葫芦不同。

年逾古稀的吴福桢在家时，为了避免其他杂音的干扰，更加清晰地听蟋蟀鸣叫，经常在半夜两三点钟起床听饲养在家里的蟋蟀鸣叫声并进行录音。

相继发现中国新纪录和新种

1987年，吴福桢等在《昆虫分类学报》上发表《金蟋蛉科两属两种——中国新纪录》一文，文中称：在整理蟋蟀总科的标本中，发现伪鸣蟋蛉属和阔胫蟋蛉属为金蟋蛉科的中国新纪录，并对它们的形态进行了详细的描述。伪鸣蟋蛉属分布在我国四川峨眉山和缅甸，阔胫蟋蛉属分布在我国西双版纳和马来西亚、印度尼西亚。

1992年，94岁高龄的吴福桢和植保所的王音在《动物学研究》杂志上发表《哑蟋属六新种纪录》一文，文中写道："哑蟋属隶属于直翅目蟋蟀科蟋蟀亚科。本属原已知4种，其中，2种产于我国，一种分布于日本，一种分布于印度。本文报导6新种，至此哑蟋属即增至10种。"这六新种分别为光亮哑蟋，由王书永采自云南泸水片马；波密哑蟋，由黄复生采自西藏波密扎木；多毛哑蟋，由王书永采自四川德格柯罗洞；双纹哑蟋，由廖素柏采自云南大理点苍山；峨嵋哑蟋，由朱复兴采自四川峨眉山清音洞；粗点哑蟋，由杨集昆采自广西花坪天平山。文章对上述六新种的形态分别作了详细的介绍。

以上新纪录和新种的发现，受到国内外昆虫界的重视。

评风靡一时的斗蟋热

蟋蟀因鸣叫声悦耳动听，且勇猛好斗，自古以来就引起人们的兴趣，斗蟋也成为人们所喜爱的历史悠久的一种游艺活动。

明、清两代五百余年，斗蟋之风经久不衰。到了民国以至全国解放以后，仍然频频出现蟋蟀热。吴福桢亲自收集并保存着1989年《卫生与生活》报、上海《文汇报》以及《中国体育报》等新闻媒体对于斗蟋活动的有关报导。1989年7月的《卫生与生活》报刊登了《金秋10月将有蟋蟀夺魁鏖战》的消息，称："从今年新成立的上海长宁区蟋蟀俱乐部传出消息，将在9～10月举行3次斗蟋蟀比赛。其中，第3次为

'济公杯'邀请赛,预计北京、天津、山东、安徽、浙江、江苏都有代表队或选手参加,上海将有长宁区蟋蟀俱乐部和上海蟋蟀研究会两个团体参战。"上述比赛举行后的1989年10月15日,上海《文汇报》发表了《时下捕捉蟋蟀之风使本市大批农田遭殃、绿地被毁。为此,有关部门呼吁——蟋蟀大奖赛提倡不得》的消息。同年11月12日《中国体育报》也发表了《蟋蟀热剖析》的文章,在分析了蟋蟀捕捉热、蟋蟀交易热、蟋蟀赌博热、蟋蟀社团活动热和蟋蟀新闻热之后写道:"蟋蟀的叫声是美妙动听的,蟋蟀之好斗也可小饱眼福。但玩蟋蟀带来的'副作用'却不能等闲视之。如果分析衡量玩蟋蟀之利害得失、轻重缓急,实在应当疏之导之,使它真正成为一项有益的娱乐活动。"

对于一时闹得沸沸扬扬的斗蟋,作为研究蟋蟀的专家,吴福桢怎么看呢?吴老说:"斗蟋蟀是一种民俗,作为民间游戏,可以调剂人们的文化生活。研究《促织经》,可以丰富昆虫学的研究。如果把蟋蟀作为赌博的工具,不应提倡。"

盛赞《斗蟋》

1989年,科学技术文献出版社出版了莫容、胡洪涛合著的《斗蟋》一书。作者查阅了自五代、宋、明、清数百年来的有关史料,并参考了近代众多著名昆虫学家的有关著作,系统地介绍了自古以来关于蟋蟀和斗蟋的知识,倡导高雅的民俗文化,材料翔实,文笔流畅,通俗风趣,雅俗共赏。1993年再版,两次共发行6 000册,社会上仍出现盗版,可见该书受到各界欢迎。吴福桢对此书的评价很高,称它是一部"有利于科学文化发展的佳作"。吴老于1990年5月在《昆虫知识》第28卷第3期上发表的对《斗蟋》一书的评述是这样写的:

《斗蟋》是莫容、胡洪涛同志关于蟋蟀的一部专著,它融知识性、学术性、趣味性于一体,读来令人赏心悦目。

我国人民自古就有蓄养蟋蟀以听其声的雅好。宋以来,斗蟋成为从官宦之家到市井儿童的游戏活动。从蟋蟀宰相贾似道的第一本《促织经》

《斗蟋》是吴福桢的忘年好友、《农百·昆虫卷》责任编辑莫容与农学家夫人胡洪涛合著的农业系列文化之一，吴老写书评盛赞，农学泰斗金善宝题词鼓励

到本世纪初的700年中，历代蟋蟀爱好者，包括知名农学家、昆虫学家撰写的有关专著，达10余种之多。本书作者以大量篇幅，介绍综述蟋蟀文化的源流和历代《促织经》一类书的基本内容和特点。在介绍古代斗蟋之戏时，还揭露批判了"蟋蟀皇帝"、"蟋蟀宰相"的昏庸腐败。作者认为蟋蟀文化可以作为一个学术问题进行研究。对近年来民间"斗蟋热"中出现的消极现象，如利用斗蟋进行赌博等，除了明令禁止之外，还可以正确引导，使之像斗鸡、斗牛一样，作为一种健康的游戏活动。我认为这种观点是可取的。

此书还详尽介绍了古人对蟋蟀的形态种类、生活习性、饲养管理及专用工具等，其中不乏符合现代昆虫学道理的内容，有些近乎近代昆虫科学的萌芽，因而，对现代昆虫学研究应用，有一定的启发作用。斗蟋爱好者应用蟋蟀草撩逗，使蟋蟀发怒咬斗，胜者高唱"凯歌"，交配时雌上雄下，低唱柔和的"情歌"，似乎这小小的生灵也有喜怒哀乐之情。这些有趣的现象，值得动物生理学研究工作者作出科学的回答。

两位作者治学严谨，材料翔实，行文流畅，独具一格，使这部《斗蟋》成为有利于科学文化发展的佳作。1928年1月，美国大地自然博物馆馆长洛夫·伯特托尔特（Dr. Lofer Burthoid）曾在他的《斗蟋》一文中说："囚禁动物，人们认为残忍无情，但中国人饲养蟋蟀，欣赏其鸣声和格斗，爱护备至。斗蟋不像斗鸡、斗牛那样残酷。中国——东方慧人也。"最近，又听到几位外国同行为中国现在无人研究蟋蟀文化而惋惜，我想由科学技术文献出版社出版的这部书，足可以视为研究蟋蟀文化的扉页。

第四节 《中国农业百科全书·昆虫卷》

1980年初，国家农业委员会决定编撰出版《中国农业百科全书》，开始进行筹备工作。1981年6月成立了编撰出版领导小组和总编辑委员会，负责领导和指导编撰出版工作，并责成农业出版社设立中国农业百科全书编辑部，从事具体工作。1982年，国家农业委员会撤销后，此项工作由农牧渔业部主管。

《中国农业百科全书》是一部全面而扼要地介绍人类现有农业科学技术知识的大型工具书，它的主要读者是农业科学技术工作者、农业大专院校师生、具有高中或相当于高中文化程度以上的农业干部和农民。《中国农业百科全书》的编撰出版，是中国农业科学事业的一项基本建设，是建设社会主义现代化农业的迫切需要。全书以农业各学科的知识体系为基础设卷，计划出25卷。

编委会主任

1982年8月，《中国农业百科全书·昆虫卷》编委会在北京东四的北方旅馆正式成立，到会的有来自全国各地的30位著名农业昆虫学家以及总编委会的领导和编辑工作人员。吴福桢被任命为编委会主任，此时的吴老已是耄耋老人。他在编委会成立大会上感慨地说："我今年80有4，竟有幸承担中国农业百科全书的编撰任务，深感艰巨而光荣。"他引用"老牛自知夕阳短，不用着鞭自奋蹄"两句诗自勉，与会人员深受感动，并报以热烈掌声。考虑到吴老年事已高，特配备了当时我国最年轻的昆虫学家之一管致和教授任编委会常务副主任。其他 7 位副主任亦均为我国的著名农业昆虫学家：马世骏、朱弘复、齐兆生、邱式邦、陈世骧、周明牂和赵善欢。吴老接受此重任后，便全身心地投入这项工作，并把自己在植保所的工作室作为昆虫卷编委会的办公室。

《昆虫卷》分为 6 个部分：总论，昆虫形态和分类，昆虫生理和病理，生态、测报、防治，粮食作物害虫，经济作物害虫。这 6 个部分的主编和副主编分别为：总论主编吴福桢，副主编管致和；昆虫形态和分类主编谭娟杰，副主编虞佩玉；昆虫生理和病理主编利翠英，副主编程振衡、苏德明；生态、测报、防治主编陈常铭，副主编张履鸿；粮食作物害虫主编章士美，副主编李光博；经济作物害虫主编曹赤阳，副主编李秉钧、郭守桂、黄邦侃。预计全卷一百余万字，图片数百幅，而承载的知识信息又必须全面、准确，富有权威性。因此，从组织撰稿到征求意见直到最后审定，工作量非常之大。

条目撰稿人

吴老除了负责统揽全卷的编撰工作之外，还自告奋勇地提出愿与陆培文合作撰写《中国近代农业昆虫学史》这个条目。该条目要求准确而概要地写出从 1840 年鸦片战争到全国解放后长达一百多年间我国农业昆虫学所经历的孕育时期（1840—1910 年）、初创时期（1911—1932 年）、发展时期（1933—1936 年）、抗日战争时期（1937—1945 年）、战后恢复时期（1945—1949 年）5 个时期我国昆虫学界的重要活动，如害虫防治研究工作的进展、杀虫药剂的研究与制造、昆虫研究团体的建立和发展等。这就需要掌握大量史料并有亲身经历，难度相当大。陆培文也是老昆虫学家，曾任吴老的助手多年，治学严谨，文笔顺畅。早在 30 年代至 40 年代，就曾和吴老合作撰写过两篇全国蝗患调查报告，1948 年又与吴老合作撰写了《中国植物病虫防治研究之重要业绩》一文，可谓老搭档了。这次。陆培文欣然接受了此项撰稿任务。

陆从上海来京后,便在植保所与吴老一起为写好这个重要条目日夜伏案。吴老和陆培文合作默契,进展顺利。初稿拟就后征求全国各地专家的意见,反馈的信件很多。吴老和陆培文一一认真阅读,字斟句酌地对初稿进行一次又一次地反复修改。其中柳支英来信最多,写了一封又一封,吴老看后不时地点头称是。这些都凸现出老一代科技工作者一丝不苟的崇高品格。其他条目的状况大体亦是如此。可以说,《中国农业百科全书·昆虫卷》包含着全国各地昆虫学家们的心血。

吴福桢等撰写了《蜚蠊目》条目。

1982年,《农业大百科·昆虫卷》编委会委员合影
前排:农业部副部长刘瑞龙(左)、吴福桢
后排左起:陶岳嵩、林光国、季正瑞、陈常铭、张履鸿、管致和、莫容

编辑人员多辛劳

在《中国农业百科全书·昆虫卷》的整个编撰过程中,编辑出版人员特别是莫容同志作了巨大努力,付出了大量心血。莫容是农业出版社的资深编辑,《中国农业百科全书》编务委员会委员,编辑部的副主任兼

昆虫卷的责任编辑（后来又增加伏月华、陈岳书等同志）。为了认真做好编撰过程中的各项工作，处理好各种细节，他不辞辛劳，坐着公交车往返于朝阳门外亮马桥的编辑部与海淀马连洼的卷编委会驻地，往往早出晚归。他与卷编委会的同志特别是吴老接触频繁。经过数年的交往，年龄相差33岁的吴老和莫容成了莫逆之交。

自1982年8月《中国农业百科全书·昆虫卷》编委会成立起，历时将近八年，于1990年6月由农业出版社出版。此时，吴福桢已92岁高龄。老人家拿到这本装帧精致、近六百页、130余万字的书，会心地笑了。他感到欣慰：晚年又对农业科研事业做了一份贡献。

第五节　参加《西藏昆虫》的编写和鉴定

青藏高原有着独特的自然条件和丰富的自然资源，是我们伟大祖国的一块宝地。全国解放后，在西藏自治区（全书称西藏）的交通、供应均十分困难的情况下，国家就组织科学家赴西藏考察。此后，在1956—1967年和1963—1972年两次国家科学发展规划中，都把青藏高原科学考察列为重点科研项目。1973年，"中国科学院青藏高原综合科学考察队"正式成立并开始了新阶段的考察工作。1976年，结束野外考察。1977年，转入室内总结。

1981年由科学出版社出版的《青藏高原科学考察丛书》就是1973年以后七年多来参加西藏野外考察和室内工作的广大科学工作者的心血结晶，该项目获中国科学院科技进步特等奖。该书包括32部专著，《西藏昆虫》是其中之一。吴福桢受中国科学院青藏高原综合科学考察队的委托对西藏蜚蠊目和直翅目标本作鉴定，参加了该丛书《西藏昆虫》的编写工作，在该书的第一册发表了《蜚蠊目：鳖蠊科、蜚蠊科、弯翅蠊科》和《直翅目：蟋蟀科》两篇文章，作为《西藏昆虫》的作者之一获得荣誉证书。

吴老鉴定的蜚蠊目有鳖蠊科、蜚蠊科和弯翅蠊科3科和云南真地鳖、西藏真地鳖、赭马姬蠊和弯翅蠊4种。

吴老的鉴定是：属鳖蠊科的云南真地鳖是一种仓库害虫，分布在西藏、云南、甘肃、宁夏、四川、贵州。它与我国北部和中部的中华真地鳖近似，它的雌虫亦是一味中药，味碱性寒有毒，有逐瘀散结作用，主治血滞、闭经及跌打损伤等病。同属鳖蠊科西藏真地鳖是在西藏白朗附近一个庙宇的贮粮泥囤下采到的，是一种贮粮害虫，为世界新纪录。

属蜚蠊科的赭马姬蠊分布于印马——非洲地区。因此赭马姬蠊出现于西藏是西藏地区在古代起源于热带区系的启示。它应是第三纪热带昆虫区系类群的后裔种类。

属弯翅蠊科的大弯翅蠊生活于湿润的朽木或枯死的树皮及枝条中或地上的各种堆积物下。分布于我国的西藏、广东、云南、台湾等省、自治区以及越南、日本、印度、缅甸、菲律宾、朝鲜以及苏联的沿海地区。

吴老鉴定的直翅目蟋蟀科有油葫芦和双斑蟋两种。吴老鉴定这两种均为西藏新纪录。

油葫芦是杂食性害虫，为害各种农作物及树苗，特别对幼苗为害严重。分布在我国的西藏、北京、河南、山西、江苏、四川、贵州、安徽、广西、河北、台湾、福建等地区，以及印度、日本、斯里兰卡、缅甸、马来西亚、印度尼西亚及中南半岛。

双斑蟋，在海南岛等南方地区生活于草丛间，有趋光性，雌虫能飞扑灯光，雄虫善斗，人们常饲养作斗蟋之嬉。此虫以农作物为食，在我国南方地区为害甘蔗、水稻、菠萝、亚麻、茶树等。分布于我国西藏、广西、广东、云南、台湾、福建等地区以及南欧、非洲、土耳其、马来西亚、印度、巴基斯坦、菲律宾、日本、印度尼西亚、斯里兰卡、缅甸、新加坡。

第六节 参加《西藏南迦巴瓦峰地区昆虫》的鉴定

西藏南迦巴瓦峰是喜马拉雅山脉东段的最高峰，海拔7 782米。它是世界第十五高峰，是当今世界7 500米以上高峰中唯一没有被人类征服的最高处女峰。青藏高原最大的河流雅鲁藏布江由西向东奔流，其下游围绕南迦巴瓦峰作急转弯向南流,形成举世闻名的大拐弯峡谷。高峰耸峙,大峡弯深切,平均切割深度在500米以上,这是世界上地形发生转折变化最急剧的地方,山体陡峭峻险,为世人所瞩目。

经中央批准,国家体委和中国科学院从1982年起对南迦巴瓦峰地区开展综合性的考察活动。1984年开始,转入室内总结,参加资料分析、鉴定、整理和总结工作的单位和人员众多,是大规模的社会主义大协作。1988年,科学出版社出版了《登山科学考察丛书》。《西藏南迦巴瓦峰地区昆虫》即是该丛书之一。

《西藏南迦巴瓦峰地区昆虫》一书是对所采集到的昆虫标本进行鉴定研究的总结。该书共记载了昆虫纲19目、197科、1 170属、1 982种,以及蜱螨目1科、4属、5种。共计20目、198科、1 174属、1 987种,其中有8个新属,145个新种或新亚种。

吴福桢、冯平章鉴定的是蜚蠊目:鳖蠊科、蜚蠊科、光蠊科、姬蠊科和折翅蠊科5科、7属、10种,其中,有2新种、2个中国新纪录。

属鳖蠊科的是:藏南真鳖蠊,新种,由韩寅恒采自西藏墨脱;云南真地鳖,分布于西藏、云南、贵州、四川、甘肃;中南半岛。

属蜚蠊科的是:丽郝氏蠊,分布于西藏、广西、云南、四川;缅甸。

属光蠊科的是:义突大光蠊,系新记录,分布于我国西藏;缅甸、新加坡。

属姬蠊科的是:德国小蠊,分布于西藏、云南、贵州、广西、福建、上海、北京、辽宁、黑龙江、内蒙古、陕西、新疆;世界广布。拟德国小蠊,分布于西藏、云南、贵州、四川、广西、福建、台湾、甘肃;世界广布。长刺小蠊,新纪录,分布于西藏;缅甸。双斑歪尾蠊,韩寅恒采自西藏。

属折翅蠊科的是:阔斑弯翅蠊,分布于我国西藏、云南、广西、广东、福建、台湾、江西地区;缅甸、菲律宾、新加坡、越南、朝鲜、日本、前苏联;拟大弯翅蠊,分布于我国西藏、云南、广东、福建、台湾、湖南地区;日本。

吴福桢等鉴定的是直翅目:蟋蟀总科。

黑斑裂针蟋，分布于我国西藏、北京、河北、江苏、上海、浙江、广东地区；日本、印度。

北京油葫芦，杂食性，为害各种作物及树苗，主要受害作物有棉花、花生、芝麻、豆类、瓜类、萝卜、白菜、荞麦、水稻、玉米等，尤以晚秋作物受害最重。

斗蟋，分布于我国西藏、北京、河北、陕西、山东、安徽、江苏、上海、浙江、贵州、云南、福建、台湾地区；日本。杂食性，为害各种农作物，特别是豆类、蔬菜、甘蔗等受害较重。

弓突扁头蟋，分布于我国西藏、北京、陕西、江苏、台湾地区；印度、印度尼西亚（瓜哇）。

青森扁头蟋，新纪录，分布于我国西藏、北京、江苏、上海、浙江地区；日本。

台湾树蟋，分布于我国西藏、陕西、江苏、新疆、贵州、云南、广东、台湾地区；印度、马来西亚、菲律宾。寄主甘蔗、棉花、水稻等。

淡色拟蛣蛉，分布于我国西藏、台湾。

吴福桢作为《西藏南迦巴瓦峰地区昆虫》的作者之一，于1992年1月24日收到一张汇款单，单上的附言是："吴先生：《南峰昆虫》获1991年中科院自然科学奖二等奖。今寄去奖金22元：蜚蠊目12元；蟋蟀科10元。请查收。敬礼，韩。"

第七节 《云南森林昆虫》

1987年云南出版社出版的《云南森林昆虫》一书中的蟋蟀总科一节，也是由吴福桢负责编审定稿的。书中写道："蟋蟀是杂食性昆虫，为害各种作物、树苗、菜、果之类，分布在我国东北、华北到大江南北。它主要是长江下游和华南地区的重要农业害虫。书中列举云南地区的蟋蟀七种。

一、北京油葫芦。大形，黑褐色。体长雄虫22～24毫米，雌虫23～25毫米。头顶黑色、复眼周围及面部橙黄色。前胸背板黑褐，可隐约看到一对羊角形深褐斑纹，侧片背半部深色，前下角橙黄色；中胸腹板后缘中央有小切口。一般每年发生一代，以卵在土内越冬。日间隐藏于砖石、土块下或杂草间，夜出活动，善鸣好斗，有时自相残杀。杂食，为害各种作物及树苗，密度特高时能毁灭庄稼，甚至突入家室咬毁衣物食品。分布云南（潞西900米，文山州1 200米，大理、海东2 040米）、河北、山东、河南、安徽、江苏、山西、贵州、广西、西藏等地区以及日本、印度、菲律宾、马来西亚群岛。

二、斗蟋。中等大，黑褐色，体长雄虫13～16毫米，雌虫14～19毫米。头顶漆黑有反光，后头有3对橙黄纵纹，其前端一般无横纹相连。生活于土壤稍湿润的旱地及砖石下或草丛间。一般每年发生一代，以卵越冬。杂食，为害各种农作物，特别是豆类、树苗、蔬菜、甘蔗等，覆盖较密的田块，严重发生时，造成很大损失。分布于我国的云南（东川新村林场苗圃1 350米）、沈阳、北京、天津、济南、青岛、烟台、南京、武汉、合肥、上海、北碚、厦门、台湾等地区以及日本。

三、双斑蟋。大形，体长23～27毫米。全体黑色、光秃，头胸有光泽，前翅基本有两个黄斑。头小，三个单眼大略在一个水平线上，中单眼半月形。生活在草丛间，8～9月发生，有趋光性，雌虫能飞扑灯光，雄虫善斗，人们常饲养作斗蟋之嬉。主要为害甘蔗、菠萝、瓜类、水稻、亚麻、茶树等。密度大时，造成很大损失。分布于我国的云南（建水1 010米，华坪1 020米，达德公社1 450米，永仁县城1 640米，东川林场1 350米，昆明1 600米）、江西、福建（厦门）、广东（海南岛）、广西（南宁及平南）、台湾、西藏（樟木）；日本、印度、巴基斯坦、印度尼西亚、马来西亚、斯里兰卡、缅甸、新加坡、菲律宾、土耳其、南欧、非洲。

四、花生大蟋。很大形，粗壮，体长35～42毫米。前翅长28～30毫米，赤褐色。头半圆形，有反光，单眼3，并列在一个水平线上，中眼横半月形。在南方每年一代，卵散产于支穴内，成虫穴居土内，昼伏夜出觅食。为害松杉、白杨、橡胶、樟树、桃、李等果树林木幼苗；同时也为害花生、豆类、菠萝、甘蔗、茄子等。在广西等地主要为害花生故得此名。分布于我国云南（潞西990米，新平800米，昆明1 600米）、浙江、江西、湖南、四川、福建、广东、广西地区以及印度、孟加拉、马来西亚、新加坡、瓜哇。

五、梨蟋，别名梨蛞蛉，中等大，体长18～19毫米，翅长19～25毫米，淡黄绿色。雄虫前翅有赤褐脉纹，纵横分布如画。体形中部大，两端小，全体舟形，是美丽而善鸣的种类。在北方一年一代，鸣叫声栖（qi）——利（li）——栖（qi）——利（li）高声连续不断。雄虫在树枝上咬成一孔，产卵其内越冬。白天成虫栖于折叶中。在华北，为害枣、栗、洋槐、梨、苹果、花生、麦类、水稻等，啃食叶、菜、花、果及种子。在华中及西南则寄生于行道树上为害。分布于我国云南（富宁）、山东、江苏（南京）、四川（峨眉洪椿坪、成都）；日本。

六、台湾树蟋。体长10～14毫米，淡黄绿色，体柔弱，前狭后宽如琵琶，少数个体带褐色。一年二代以卵在树皮内越冬，鸣声其（qi）——其（qi），在南方为害甘蔗、棉花等。分布于我国的云南（临沧1 180米，建水1 010米）、新疆、陕西、广东（湛江）、苏州、海南岛、台湾等地区以及马来西亚、印度、菲律宾群岛。

七、北方树蟋。形态、体型大小、色泽与台湾树蟋甚相似，唯此虫后胫节背方内侧有刺4～6个，前胸背板较台湾树蟋稍长，产卵管略向背面弯。一年一代以卵越冬，鸣声吕（lu）——吕（lu）。声调优美，人们饲养玩赏其鸣声。此虫以前大多作为台湾树蟋报道，寄主大致相同。此虫曾在乌鲁木齐沙枣树上及苏州矮树上和灌木上采到。分布云南（沧源班洪1 100米）、新疆、北京、南京、湖州、湖北、四川、西昌、广西等地区以及日本、朝鲜"。

第八节　出席第五、第六届全国政协会议

"文化大革命"后的1978年，吴福桢被选为第五届全国政协委员。

第一届中国人民政治协商会议是1949年9月在北京召开的。此后，每隔五年换届。1964年，召开了第四届全国政协会议。由于"10年动

乱"的破坏，第五届全国政协会议相隔 14 年后于 1978 年 2 月才得以召开。此时，"四人帮"已被彻底粉碎，拨乱反正，思想大解放，广大干部群众以极大的热情积极投身到社会主义建设的各项工作中去。在这样的背景下，这次政协会议的气氛空前活跃，政协委员们踊跃发言，纷纷为加快我国的四个现代化进程献计献策。

提案改善植保所科研条件

吴福桢除了积极参加会议的各项议程外，还联络农林界其他 4 位委员于 1982 年在全国政协会议上提出了《改善中国农业科学院植物保护研究所科研条件，振兴我国植保事业案》。内容如下。

提案第 1514 号

案由：改善中国农业科学院植物保护研究所科研条件，振兴我国植保事业案。

审查意见：建议国务院交农牧渔业部研究办理。

内容：

（一）植保学科在农业生产中的重要作用。在农业生产中，病、虫、杂草对农作物的危害，造成严重损失，每年粮食损失 10%，棉花 20%，通过加强植保工作，提高综合防治水平，可使损失降低 5%，相当于增产粮食 332 亿斤，皮棉 220 万担。因此，搞好植保工作，是农业生产上一项重要增产、增收措施。

（二）中国农业科学院植保所组织与技术队伍。中国农业科学院植保所，是全国综合性的植物保护研究机构，主要任务是面向全国，着重研究解决农业生产中的重大植保科技及其有关理论问题。全所组织有：小麦锈病、细菌病毒、迁飞害虫、农业害虫、农药、农业病虫害疾病调查、植病线虫及情报资料等 8 个研究室，现有职工 240 人，其中高研 42 人，中级 63 人，初级 64 人，组成 28 个研究课题。先后派出 26 名科研骨干出国考察、进修和研究，平均每年接待国外来访科60多人次，本所招收培养研究生12人，均得到硕士学位，是一支年轻科技队伍。

（三）"六五"期间，获得研究成果及其经济效益。"六五"期间，本所获得各类研究成果奖32项，其中包括国家发明奖，自然科学奖，国家进步奖，获奖人数达78人，占全所科研人员的46.4%。上述获奖项目中，有不少正转化为生产力，收到了显著的经济效益。主要是棉花病虫害综合防治，1985年示范面积230万亩，挽回损失4 370万元。在棉花枯萎病区，推广本所选育的抗病良种86-1号，4年累计挽回皮棉损失181.5万担，小麦锈病综合防治，3年累计面积117.7万亩，增收小麦4 750万斤，加上线虫防治、杀虫霜、大粒剂及手动吹雾器大面积推广、使用等，据估计，以上总计可获得经济效益3.37亿元。

（四）植保所当前存在的问题是迫切要求建立植保楼。10年动乱中，本所下放到河南和四川，试验室和设备条件，受到严重破坏，1979年迁回北京原址后，虽经努力，得到一定恢复和重建，但这远不能满足科研发展的需要，试验室很简陋，试验场仅数十亩，有人称植保所现状有"三多"，即专家多，成果多，工棚多，为此，本所科技工作者迫切要求，建立一座适合于植保科研专用的5 400平方米的植保大楼，以利科研工作的开展。

植保所几年来取得的成果，是在艰苦环境条件下取得的。本所老专家较多，他们迫切要求早日看到大楼建成，改善工作条件，在未曾衰老之前，尚能发挥余热，指导培养中、青年科技人员，多出成果、多出人才，为四化做出更大贡献。

提案人：　　通讯地址：

吴福桢　　　北京西郊马连洼中国农业科学院植保所

左　叶　　　中国农业科学院

沈其益　　　北京农业大学

周明牂　　　北京农业大学

沈　隽　　　北京农业大学

提案建立植物保护标本馆

1983年，吴福桢连任第六届全国政协委员，他在会上又联络农林界其他13位委员，再次提案，建议尽早筹建中国植物保护标本馆（或称博物馆）。内容如下。

第1171号

案由：建议尽早筹建中国植物保护标本馆（或称博物馆）

提案人：吴福桢、周明牂、王幼辉、张季高、隋铭珊、杨洪祖、左叶、沈隽、高鹏先、沈其益、马寿桃、谢浩然、杨显东、蒋德麒。

理由：我曾于1982年12月在全国政协会议上建议："筹建中国植保标本馆"，经政协审查建议国务院转农牧渔业部研究办理，农业部原则同意，并由中国农业科学院提出报国家计委，包括约900平方米的建馆计划，至今尚未批下，今天我特再一次呼吁，请求有关单位早日批复，使这一投资不多，迫切需要的农业科学发展基本建设得以早日开始筹备。

胡乔木同志于1982年5月在《人民日报》发表谈话说：博物馆事业要扩大范围，增加品种。副题："为进行爱国主义教育，提供实物教材。"他要求各行各业都要筹建博物馆，如铁路博物馆、古脊椎博物馆等。

标本馆或博物馆，是提高人民科学文化最经济有效的形式。它代表一个国家的科学文化水平。日本国土为38万平方千米，[尚不及四川省大（56万平方千米）]全国就有博物馆1600个，其中，自然博物馆160个，仅东京市就有15个。我国台湾省昆虫标本馆闻名于世，40年代就有昆虫标本40余万号，其中珍贵新种3000余种。我国地大物博，病、虫、鸟、兽、草害及其天敌种类繁多，它们是农业生产上的严重威胁或有益种类，为了防治有害、利用有益的动植物，急迫需要查清它们的种类及其地理分布，分门别类，长期保藏，为农业生产、科学研究及宣传教育服务。

中国农业科学院植保所，其前身是华北农科所，于20世纪30年代即开始调查采集保藏昆虫标本，本来有一定基础，由于十年浩劫，几次搬家受到创伤，经最近检查，尚有成虫标本6万余号，已有学名1 000余种，其中蝗虫类标本就有100种，生活史标本200余种，这是一批宝贵的国家科学实物资料，急需整理补充，以适应农业生产、植物检疫、生物防治及各级农业学校的迫切需要，并以此为基础筹建标本馆。

办法：建议今年下半年由中国农业科学院组织建馆筹备小组，并请国家计委将农业科学院原来建议的900平方米建馆工程列入1985年国家计划，要求于1990年前建成。建成后的中国植保标本馆将是全国植保标本的中心，在国际上是中国植保生物资源的科学文化交流的基础。

以上提案报到国家计委后，当时的国家计委主任宋平同志大力支持，作了"花钱不多，很有意义"的批示。接着，有关部门首批拨经费20万元，第二次又拨款23万元。植物保护标本馆于1986年落成，这是吴福桢在植物保护界的又一重大建树，中国农业科学院名誉院长题写了馆名。这是我国唯一的国家植物保护标本馆。在全国政协开会期间，请联名提案的政协委员到标本馆参观、指导。委员们齐声称赞道：这是办了一件大好事。这个标本馆曾被北京市列为"青少年教育基地"，不少北京市中小学生前来参观。

全国政协会议期间，左叶委员与吴福桢同在一个小组。在驻地，凡与吴老同行，他必先请行，自己在后随陪。在各种场合与众人晤谈时，

国家大力支持吴福桢在政协会议上"筹建中国植物保护标本馆"的提案。两次拨款，1986年建成，农业泰斗金善宝题写馆名，1987年摄于馆前

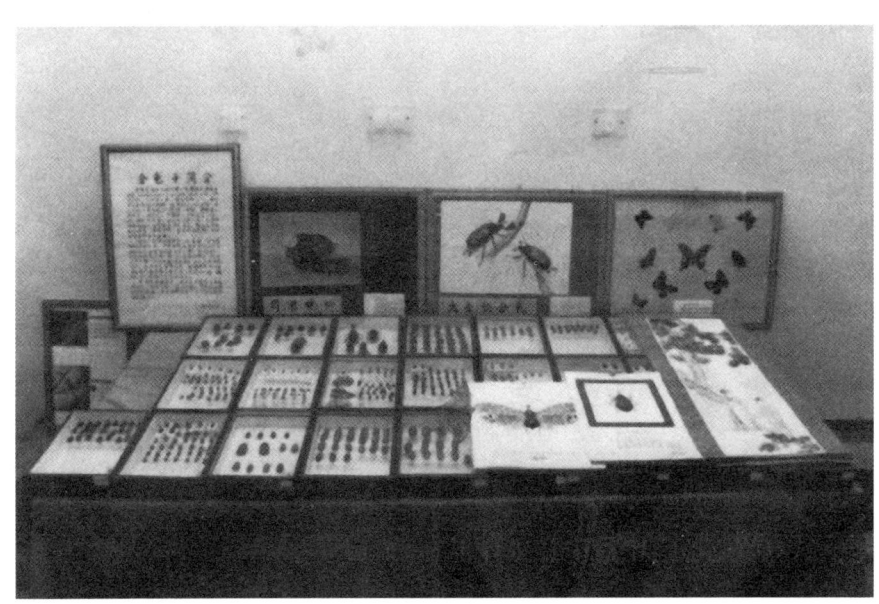

1987年，中国植物保护标本馆，昆虫标本之一斑

他经常主动介绍吴老对我国昆虫事业的重大贡献。左老50年代任农业部部长助理，70年代是中国农业科学院的领导，所以对吴福桢的重要科研成果和坎坷经历十分了解。他常说，我们不要以领导自居，而要做科学家们的"后勤部长"，为他们服好务，为科学家施展抱负提供良好的环境。他全力支持吴老关于"建立植物保护标本馆"的提案，是首次提案的第一个签名支持者，并且协助吴老在委员中宣传、呼吁。他对吴老的人格、操守也心怀敬意。吴老则衷心感谢这位党的高级干部对科技事业的理解和尊重。

呼吁改善农业科研条件

1982年12月3日，在五届政协第5次会议小组会上，吴福桢呼吁尽快归还被占的植物保护研究所实验室用房。他说："1978年植保所迁回北京后，原有实验室被占，至今未还。为了应急，建造了1 030平方米的平房，因房小人多，仪器无处堆放，药物无法隔离，造成研究人员慢性中毒。为此呼吁，从速建造植保实验室。"

1983年6月10日，在六届政协第一次会议小组会上，吴福桢又呼吁增加农业试验基地。他说："农业现代化，科研是关键。近年来，在农业科研工作中，实验室的工作有所加强，而试验基地的工作远远跟不上。其主要原因是农业科研单位要选择一块像样的试验基地非常难。中国农业科学院在解放后初期，有数千亩试验基地，现在仅剩下百几亩。许多农业科研人员只好到农场或者农村借地做试验，既浪费时间和财力，也影响试验结果的正确性。据有关资料介绍，美国一个农业科学研究中心占地四百万亩，其中有很大面积的试验基地。我国是一个以农业为基础的国家，如果没有一定规模的良好的试验基地，农业科研是搞不好的。"

第九节　在农工民主党表彰大会上讲话

1985年4月28日，中国农工民主党召开为四化服务经验交流表彰大会，吴福桢在大会上作了《发挥余热，做出贡献，为四化服务》的发言，简要概括了自己从事昆虫研究65年来所做的主要工作，并表示晚年仍要振奋精神，发挥余热，立志树立我国昆虫学的丰碑，为四个现代化继续做新的贡献。讲话全文如下。

1985年，参加农工民主党先进人物表彰大会的最高龄者吴福桢与年轻者沈小岑合影

我今年88岁，从事昆虫学研究已65年，在漫长的道路上，我当过昆虫学教授，做过害虫防治和昆虫分类研究，参加指挥过大规模治蝗运动，治螟运动，扑治小麦吸浆虫运动等；发表过《昆

虫与人类》《中国的飞蝗》《宁夏农业昆虫图志》《漫谈科研人员的修养与工作方法》等专著及数十篇研究论文。

从1958—1979年，也就是从61岁到82岁，这20年期间，我下放在宁夏工作，指导高兆宁等同志建立宁夏昆虫标本馆，收藏昆虫标本约2万号，并写成《宁夏农业昆虫图志》第1集及修正本和第2集，为宁夏打下了植物保护科学的基础。补充了全国生物资源的空白。对枸杞实蝇的研究，有助于促进宁夏"红宝"的发展。就在这20年间，经历了10年浩劫，我被打成"反对学术权威"。曾在"牛棚"里，一边挨着批斗的"棍子"，一边继续写《宁夏农业昆虫图志》第2集。

中国共产党十一届三中全会后，科学技术受到了全党和全国人民前所未有的重视，党中央进一步落实知识分子政策，我和广大科技工作者一样，更加激发了进军四化建设，攀登科学高峰的热情。虽然岁月不饶人，但我人老志未衰，更加珍惜时间，要在离开这个世界以前，充分发挥"余热"。我根据国家需要，为自己的余年拟定了几个奋斗目标：①编好《中国经济昆虫志》蜚蠊（即蟑螂）和蟋蟀的分册；②写好我国《近代昆虫学发展史》；③带好徒弟，培养研究生；④希望看到《中国植物保护标本馆》的建立。

在领导的关怀、支持和同道们的协作、帮助下，1980年以来，做出了一些成绩。

第一，主持《中国经济昆虫志》蜚蠊目及蟋蟀总科分册的研究编写任务。1981年以来，已发表、即将发表以下几篇论文。

《西藏昆虫：蜚蠊目和蟋蟀总科》；

《中国大蠊属几种蜚蠊分类鉴定及其分布，生活习性与经济重要性》；

《中国小蠊属蜚蠊种类鉴定及其分布，生活习性和经济意义》；

《中国蜚蠊一新属一新种"拟刺板蠊"记述》；

《中国真地鳖属二新种记述》；

《中国主要农业昆虫蜚蠊目及蟋蟀总科》；

《北京、银川蟋蟀鸣声及分类研究》。

上述论文，接到美国、日本、法国等国的专家来信联系交换。其中有关蜚蠊目的5篇论文,是中国人研究发表蜚蠊目昆虫分类最早的报导,填补了全国这一目学科的空白,并发现新种,开创国际学术交流,并在摸清全国虫情家底、指导防治害虫工作中起到促进作用。

第二,1982年出版专著《宁夏农业昆虫图志》第2集,列虫192种,30万字,彩图107幅。

第三,担任中国农业百科全书昆虫卷主编,编写《中国昆虫学发展史》,已写成初稿。

党和人民对我的工作和取得的一些成绩,给予很高的评价和表彰。使我感到惭愧、光荣和鼓励。

在1978年全国科学大会上,授予《在我国科学工作中作出重大贡献者》奖状。

在1984年中国农学会在北京召开66周年纪念会上,发予《从事农业科研教学及推广工作逾半个世纪,成绩卓著》的奖状。

1984年12月,中国农业科学院学术委员会,发予"担任农业科学院第一届学术委员会委员期间,对本会工作做出贡献"的表彰状。

1984年11月,中国昆虫学会成立40周年大会上,发予《中·昆(1944—1984)金钥匙》荣誉纪念章及纪念花瓶。这是对我作为中华昆虫学会——中国昆虫学会前身创始人,为昆虫学工作了40年的表彰。

1982年4月15日,《人民日报》发表该报记者纪希晨采访我的报导,标题是《访"虫王"》。"虫王"这个称号愧不敢当,不过文中报道的事情倒是如实地反映了我的情况的。我从小就爱玩昆虫,终生与昆虫结下了不解之缘。我对研究昆虫,确实是以"百折不挠、锲而不舍"的精神要求自己,并鼓励青年同道的。头发斑白了,仍然带着儿孙到田间捉虫、制标本。标本是我的宝贝,也是国家的宝贝!

我曾创导三管齐下的治虫研究策略,组织生物学家、化学家与机械师共同协作研究病虫药械,创建我国第一架国产喷雾器,第一批国产农药,创建我国第一个病虫药械制造实验厂,开始成批生产农药机械商品供应农场及农民防治蔬菜、水果、棉花、烟草虫害虫,成绩显著。农民函电交驰愿以人工交换农药。科学治虫实效代替了农民的守旧迷信思想。

抗战胜利后,我在全国病虫讨论会上开幕词中高兴地说:"我们的工作已获得农民的深切信仰。"

我从77岁起开始研究蟋蟀、蟑螂的课题,这是两种遍布全国的重要害虫。得到同道和儿孙的帮助,我已收集到100余种蟑螂、100余种蟋蟀,从台湾、海南岛到新疆、黑龙江的都有。初看,它们似乎没有什么不同,可是用放大镜一看,确是千差万别。我从小好玩蟋蟀,能从它们的体色、胸部宽窄、后腿强弱,相出它们的战斗能力;近年来老人研究蟋蟀鸣声,能从唧唧声中辨别蟋蟀种类。

新中国成立之初,我在上海"科学画报"上发表过《昆虫与人类》一文,简述昆虫与人类的密切关系,企图引起人们对昆虫学科的兴趣与重视,收到颇好的效果。昆虫是动物界中最大的类群,约占全动物种类的3/4,全世界已知的有100余万种,中国有10余万种,但已定名的只有3万种,所以昆虫分类鉴定工作还待昆虫学同道们的加倍努力。

从84岁以来,我还能对自己的专业继续做出一些成绩,为四化贡献力量。这个力量来自两个方面:第一是立志,中华民族自古以来就讲立志,"三军可以夺帅,匹夫不可夺志",志是一切力量的源泉。我在小学念书时,家乡螟虫为害水稻,几乎颗粒无收,那时我就立志要消灭虫害以报国。在晚年,我树立为社会主义服务的志,并以此鼓励新一代科研同道们,要立志树立我国昆虫学的丰碑。第二是党的知识分子政策和社会主义的优越性,激发帮助我创造条件,得到精神文明的鼓励,使我晚年精神振奋,尚能发挥余热,为四化建设继续出力。

1985年4月28日

第十节 新闻媒体的报道

年逾八旬的吴福桢从宁夏调回北京工作后,不顾年迈,依然孜孜不倦、锲而不舍地继续潜心研究昆虫,完成多项高质量的科研成果,取得了令人瞩目的成就,引起昆虫界同行和社会各界的重视和一致好评。《人民日报》《北京晚报》《北京政协报》《中国日报》(英文版)《农民日报》

1984年，在家中与采访记者愉快交谈

等新闻媒体相继采访吴福桢并分别报道，从各种不同的角度，盛赞吴老晚年继续发挥余热，积极为祖国的植保事业而献身的精神。

《访"虫王"》

吴福桢于 1983 年 2 月向中国农业科学院植物保护所的科研人员作了关于科学研究人员的修养与工作方法的报告之后不久，《人民日报》资深记者纪希晨就采访了他，并于同年 4 月 15 日在《人民日报》第 3 版上发表了《访"虫王"——记昆虫学家吴福桢同志》的报导。报道如下。

春季到来，昆虫世界从冬眠中醒来了。

这是一个复杂的未被完全认识的世界。从高空到地下，从大山河川到房舍柜角，到处都有它们活动的踪迹。飞的，爬的，有益的，有害的，数也数不清。

这类动物，全世界仅是定了名的，就有 100 多万种。例如，世界上单是蝗虫就有 900 种，蚊虫有 1 600 种。我国估计有昆虫 15 万种，其中已定名的有 3 万种。

85 岁的昆虫学家吴福桢，2 月间向植物保护研究所的科学研究人员作了报告。他语重心长地鼓励新一代的科研人员，要立志树立我国昆虫学的丰碑。他说："中华民族自古以来就讲究立志。志是力量的一种源泉。"

吴老经历了清朝、民国、新中国三个时代。在漫长的崎岖不平的进军昆虫学的道路上，顽强地工作了几十年。从东海到峨眉山，从江淮平原到黄河两岸，虫类世界中许多害虫，他都曾研究过；写过《昆虫与人类》《中国的飞蝗》《宁夏农业昆虫图志》等专著。他是我国近代昆虫学最早的奠基人之一。

吴老从小爱弄昆虫，是斗蟋蟀，捉知了，耍天牛的能手。他说，他终生与昆虫结下了不解之缘。他对研究昆虫，有一股百折不挠、锲而不舍的精神。头发斑白了，仍然带着儿孙到田间捉虫、制标本。标本，"那是我的宝贝，也是国家的宝贝！"

"科学为人类服务。研究昆虫，是为了认识它，控制它；利用有益的，消灭有害的。人民需要什么，我就研究什么。"

怀着崇高的理想，吴福桢积极参加了我国人民同虫害的重大战斗。1920 年，江苏沿海发生虫害，千里棉田受重灾。吴福桢一连几夜不睡，观察了金刚虫交配产卵的情况，找到了灭卵除虫的方法。1929 年，大江南北蝗虫遍野。"飞蝗蔽空日无色，野老田中泪垂血。"吴福桢和他的同事奔走田间，与蝗虫鏖战。

治虫像打仗，必须有武器。他创建了我国第一个病虫药械制造实验厂，制成了第一架喷雾器、第一批农药，使科学治虫成为了可能，为我国发展农药器械创造了条件。

"文化大革命"中，吴老作为"反动权威"，被关在"牛棚"里，一边挨着"棍子"，一边写《宁夏农业昆虫图志》第 2 集等学术论文。他对枸杞实蝇的研究，促进了宁夏"红宝"的发展。全国科学大会上，他获得了"在我国科技工作中重大贡献者"的奖状。

吴老从 77 岁起，开始研究蟋蟀、蟑螂的课题。这两种遍布全国的昆虫是人类的大敌。吴老朗朗地介绍战果说："我已收集到100多种蟑螂，100多种蟋蟀。从台湾、海南岛到新疆、黑龙江的都有。初看，它们似乎没有不同，可是用放大镜一看，真是千差万别！"

伯乐能相马，吴老能相虫。他能从蟋蟀的宽窄，相出它们的战斗能力；能从唧唧声中，辨别出是哪一种蟋蟀。经常有来自各地的人，带来昆虫，请他鉴定、定名。他们把吴老亲切地尊称为"虫王"。

"科学的高峰是不应该有顶的。"吴老说。

科学的探索，给他带来无穷的乐趣。但是岁月不饶人。他经常深情地问自己，在离开这个世界以前，还能为人们做些什么呢？

"我还有几个奋斗目标"。吴老满怀信心地说。他一要编写《中国经济昆虫志》《中国大百科全书》《西藏昆虫》中论述蜚蠊（蟑螂）和蟋蟀的分册；二要写出我国《近代昆虫学发展史》，三要带几个研究人员；四是希望看到中国植物保护标本馆的建立。

这篇专访在《人民日报》发表后，拿着虫子请吴老鉴定和定名的人更多了。

事后，吴福桢自己读起这篇报导时说："1982年4月15日《人民日报》发表该报记者纪希晨采访我的报导，标题是《访'虫王'》。'虫王'这个称号愧不敢当，不过文中报道的事情倒是如实地反映了我的情况的。我从小就爱玩昆虫，终生与昆虫结下了不解之缘。我对研究昆虫，确实是以'百折不挠、锲而不舍'的精神要求自己，并鼓励青年同道的。"

《植物医生》

1985年6月17日，《北京晚报》发表了该报记者苏文洋的《植物医生——访中国农业科学院植物保护研究所研究员吴福桢》一文。吴福桢对记者说，他留恋大西北的山山水水，并满怀深情地鼓励年轻人到大西北去，到大有作为的地方去。全文如下。

前半生，他在南京。61岁那年，他到了宁夏。过了20年，他才回到北京。"我留恋大西北的山山水水，我还要去，也希望更多的年轻人去。"今年87岁的吴福桢满怀深情地说。

吴福桢现在是中国农业科学院植物保护研究所研究员。"植物保护的研究对象包括虫、病、杂草、鸟、兽害等。人们过去管我们叫'植物医生',我挺喜欢这个名字。"他的话,言外之意大概是针对有人称他为"昆虫王"有感而发。

1957年以前,吴福桢在农业部植保局任职,指导各地农民消灭虫病害。第二年,奉调去宁夏,当时他想:大西北事务工作少,科研课题多,倒是个搞研究的好地方,就应命前往。

吴福桢回忆说:"那时,宁夏回族自治区成立不久,农业科学研究才起步,宁夏昆虫研究更是空白。我对宁夏农科所所长说:'治虫和打仗一样,知己知彼,百战不殆。虫情不清楚,就不能制定可靠的农业生产计划。'所长立即同意了我定下《宁夏昆虫基本调查》的课题,还为我建立了一个昆虫标本室,配备了得力助手。住房和生活待遇也不错。"

"在宁夏20年,我一心一意搞昆虫研究,可以说,把宁夏流动的重要益虫和害虫已初步摸熟。1966年,我写的《宁夏农业昆虫图志》第1集出版,书一下子被抢光。这本书收集了200种昆虫,内容包括昆虫中的名、学名形态、生活习性和防治方法,可供农业技术人员、学校师生参考应用。1972年,第1集修订本出版。根据社会和生产上的需要,1982年,第2集又出版了,收集昆虫近200种。这样,宁夏农业科研虽然比起其他省市晚了10年,对虫害的调查研究却能赶上,有人说正走在前面。你知道,尽管书名叫《宁夏昆虫》,但虫子本身并不分宁夏虫、甘肃虫……所以,这几本书对整个西北以至东北、华北地区防治虫害都有一定参考意义。"

"银川天气和北京差不多,这里号称'塞外江南','鱼米之乡',有稻米、黄花鱼吃,苹果赛过山东,西瓜更甜。"说起银川的西瓜,吴福桢讲了一个故事:他的老师邹秉文在1963年从北京给他寄去40粒泰国瓜蛊。老师说:在北京,给了几家农业部门试种,都没结果。由于吴福桢的倡导及试验场农工的协作,经过几年努力,在宁夏试种成功了。接着,在宁夏大面积生产,很快代替了当地的土种西瓜。它的特点是味甜质脆、耐贮藏、枕头形外观美。泰国瓜的名气愈来愈大，西北几个省、自治区都在大面积种植这种优良的西瓜。"去年，宁夏还把这种瓜运到北京来卖呢。看着人们买瓜，我比自己吃还甜。总算是为西北人民多做了一点好事。"

"当然，科学研究本身是一件艰苦的事情，"吴福桢说："宁夏18个县我都跑过，每年要乘着羊皮筏子过几次黄河，也挺危险。为了摸清昆虫的生活习性，有时几天几夜不能睡觉，蹲在田间、草丛或树林里观察。不过，一想到这么多新的问题需要研究，也就忘记了困难。我总觉得，有知识的年轻人，应当多到大有作为的地方去，比挤在大城市里更容易出成果，对人们的贡献也更大。"

《兰幽香飘远松寒不改容》

1985年12月29日，《北京政协报》头版发表了该报记者石冰撰写的《兰幽香飘远松寒不改容——访"虫王"、植物保护专家吴福桢》的报道。文中引用吴老的话说："虽然岁月不饶人，但我人老志未衰，更加珍惜时间，要在离开这个世界以前，充分发挥'余热'。"

报道全文如下。

1982年4月15日，《人民日报》发表了一篇专访报道，题为《访"虫王"》。这位"虫王"就是这次参加北京市统战系统为四化服务先进集体和先进个人表彰大会的代表、全国政协委员、中国农工民主党成员、中国农业科学院植物保护研究所研究员吴福桢。

今年87岁高龄的吴福桢教授，从小就爱玩昆虫，是提知了、斗蟋蟀、耍天牛的能手，后来终于与昆虫结下了不解之缘。他青年时代从美国伊里诺大学获硕士学位后，曾在母校及康奈尔大学研究院做研究工作，任美国中央昆虫局技术员，回国后当过昆虫学教授，做过害虫防治和昆虫分类研究，参加主持过大规模治蝗、治螟、扑治小麦吸虫等活动，写了许多受到国内外重视的专著和论文，在昆虫学研究和植物保护研究领域做出卓越的贡献。他还创建了我国第一个病虫药械制造实验厂，制成我国第一架商品喷雾器、第一批商品农药，使我国科学治虫成为可能。

从事昆虫学研究已经65年的吴老，1957年"反右"时被错划，10年浩劫时期又被打成"反动学术权威"。但他在极其困难的情况下也没有灰心失望，没有放弃研究和著作。中共11届3中全会以后，激发了他服务四化建设、攀登科学高峰的热情。吴老用浓重的江苏武进口音说："虽然岁月不饶人，但我人老志未衰，更加珍惜时间，要在离开这个世界以前，充分发挥'余热'。"

吴福桢用实际行动证明了自己的"热量"。1980年以来，也就是在他83～87岁高龄期间，他写出了好几部专著，包括蜚声中外的30万字的《宁夏农业昆虫图志》，和七篇在国内外有影响的论文；带研究生2人（已获硕士学位）；担任中国农业百科全书昆虫卷主编，编写《中国昆虫发展史》，已写成初稿。想一想吧，80多岁的老人，每天实足工作7个小时，星期日也不休息，"余热"有多么丰富！

党和人民对吴福桢的杰出贡献作出了公正的评价。

在1978年全国科学大会上，授予他"在我国科学工作中作出重大贡献者"奖状。

在1984年中国农学会在北京召开66周年纪念会上，发给他"从事农业科研教学及推广工作逾半个世纪，成绩卓著"的表彰状。

1984年11月，中国昆虫学会成立40周年大会上，发给他"中昆（1944——1984）教研室荣誉纪念章及纪念花瓶"。这是对他作为中华昆虫学会——中国昆虫学会前身——创始人，为昆虫学会工作了40年的表彰。

1984年12月，中国农业科学院学术委员会发给他"担任农业科学院第一届学术委员会委员期间，对本会工作做出贡献"的表彰状。

在结束采访的时候，吴老谦逊地对记者说："我还能为四化作出贡献，力量的源泉来自两个方面，第一是立志，中华民族自古以来就讲立志。我小时，家乡螟虫为害水稻，我就立志要消灭虫害以报国。在晚年，我树立为社会主义服务的志，并以此鼓励新一代科研同道们。第二是党的知识分子政策，社会主义优越性，使我晚年精神振奋，发挥'余热'，为四化建设继续出力。"

诗人李白有句诗："兰幽香飘远，松寒不改容。"吴老身上不正是兼有兰和松的品质吗！

《他一生钻研昆虫》

《中国日报》英文版在1986年1月1日的元旦特刊上刊登了题为《他一生钻研昆虫》的报道，全文如下。

吴福桢对昆虫痴迷60余载，他88岁了，仍然痴迷着。作为中国农业科学院植物保护研究所研究员，吴老如今埋头于总结自己一生研究昆虫的经验。

从1920年起，吴老就致力于对中国害虫的研究，并且成功地研究出保护植物不受昆虫为害的方法。

吴老很小就培养了对昆虫研究的兴趣。他的童年是在他所居住的小镇附近的水稻田里度过的。在那里，他收集了蟋蟀和知了。当地的水稻田总是害虫成灾，这促使吴老下定决心在1916年进入了一所农业大学就读，他学习的专业是昆虫学。

1920年，吴老毕业后不久，他就帮助找到了消灭江苏南部棉花害虫的方法。这一成功使吴老初次被人们所知。1925年，他被当时的东南大学资助前往美国进修。

怀揣一颗知识报国之心，吴老急切地想要把自己在美国伊利诺伊大学学到的东西带回到祖国，于1927年秋回国。

在中国，蝗虫一直都是一个农业上棘手的问题。自1928年连续几年，江苏省一直被蝗灾困扰。传统的灭蝗法需要大量的人力去挖掘沟渠以阻绝蝗虫，吴老认为这些传统和原始的方法并不理想，他反复深思，希望能发明一种杀虫剂来解决蝗灾。

从1933—1946年，吴老在全国范围内组织关于蝗虫的调查，并且总结成书于专著《中国的飞蝗》，这本书对中国的蝗虫问题首先进行了系统的阐述。在他的组织下，中国终于成功研制出了第一种有效的杀蝗剂。

吴老同样因他在研发杀虫剂设备方面开创性的努力而闻名。在1935年，吴老主持研发出中国第一个杀虫喷雾器。同时，在他的建议下，中国第一个病虫药械制造实验厂于1943年在重庆成立。在几年间，基于对害虫生理特征的了解，吴老逐渐认识到合适的杀虫剂和设备对于有效治疗有害昆虫是极为重要的。

1958年，吴老60岁，他去到宁夏回族自治区，这是中国北方一块以落后和贫瘠著名的土地。

当时，昆虫问题在这里几乎无人问津。吴老在宁夏20年间，帮助当地建立了宁夏唯一的农业昆虫标本室。这个实验室收集了60 000个吴老在踏遍了宁夏大部分地区所采集到的昆虫样本。他在宁夏还撰写了两部关于宁夏农业害虫的图志，汇集了详细的信息。

尽管已经是八旬老人了，吴老仍然在为多项工作尽心地努力着。他撰写《中国经济昆虫志》的蜚蠊和蟋蟀部分，参与编纂《西藏昆虫》，并为《中国农业百科全书》撰写昆虫卷。

"我几乎一辈子都沉迷在对昆虫的研究上。能够研究它们并且找出消灭害虫的方法，我感到十分高兴。"吴老在近期接受中国日报社的采访时这样说。这篇报道还配发了吴老的大幅工作照。

1991年，英国"国际传记中心"授予吴福桢国际名人荣誉证书

获"国际名人荣誉证书"

吴福桢几十年的研究成果受到国内外的赞誉，1991年世界著名的"国际传记中心"（I.B.C）授予他荣誉证书。为此，《农民日报》于1991年6月6日头版发表了题为《研究昆虫七十年硕果累累——吴福桢获国际名人荣誉证书》的报道，全文如下。

中国农业科学院植保所研究员，第五、第六届全国政协委员吴福桢最近荣获英国世界著名的"国际传记中心"（I.B.C）荣誉证书。

吴福桢是著名的农业昆虫学、昆虫分类学专家，已94岁尚未退休。1922年他在南通研究棉区金刚钻等大害虫，提出有效治法，农民信仰，农学家赞赏。1925年由母校东南大学保送美国深造，得伊里诺伊大学科学硕士学位及"金钥匙"科学奖。1927年在康乃尔大学研究蚊虫幼虫分类，在美国农业部日本甲虫研究所研究甲虫天敌繁殖。1978年他在全国科学大会上获得"做出重大科技贡献者"的奖状。他主编的宁夏农业昆虫图志两册共52万字，文图并茂，蜚声中外。吴福桢大学毕业后工作70年，发表论文专著共80篇，140万字。晚年他专长中国螠蠊目、蟋蟀总科的研究，发表论文、专著19篇，与英、美、日等6国家进行学术交流。80年代获得部级和国家级科技进步奖。

他倡导科学治虫代替古老的捕捉方法，1943年在重庆创建农林部病虫药械制造实验厂，扩大改进治虫药械产品质量，大大提高治虫效率。增加生产，支持长期抗战。他在工作中，兼任中央大学等几个大学的教授，培育青年专家，桃李成荫，著名昆虫学家陈世骧等是他的高徒。1944年他创组"中华昆虫学会"，任第一、第二届理事长。

第十一节　重返南京访故土

1987年5月，江苏省农业科学院举行纪念建院55周年学术报告会。吴福桢在儿媳岳蕴娟的陪同下，乘京沪直快应邀赴南京参加此项纪念活动,并顺访了原东南大学、江苏省昆虫局、中央农业实验所等20世纪20~30年代他学习和工作过的旧址,见到了不少过去的同事和老友,十分感慨。他说:"当年学习和工作的条件差,与今天无法相比,但大家凭着一股爱国热情,一份对昆虫科学的探索精神,奋力学习和工作,取得了可观的成绩。现在,各方面的条件都好了,当年的那种精神应当继续发扬,把各项工作做得更好。

吴老还在儿媳岳蕴娟和侄孙女吴玲的陪同下到沈宗瀚的夫人沈骊英女士的墓前默哀致意。

沈宗瀚生于1895年12月15日。1914年考入北京农业专门学校,1917年毕业。从事几年教学工作后,于1922年赴美国佐治亚大学留学,1924年获该校农学硕士,后转入康乃尔大学研究院,他的指导教授是遗传育种学权威洛夫。经洛夫和马耶教授的推荐,沈宗瀚被选为世界教育会研究员,该会选任研究员条件很严,英、德、法、俄、比等各国仅2、3人,中国仅沈1人。1926年马耶教授代表康乃尔大学来华主持金陵大学作物改良事业,沈宗瀚以世界教育会研究员身份同行并襄助。1926年底,沈宗瀚又回到康乃尔大学,专心完成论文《小麦出穗迟早之遗传》,翌年获得博士学位。1927年学成回国,任教于金陵大学农学院,并主持小麦、高粱、水稻等作物育种工作。1934年秋,到中央农业实验所工作,任麦作系主任。抗战爆发后,他率麦作系员工从南京向大后方搬迁转移,奔波于湘、鄂、川、黔等地农村。1938年任中央农业实验所副所长。1943年春,沈作为中国代表团成员,赴美参加联合国战后世界粮农会议,并被聘为该会技术顾问,随团访问美国各州农业科研教育机构。1944年,中央农业实验所所长谢家声奉命赴华盛顿任联合国善后救济总署农业专门委员,农林部决定沈代理所长职务。抗战胜利后,农林部派沈赴北平接收华北农场,1946年回南京中央农业实验所。1947年农林部任命沈宗瀚为中央农业实验所所长,吴福桢为副所长。1949年沈到台湾后,工作范围更加扩展,包括农、林、牧、渔、水利、农业教育、农村卫生、农产运销以及海外农业技术合作等,对台湾的农业现代化和商品化做出历史性贡献。1980年12月15日,因脑溢血突发而长逝,享年86

岁。1990年12月，在北京举行了《沈宗瀚先生农业学术研讨会》，当时的中国农学会会长卢良恕发表长篇讲话，高度赞扬沈宗瀚先生对我国农业发展的卓越贡献。

沈骊英女士，1901年出生。1924年留学美国，先在威尔斯来大学研读植物学，后在康乃尔大学学习农学，与沈宗瀚是同学。1930年，沈宗瀚、沈骊英结为伉俪。回国后，沈骊英任中央农业实验所技正，她一心扑在小麦杂交育种的科研工作上，亲自播种，做田间记录，抢时间收割小麦。患严重的腿痛病后仍坚持下试验田，有时痛得不能行走，就请人把她抬到田间地头。她的坚强毅力和辛勤工作终于结出硕果，8年中选育出9个小麦新品系，产量较当地小麦高出20%～30%，且抗逆性强，成熟期早，适应淮海流域和长江中下游一带的气候条件。以她的名字命名的骊英1号、3号、4号、6号，直到20世纪50年代仍在上述各地推广。1941年，沈骊英因劳累过度，病逝在实验室里。邓颖超同志于1941

1987年，吴福桢（前左二）由儿媳岳蕴娟（前左三）陪同参加江苏农科院建院55周年的庆祝活动

年 12 月 21 日在重庆《新华日报》发表了题为《中国妇女光辉的旗帜沈骊英女士》一文，称赞她"是一位埋头苦干，努力精研，孜孜不倦，奋斗终身的最优秀的女科学家，又是一位克勤克俭，忠心爱国的女志士，同时兼为教育有方的良母，相夫成业的贤妻。她是一位平凡朴素生活中的不平凡的人物。她一生为人的美德与风度，是值得学习与歌赞的。"同时，《新华日报》又以整版篇幅，发表有董必武同志长篇挽诗等的追悼特刊，重庆、贵阳两市的妇女界，都召开了追悼大会。

吴福桢在沈宗瀚的夫人沈骊英女士墓前肃立良久，深切怀念这位昔日合作多年的同事。

吴老在南京近一周时间，抽暇游览了中山陵、玄武湖、夫子庙等名胜古迹。在儿媳全程精心陪护下，安全回到北京。

第十二节　喜迎九十华诞

1988 年，迎来吴福桢的九十寿辰。

中国农学会的杨显东、卢良恕等 7 位新老领导以中国农学会的名义，发来热情洋溢的贺信，盛赞吴福桢为"万千会员之楷模，广大农业科技界之旗帜"。

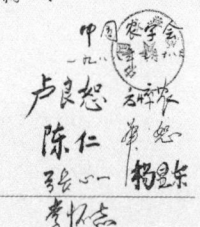

全文敬录如下。

恭 贺
吴福桢老会友九秩大寿

杰出的昆虫学者、卓越的植保专家江苏武进吴福桢先生，为我会20年代初期入会的老会友，也是我会80年代初期所颁表彰状的获得者。朔自辛亥革命之后，吴老矢志从农以来，无论国内国外，顺境逆境，始终屹立在农业科学的岗位上，高瞻远瞩，忘家钻研，七十春秋如一日。尤其难能

1988年，中国农学会贺吴福桢九秩华诞的寿盘

可贵者，一贯热爱祖国，淡泊名利。解放前夕，坚留大陆，并筹备我中华农学会最后一届年会；解放后，远赴边境，为宁夏植保事业，开拓创新，殊多建树。党的十一届三中全会以来，以耄耋之年，重发光彩，参政议政，治学治虫，未尝稍懈。如此忠贞奋勉，克己容人农学前辈，洵属我万千会员之楷模，广大农业科技界之旗帜。

吴福桢先生著作等身，桃李满园，29岁即任大学教授，知名学者如陈其骧、周明牂、柳支英等，均出自他的门下。早在1928年，即在《中华农业学报》发表治蝗问题之宏论，继有棉虫防治研究之鸿文5篇。嗣后，历尽沧桑，年逾花甲，犹编绘《宁夏农业昆虫图志》两巨册，迩岁，更毅然出任《中国农业百科全书·昆虫卷》主编，并创建昆虫标本馆，壮心不已，令人景仰。

吴福桢先生积极从事农业学术团体活动，奖掖后进，培育人才。除长期参与中华农学会及其更名后之中国农学会会务外，更为我国最早之"六足学会"主要奠基人。中华昆虫学会首届理事长。近年复担任中国植

物保护学会顾问,并对我会工作不时予以关注与指导。"踏遍青山人未老,不待着鞭自奋蹄"。际兹大寿,恭贺福祉!

中国农学会
1988年7月18日

卢良恕、方悴农、陈仁、华恕、张心一、杨显东、李怀志

中国昆虫学会理事长朱弘复又亲自到吴老家送贺寿词:"学会创业,功留青史,锦绣文章,桃李成荫,躬逢盛世,万寿无疆,福桢教授,九十大庆,晚学朱弘复恭贺"。

植保所为祝贺吴福桢九十寿辰举行了座谈会,中国农业科学院名誉院长、吴福桢的老同学、一生的挚友金善宝等亲自到会祝贺。吴老即兴致感谢辞。首先感谢农业科学院和植保所的领导以及同志们对他的关怀与鼓励,并表示要尽力完成好当时国家给他的三项工作:① 中国经济昆虫志蜚蠊目及蟋蟀科的研究编写工作;②《中国农业百科全书·昆虫卷》主编;③ 指导、筹建中国植物保护标本馆。

1988年,吴福桢伉俪在九十寿辰祝贺会上

吴福桢接着说:"今天已托福虚度90,回忆过去,从大学毕业,23岁开始工作,至今已是67年。回顾过去的情景,恍如昨日,诚有光阴似箭,日月如梭之感。我一生的工作,包括教授、机关首长、科学研究和推广示范,都是属

1988年,侄女、侄婿专程回国为三叔(吴福桢)、三婶(荆玉贞)办九十岁寿宴

于昆虫学范围。……现在,我每天还工作6～7小时,星期天照常工作。早饭前,上午11时半后,下午5时后,到室外活动3次。目前,健康情况正常,医生说至少可活到100岁。日本最高寿老人为113岁,我力争活到110岁以上,打破日本最高年龄记录,为国争光。"(全场大笑鼓掌)最后,他给大家念了两句诗:"夕阳无限好,只是近黄昏。"接着解释道:"社会主义建设形势大好,可惜自己已经老了。""老牛明知夕阳短,不用

1988年,吴福桢伉俪90寿宴后的阖家欢影,两位老寿星的左右两侧为侄女吴美玉、侄婿佟志伸

加鞭自奋蹄。"又解释说:"这是一位老朋友送给我的座右铭,表扬鼓励我为社会主义建设发挥余热。"吴福桢的讲话引得阵阵掌声。

同年,儿时曾倍受吴福桢关爱的侄女吴美玉偕丈夫佟志伸专程从美国返京,设宴庆贺三叔三婶双双九十寿辰,与二老的子女孙辈们欢聚一堂,频频举杯,深深感谢两位老人的养育、栽培之恩,共祝二老健康长寿。席间,佟志伸说:"5年后,我们再回国为三叔三婶庆贺95岁生日。"吴美玉高兴地笑着说:"好啊!你说话可要算数。"佟志伸爽快地回答道:"当然算数!"大家拍手称好。谁知天有不测风云,佟志伸返美后不久,因癌症先于吴老离开了人世。此后,每逢吴老生日,吴美玉从美国寄寿金祝贺。

第十三节 参加第十九届国际昆虫学大会

1988年7月,中国昆虫学会朱弘复等22人赴加拿大温哥华参加第十八届国际昆虫学大会。除参加学术活动外,还争取到第十九届国际昆虫学大会1992年在北京召开的举办权。

1992年6月28～7月4日,第十九届国际昆虫学大会在北京胜利召开。参加会议的代表共3 554人,分属78个国家和地区,论文总数为3 650篇,为国际昆虫学大会历史上规模最大的一次盛会,也是我国承办

1992年,第十九届国际昆虫学大会在北京召开,图为大会赠送的纪念盘

1992年,吴福桢参加第十九届国际昆虫学大会的出席证

的规模最大的国际学术会议。国内参加会议的代表1 500人，提交的论文1 200多篇。大会主题为"昆虫与人类生活"。会议得到国务院及有关部委的大力支持。6月28日，在人民大会堂举行了开幕式，中国昆虫学会理事长钦俊德及昆虫界老中青代表与会。随后在人民大会堂宴会厅举行了盛大的招待会。气势之宏伟，规格之高，使外国友人叹为观止。他们为昆虫学家能在中国受到类似国宾的待遇，感到由衷的高兴。本届大会还得到了中国台湾省昆虫学家的热烈响应和支持，近100名台湾省代表参加了大会。大会还特邀英国、美国、日本、澳大利亚等国著名学者围绕大会主题"昆虫与人类生活"作了大会专题报告。代表们一致认为这是国际昆虫学大会史上最成功的一次。

大会改选了国际昆虫学大会理事会，我国李丽英教授当选为副主席。大会商定第20届国际昆虫学大会将于1996年8月25日至31日在意大利的佛罗伦萨举行。大会于7月4日圆满结束，闭幕式在北京国际会议中心举行。

吴福桢参加了这届国际昆虫学大会，并担任大会顾问委员会委员。

第十四节　最后的题词和最后一篇文稿

1994年是中国昆虫学会成立50周年，吴福桢为中国昆虫学会编印的《中国昆虫学会成立五十周年纪念刊》题词，内容是："祝贺中国昆虫学会成立50周年，50年的历史，50年的辉煌，加强昆虫学研究，出成果，防治害虫，利用益虫，为人类谋幸福。"这是吴老逝世的前一年，也是他一生中最后的题词，已远不如以前写得那样端庄有力，字迹已明显老态了。

吴福桢生前的最后一篇文稿是为《拉英中天敌昆虫名汇及其应用实例》一书写的序言。该书由夏松云编著，华中理工大学出版社于20世纪90年代出版。此书收集拉英中对照天敌昆虫名称及其应用实例共22 900条词目，含22目、103总科、405科、413亚种、7 500属、14 000种。其中，在全球作为生物防治作用物使用的天敌昆虫约2 200种，用以防治395种目标害物。可供农、林、医、牧、贮藏物昆虫学科研工作者，特别是害虫天敌普查、应用及分类以及病虫测报科研工作者参考使用；亦可供大专院校植保专业、农业昆虫学师生和与专业有关的编辑工作者参考使用。

此书由吴福桢审定并作序。吴老在序言中写道：

植物病虫害的综合治理，可说是经纬万端；而权衡利弊，则往往是见仁见智。例如使用化学农药，可以收到立竿见影的积极效应；目前仍不失为主要病虫防治措施之一。但在歼灭害虫的同时，人为地摧残天敌昆虫等生物资源，导致害虫再增猖獗；或者原有主要害虫产生抗性而加剧为害；或者昔日的次要害虫害螨，上升为主要害虫害螨。而农药污染环境，使生态平衡失调；甚至危及人畜生命健康。据世界卫生组织统计，全球每年计有100万起杀虫剂中毒事件，约11万人丧生。我国农药中毒死亡事故，亦时有所闻。

至于生物防治，主要是利用活的生物机体或它们的天然产物，来控制害虫的发生。传统的以虫治虫方式，除了极个别罕见的害虫产生抗性特例以外，可算是最安全的治虫措施。70年代初期全国各地曾开展天敌昆虫资源普查，借以天敌治虫，尽量减少农药污染，保证作物产量质量，保证人畜生命健康。可惜因多种原因，未能大规模推行。实则开展生防研究所耗的人力物力，远远不能与农药研究与生产的规模相提并论。正因为如此，振兴生物防治，已是刻不容缓的一件大事。

本书编者就历年积累资料，编著《拉英中天敌昆虫名汇及其应用实例》一书，书稿集国内外天敌昆虫重要种类之大成，为数已达22 900条词目，读者查阅各种天敌极为方便。……兴天敌昆虫之利，除螟螣蟊贼之弊；本书别拓新径，可为振兴生防事业，稍尽一些绵薄了。

这就是吴福桢留给我们的最后一篇文稿，其中所阐述的一些观点即使现在仍有积极意义，而且正被越来越多的人所接受，保护自然环境、减少农药污染、保证人畜生命健康已成为人们日益关注的重要课题。

第十五节 世纪之交金善宝

2008年出版的《金善宝》一书中对金老的简介是这样写的:"金善宝浙江省诸暨县人。1895年7月2日(农历闰五月初十)生于浙江诸暨。1920年毕业于南京高等师范农业专修科,1926年毕业于东南大学农艺系。1930—1933年先后在美国康奈尔大学、明尼苏达大学从事作物育种研究。1933年回国,曾任浙江大学副教授,中央大学、江南大学教授兼农艺系主任。新中国成立后,历任南京大学农学院、南京农学院院长,华东农林部副部长,南京市副市长,中国农业科学院副院长、院长、名誉院长等。1955年被选聘为中国科学院生物学部委员,1956年加入中国共产党,1957年被授予全苏列宁农业科学院通讯院士,1986年被授予美国农业服务基金会永久荣誉会员,1991年被聘为俄罗斯农业科学院外籍院士。当选为中国科协副主席、荣誉委员,农业部科学技术委员会主任委员,中国农学会副理事长、名誉会长,中国作物学会理事长,国

1992年,吴福桢与同窗挚友、中国的农业泰斗金善宝(左)并肩坐在中央大学农学院在京校友联谊会上

吴福桢

1987年，吴福桢到金善宝（左）家祝他92岁寿辰

务院学位委员会委员，中国小麦科学的奠基人。选育出一大批优质、高产、抗病的小麦品种，其中，"南大2419"推广面积最大时达7 000多万亩，约占全国小麦种植面积的1/5，种植年限长达40余年，衍生品种110多个，对发展我国小麦生产起了巨大作用。倡导小麦育种利用纬度和海拔高度不同的条件，南繁北育、异地加代，大大缩短了小麦育种进程，育成了京红7、京红8、京红9号和中7606、中791等优质高产品种。主持中国小麦的种类及其分布的研究，鉴定了从全国征集到的小麦品种5 544份，结合小麦生态类型的研究，判定中国小麦分属于5个种及1个普及小麦亚种——云南小麦，101个变种，其中，25个变种，包括云南小麦亚种的6个变种是他发现和命名的，为中国小麦分类研究奠定了理论基础。他从事农业高等教育近30年，辛勤耕耘，桃李满天下，其中不少学生成为国内外著名的专家、学者。1978年获全国科学大会先进科学工作者奖、两项重大科技成果奖。是第一至第六届全国人大代表，九三学社第六、第七届中央副主席和第八、第九届中央名誉主席。著有《实用小麦论》《中国小麦之种类及其分布》，主编《中国小麦栽培学》《中国

小麦品种及其谱系》《中国小麦品种志》《中国小麦学》等。1997年6月26日在北京逝世，享年102岁。"

人们尊称金善宝为中国的"农业泰斗"、"东方神农"。

金老还是德高望重的社会活动家和民主战士。少年时代就踏上了追求光明、追求民主的道路。抗战时期，他旗帜鲜明，坚决反对内战，支持抗日，积极参加共产党领导的抗日进步活动。1945年8月底，在重庆受到毛泽东主席的接见。抗战胜利后，积极支持学生反饥饿、反内战、反迫害的斗争。解放以后，身兼数职，任务繁重，对各项工作都尽心尽责。金老衷心拥护党的十一届三中全会以来的路线、方针、政策，拥护邓小平建设有中国特色社会主义的理论。他身体力行，以身作则，团结广大科技工作者，为爱国统一战线、为中国共产党的多党合作和政治协商制度，为振兴中华和祖国统一大业，奉献了自己的全部心血。

1994年6月5日温家宝同志为祝贺金老百岁华诞题词："善于耕耘百年寿，宝贵经验几代人"。

1917—1920年，吴福桢和金善宝是南京高等师范农业专修科的同学，两人都是该校的高材生。毕业后，吴福桢留校任助教，金善宝上了东南大学农艺系。30年代，两人都在南京工作，吴福桢在中央农业实验所研究病虫害防治，金善宝在中央大学农学院任教，讲授"麦作学"、"生物学"等课程。抗日战争爆发后，吴福桢和金善宝分别随中央农业实验所和中央大学迁往四川，同在重庆。抗日战争胜利后，他们先后回到南京。全国解放后，又一起在华东农林部工作，金善宝任该部副部长，吴福桢任该部学术顾问、病虫防治所所长。1957年，中国农业科学院在北京成立，金善宝被任命为副院长，吴福桢也被调到农业科学院，任该院研究员、第一届学术委员会委员。从20年代到50年代的30余年间，他们都在一地学习、工作，交往甚密，从未间断。

1958年，吴福桢被错划为右派，降两级，下放到宁夏。作为中国农业科学院副院长的金善宝深表同情，却爱莫能助。对时年6旬的老友能否经得住如此沉重的打击忧心忡忡。为此，金善宝写信劝慰吴福桢要好好生活，保重身体。读着老友的信，吴福桢热泪盈眶，哽咽不能自已，那一字一句都如股股暖流涌入心田,给了他温暖,给了他力量。他以惊人的毅力,一如既往地全身心投入工作,为宁夏的植保事业做出了重要贡献。金善宝为此十分欣慰。虽然见面中断了 20 年,但两人一直互相牵挂。党的十一届三中全会后,为落实知识分子政策,吴福桢从宁夏调回北京。从此,两位老友又恢复了频繁的交往,不时互相探望问候。每到逢年过节喜庆日,金善宝必由小女儿陪同看望吴福桢。吴福桢在工作和生活中遇到了困难,便向金善宝倾诉,金老必鼎力相助。吴福桢返京后的住房问题,就是在金善宝亲自过问下解决的。

  1994 年 7 月,金善宝百岁华诞时,吴福桢送一盆巴西木表示庆贺,翠绿的花木象征着两位老同学、老朋友的常青友谊。1995 年,吴福桢因病住院期间,年逾百岁的金善宝不顾年迈,在小女儿陪同下到解放军 305 医院探望。几个月后吴福桢转到西苑医院,金老又由小女儿陪同,到西苑医院探望。笃笃深情感人肺腑。1997 年 5 月,金老因消化道出血住进了友谊医院,吴福桢的小女儿几次到医院探望。6 月 26 日,农业泰斗、东方神农金善宝以 102 岁高龄驾鹤西去。

  两位老友的小女儿是中学 6 年的同窗,她们的友谊绵延至今已六十余载。

1992 年,吴福桢在中央大学农学院在京校友会上发言(中吴福桢,左二金善宝)

第七章

——

大爱无垠

吴福桢是个很重感情的人，他深爱父母，与兄弟姐妹情同手足，对子女疼爱有加，对有困难的亲朋好友鼎力相助，可谓大爱无垠。

第一节　尊父爱母

吴福桢深爱爹娘。少年时违背了父亲要他辍学从商的愿望，成人后虽认为自己的选择的道路没有错，但每提及此，他常说，虽然父亲从未因此责备或埋怨过他，但他增加了父亲的经济负担，心怀愧疚。待他完成学业，参加工作后，经常给父亲寄钱并写信问候。1930年，初到浙江省病虫防治所上任，就将老父接到杭州游玩。

吴福桢的父亲一生勤劳节俭。不管走到哪里，只要看见地上有米粒或饭粒，他都要捡起来，把米粒交给当天做饭的女儿或儿媳，饭粒则自己冲洗干净后吃下去，并时时教育家人爱惜粮食。因为他体恤农民用"汗滴禾下土"收获的粮食，是真真切切的"粒粒皆辛苦"啊。

父亲吴耀炳（1846—1937）心地善良、性格温和、待人宽厚。当他年事渐高，但身体仍然健康、头脑依然清楚时，就把全部家业和权力都交给了二儿子（长子体弱多病），以及早培养和锻炼他的经商和持家能力。女人们（吴福桢的妻子、嫂子、弟媳、妹妹）每天除轮流做饭、洗衣等家务外，还要在阁楼上养蚕。阁楼低矮、闷热，养蚕又是一点马虎不得的活儿，桑叶要一片片洗净、擦干。因为蚕如果吃了不洁或潮湿的桑叶，就会拉稀甚至死亡。刚孵出的小蚕还要用干净的剪刀把桑叶剪成细丝喂养，稍长大后，可把桑叶剪成粗丝，再长大些，才能喂整片桑叶，待到蚕要吐丝结茧前，要为它们扎稻草把（将稻秆拦腰扎好后，上下散开成X形）立在地上，沿墙排放，然后把蚕一条一条地放上去，让它们吐丝作茧自缚后，把茧一个一个摘下来，挑选出优质茧作蚕种，其余的茧都由当家人出售。每年要养好几茬蚕，汗流浃背的养蚕人要不停地擦掉脸上的汗水，如果汗水滴到蚕的身上或桑叶上，都会使蚕生病以致死亡。吴福桢的父亲见女儿和儿媳们终年辛苦劳作，常常对持家的二儿子说："蚕茧每次卖出去呢，你要给她们点零用钱，她们一年到头都不得歇啊!"

1922年,24岁的吴福桢遵父命与同岁的农家女荆玉贞结婚。妻子虽目不识丁,但勤劳朴实,节俭持家,辛苦养育4女1子,为终生致力于工作、无暇顾家的丈夫解除了后顾之忧。

1937年11月,侵华日军占领了常州,卜弋桥镇也难逃一劫。日寇一个小队约30人盘踞镇上,筑碉堡、挖壕沟、围电网。加上汪伪清乡队等杂牌军与日寇狼狈为奸,烧杀奸淫,无恶不作。卜弋桥镇80%的房屋成了断垣残壁、一片瓦砾,满目苍凉,惨不忍睹。年逾九旬的老父经不住这些惨痛的惊吓,猝然逝世。已随机关迁到四川的吴福桢惊悉噩耗泣不成声。

吴福桢13岁丧母,从此无论何时何地,任何人只要一说"母亲"二字,他就立刻想到自己的母亲,情不自禁地落泪,直到老年仍念念不忘慈母。自从母亲去世,他就常去墓地祭扫,哀哀泣拜,声声"娘啊,娘",久久不忍离去。他对母亲的思念持续了一生。20世纪50年代在上海,一次,他陪妻子去戏院看越剧《白蛇传》,当白蛇被法海镇在雷峰塔下,她的儿子梦蛟在塔旁哭唱"娘啊,娘啊!"时,吴福桢在台下泪流满面。戏散后回到家,他仍沉浸在悲痛中,久久不能自已,这时他已年逾五十。

1970年,吴福桢的四女儿带着不满5岁的儿子到宁夏农科所看望父母。几天后,女儿回"五七"干校劳动,把孩子留在外公外婆家小住。孩子以为妈妈不要他了,一次正吃饭时,突然放下碗筷,号啕大哭:"我没妈妈了,我没妈妈了!"这一声哭喊立即勾起了外公吴福桢的思母之情,也放下碗筷跟小外孙一起哭,一老一小越哭越伤心。这一年,吴福桢已是72岁的老人了。真如戏中所唱:"娘生儿,连心肉,儿想娘来泪双流。"当天吴福桢就立即给女儿写信,叫她快把孩子接回家。

抗战期间,在四川,每逢农历年前,吴福桢都要带领全家遥祭父母。祭拜前10多天,妻子和长嫂就开始忙碌准备一桌二老生前爱吃的糕团、菜肴和祭祀的香、烛、纸钱,甚至纸飞机,意即二老来此路途遥远,不忍他们旅途劳顿,请他们乘飞机来与儿孙们欢聚一堂。祭祀时,先在上座给二老各斟一小杯酒,子孙们按辈分长幼依次跪拜磕头后,肃立两侧,稍后给二老各盛一小碗米饭,几分钟后,估计这一碗吃完了,再盛两小碗奉上,待他们"吃完"这第二碗后,吴福桢率全家缓缓将二老恭恭敬敬地"送出"家门,烧纸钱、纸飞机后,遥望东南家乡方向,悲戚之情久久萦绕胸怀,每当此时,吴福桢总是泪流满面。

第二节 深爱贤妻

吴福桢的妻子荆玉贞1898年农历九月初四出生于江苏省武进县皇塘乡一户农家。父亲早逝,母亲辛勤劳作,抚养一儿一女,一心盼望儿子快快长大成人,挑起养家重担。谁知灾难再次降临,儿子十几岁时突然病亡。从此母亲日夜痛哭,哭瞎了双眼,幸有女儿陪伴侍奉多年。但毕竟女大当嫁,1922年,24岁的荆玉贞经媒妁之言奉母命嫁给了同龄的十几里外卜弋桥镇上"吴兴顺杂货店"店主的三儿子吴福桢,把双目失明的母亲托给堂姐照顾。

吴福桢贤妻荆玉贞

此时的吴福桢已大学毕业,任江苏省昆虫局技术员,从父命与目不识丁、五寸金莲的荆玉贞成婚,终生不离不弃,相依相伴73年。从风华正茂的青年时期到事业有成的中年时期,不断有同学、朋友劝他另娶般配之妻,他一概婉拒,因为家有贤妻。她性情平和、寡言少语、吃苦耐劳、勤俭持家。自嫁入吴家,她孝敬公婆,与妯娌、小姑情同姐妹。虽目不识丁,却既下得了厨房,也上得了厅堂。用她柔弱的肩膀挑起了家庭生活的重担,把纷繁琐碎的家务事料理得井井有条,使丈夫得以全身心投入工作,既无远虑,亦无近忧。

1922年,江苏省昆虫局和东南大学派吴福桢到南通县三余镇驻点,进行棉花害虫的实地防治和研究。吴福桢与新婚的妻子一别就是3年。妻子带着婚后第二年出生的女儿,在公婆家和妯娌、小姑共同侍奉公婆。她们轮流做饭、洗衣、养蚕。

3年后,渴望与丈夫团聚的荆玉贞,只盼来了行色匆匆,因即将出国留学而回家小聚的丈夫。

又一个近3年之后,吴福桢留学归来,由张巨伯老师推荐,受聘赴广州中山大学任教,终于将妻子、女儿从老家接出来团聚于广州,5岁的女儿已经不认识只在2岁时见过几天的爸爸了。

不久,妻子携女儿随吴福桢工作的变迁离穗,先后移居杭州、无锡,4年中接连添了3个女儿。所幸当时吴福桢薪酬较高,因此全家衣食无忧,生活宽裕。

几年后,这安宁幸福的生活被万恶的日本帝国主义发动的侵华战争毁于一旦。

1937年11月,吴福桢所在机关中央农业实验所奉命由南京迁往长沙,为避日寇的狂轰滥炸,妻子荆玉贞携四个女儿返回老家。1938年,吴福桢的妹夫岳宗历经艰险,把吴福桢的长嫂、妻子和女儿们从老家送到四川,全家才得以团聚,在成都郊区糍粑店附近中央农业实验所的家属区定居下来。

家刚安顿好,吴福桢的二、三、四三个女儿相继出水痘和麻疹,妻子忧疲交加。偏偏那个不懂事的四女儿白天也要躺在母亲怀里,闭着眼睛(怕光)还不肯换人抱,可怜的母亲就这么默默忍受着疲劳和困倦,一直把她抱到病好。这无言的母爱温暖了女儿的一生。

日军飞机频频轰炸陪都重庆,四川省省会成都当然也在劫难逃。1939年5月4日,日军对重庆及周边地区进行大面积的狂轰滥炸。吴福桢的第5个也是最后一个孩子恰在这一天出生,母子立即被医护人员送进防空洞。虽然防空洞中灯光昏暗,但母亲很快发现,护士交给她的孩子不是自己的儿子,这样的事在紧急忙乱之中是很可能发生的。之后,很快"子归原主"了。

母亲41岁得子,如获至宝,千般疼爱,万般娇宠,精心抚养。

"七·七"事变后，上海的民族工商业受到致命打击，大批工厂倒闭、停工。大片国土相继沦陷，使中国经济雪上加霜，各地军需及民用物资严重匮乏，物价飞涨。

但全国军民万众一心、同仇敌忾，誓把日本强盗赶出中国，收复河山，救国雪耻，振兴中华。因此，面对生活的艰难，没有眼泪，没有抱怨，只有奋起抗敌，只有克服千难万险。

吴福桢的妻子千方百计节约开支，精打细算地用丈夫一个人的薪水维持大小8口人的衣食。她在屋旁的一小块空地里种上丈夫最爱吃的花生。带领孩子们用小锄头松土、刨坑、点种、盖土、浇水，出苗后培土、施肥（用的是淘米、洗碗、刷锅的水）、除草。秋天是收获的季节，轻轻地向下挖松每棵植株周围的土，一手抓着植株下部的主根，另一只手小心地抠刨泥土，最后往上一提，整棵花生就被拔出来了，主根四周上上下下的须根上挂满了大大小小的花生，"麻屋子，红帐子，里面住着个白胖子"，煞是喜人。孩子们把它们一个个摘下来，洗去泥沙，晾干后由母亲或煮或炒，作为全家改善伙食，早晚吃泡饭时的佳肴，但对丈夫总是格外优待，常常单给他炸一小碟花生米。

平时吃得最多的是菜饭、菜粥，放一点盐和熟猪油一拌，咸香可口，荤素都有，主副食合一，经济实惠，营养兼顾。难得打一次牙祭（四川方言，吃好菜解馋），也只有一个荤菜——肉丸子或蒸蛋羹，虽然丸子小而少，蛋羹稀薄，但全家都吃得喜笑颜开，齿留余香，回味无穷。偶而吃馄饨，更是欢天喜地。每次都特意多包一些，送给左邻右舍品尝。

每到炎炎夏日，大人们都会食欲不佳，妻子为了给奔波不息的丈夫增强食欲，特地把洗净的米控干水分后，用小火把米炒至黄脆盛出，锅中放水煮开后，放入炒米，再煮一开，稍焖，锅盖一掀，香气四溢，晾凉，全家人就着简单的酱菜喝着这黄澄澄、香喷喷、软滑清爽的炒米粥，顿觉暑气尽消。妻子看着丈夫边喝边高兴地喊："啊哟，真惬意啊！"，欣慰地笑了。

为给家人补充营养，妻子长年不断地做一种早晚吃泡饭必备的菜——煮黄豆。把黄豆泡胖，煮一大锅，豆软后放盐和少许酱油上色调味，汤汁快干时出锅。留出当天要吃的量，其余的平摊在平底漏空的竹箅里，底部架空，上盖纱布，置阴凉通风处，晾干后收入盒中，可吃多日，它不仅是菜，也是孩子们"偷"吃的唯一零食。

妻子心痛丈夫成年累月辛苦工作，每天早饭专为他煮一个鸡蛋，有时单给他炸一小碟花生米。吴福桢常常沉浸在工作中，不知道下班，妻子让孩子们到办公室去叫他，他"嗯"了一声，孩子们就回家了，谁知过了一大会儿仍不见他的踪影，妻子只得让孩子再去叫，并叮嘱叫的声音要大。于是孩子们就大声喊"爸爸，回家吃饭！"他才抬起头来"啊，啊"猛醒过来。回到家坐下吃饭，见他心不在焉地只夹面前距离最近的一种菜，妻子轻叹一声，往他碗里夹其他的菜。

农历七月十八是吴福桢的生日，妻子总是郑重其事地擀面条、做浇头——肉末榨菜末，再炒两个素菜，全家欢欢喜喜吃寿面，又打一次牙祭。但妻子自己的生日（农历九月初四）却既不过，也不提。

每年从春末夏初到夏末，妻子都到农村的集市上去给孩子们买草鞋，既便宜也为自己和长嫂减轻做鞋的劳累，又节约了开支。只是孩子们成天非跑即跳，所以每人每年要穿坏好几双草鞋。那一双双儿童草鞋编得小巧玲珑，前面还缀一个或彩色或洁白的小绒球，孩子们都爱穿，凉快又好看。

一肩挑着中央农业实验所病虫害系主任担子（在成都），另一肩挑着在重庆筹建病虫药械制造实验厂担子的吴福桢不停地往来奔波，直到1943年年初，病虫药械制造实验厂在重庆嘉陵江北良心桥的山坡上成立后，吴福桢才结束了成都——重庆两地奔波的生活，把家留在成都，只身住在重庆，全力以赴地投入到当时被誉为"农业兵工厂"的病虫药械制造实验厂的工作。

几个月后，工厂走上轨道，吴福桢才请他的同学、同事兼朋友王作薪雇一只有篷的木船把两家的家眷大小十一口人从成都迁往重庆。这船是靠船工用长长的竹竿（竹竿底部有略尖的金属包头）插入水底，用力向后撑，使船体前行，速度很慢，在船上食宿约一周后才到达重庆，住进位于半山腰迁坟后铲出一片平地盖起的病虫药械厂家属宿舍。

病虫药械制造实验厂的生产用水和工作人员和家属的生活用水，都是雇请当地的农民工每日到百米山下的嘉陵江边挑上来的。江水中有泥沙，吴福桢妻子仿照当地百姓的办法，先把一米长的竹棍每段节心的隔层打通，在最下面一节的底部打一小孔。从上面放一些白矾进去，一直落到竹棍底部，把竹棍下部放进水缸，在水中作圆周运动转几分钟，白矾通过底部的小孔溶解于水，使泥沙沉入缸底。用水时，用瓢轻轻地舀上面的清水，缸底的泥沙每天都要清除。吴福桢妻子教育孩子们心疼挑水人的辛苦，人人都很注意节约用水，淘米水洗碗刷锅，洗菜水刷马桶，洗脸水洗头洗脚洗澡。

病虫药械制造实验厂在嘉陵江北，中农所办事处在嘉陵江南，吴福桢因工作需要频繁坐着厂里雇一位老船工撑船的无篷小木船往返于南北两岸，常常很晚才从办事处渡江回来。孩子们早已进入梦乡，妻子却为丈夫黑夜渡江忧心忡忡，如有风雨，更是坐立不安，不时出门张望，直到看见丈夫爬坡的身影，才放下悬着的心，赶快为他准备热水和干净的衣裤袜。忙碌奔波了一天了的吴福桢望着体贴入微的妻子心痛地说："你也忙了一天了，晚上不要等我了，早点睡吧。"妻子总是回答道："你坐在那只摇摇晃晃的小船上，天又黑，我怎么睡得着？"夫妻恩爱之情溢于言表。

不知什么原因，自从到重庆后，吴福桢的3个孩子患上了哮喘病，其中最严重的一个不能躺下睡觉，只能坐在床上背靠着枕头睡。5寸金莲的妻子带着她们到市区的医院就医。先乘商家的摆渡船过嘉陵江到南岸朝天门码头，沿着高高的石砌台阶一步步吃力地爬上坡顶，才是重庆市的城区。医嘱，秋冬时要穿生姜背心（将大量的生姜洗净榨出汁后，棉花浸入其中，浸透后晾干，用它做成背心）。于是妻子立即动手操作，制成生姜棉。吴福桢的长嫂把里、面都裁好，等生姜棉一干，马上开始缝制。孩子们穿了之后，其中两人果然好了。母亲又带着那个未痊愈的孩子再去找医生，医生说，生姜背心还继续穿，如果仍然不好，也不必吃药，长大些，自然就好了。果然如此。但这3个孩子从此就落下了有点驼背的后遗症。

1945年8月抗日战争胜利不久，吴福桢奉命将病虫药械制造实验厂从重庆迁往上海。他又随单位先行，无暇顾及妻子儿女。当时的交通工具十分紧张，一票难求，因为抗战初期从南京迁往陪都的国民政府的所有机关和学校都要迁回南京。等了好几个月，病虫药械制造实验厂的职工家属们才乘上由一艘轮船两侧各捆绑一条木船3船并排前进的"怪船"东下。药械厂的家属们都在两条木船上，各家把自己的被褥枕头铺在舱内两侧的地上，连成两条长长的通铺，中间留一条很窄的通道。走路时要小心翼翼，否则就会踩到褥子。

　　快到三峡时，轮船老板和木船老板不知为什么发生了矛盾，轮船老板竟不顾两条木船上百余名乘客的安危，解开两侧木船依附于轮船的捆绑绳，把两只木船并排拖在轮船后面，且两木船互不捆绑，轮船掀起的浪加上江水的波涛把重量比轮船轻得多的木船冲得互相碰撞，不但发出巨大的声响，而且飞溅起高高的浪花，哗啦啦地落在船顶上，声如暴雨。每碰撞一下，两船就向各自的外侧倾斜，内侧隆起。乘客们东倒西歪吓得心惊肉跳，魂飞魄散。只有不知愁滋味的孩子们觉得左摇右晃很好玩。高兴地跑来跑去，突然，江面不远处传来一声巨响，年青的乘客和孩子们纷纷弯着腰跑出船舱看，原来是一只独行的木船触礁，船体瓦解，成块块木板。落水的人，有的抓住木板在水上漂浮，有的没有抓到木板，眼看着他们的脑袋沉浮了几下，就不见了踪影。目睹这场惨景，轮船老板也害怕了，才恢复了3船捆绑并排前进。两条木船上的乘客终于转危为安。老人们双手合十地说："阿弥陀佛，捡了一条命。"1946年，在江上颠簸了多日，终于有惊无险地回到了南京。

　　吴福桢一家终于团聚在孝陵卫中央农业实验所的家属区，开始了安定舒心的生活，再也没有震耳欲聋的空袭警报声了，再也不用心惊肉跳地躲到昏暗闷热拥挤不堪的防空洞里去了。吴福桢忙于战后待建的宁沪两地工作，让妻子带着两个女儿和儿子回武进县卜弋桥为离别8年的父母扫墓，并看望留守老家的四弟。然后，又坐十几里路的人力木质独轮车去皇塘娘家，为自己的父母和哥哥扫墓，与娘家亲人团聚，悲喜交集。探完亲回南京后不久，妻子又把自己出嫁后照顾瞎母的堂姐请到南京长住，畅叙 8 年的苦辣酸甜和思念老家亲人之痛。望眼欲穿地盼来了抗日战争的胜利，欣慰地见到了久别的亲人，满以为从此能过上太平日子。谁知，国共谈判破裂，内战硝烟又起，解放军在人民群众的支持下，势如破竹，直逼国民政府首都南京。

南京解放前夕，吴福桢先随单位到上海。不久，妻儿们也抵沪。吴福桢夫妻俩，加上 5 个子女和大女婿、外孙共九口人，挤住在江浦路药械厂 3 层办公楼（原日本第一工业株式会社单身职工宿舍）顶层两间加卫生间总面积约 30 平方米的房子里，没有厨房，只能在卫生间里用木板隔出一小块地方烧水、做饭。尽管如此，吴福桢和妻子不抱怨、不沮丧，每天晚上和子女们在榻榻米上睡成一大排，孩子们嘻嘻哈哈，打打闹闹，大家都很开心。

上海解放后，大女婿一家 3 口回南京，其余 3 个女儿也回南京到原来的中学上学。吴福桢留在上海华东农林部工作，九口人的大家庭一下子只剩下了老夫妻俩加上上小学的儿子。不久，家搬到了上海山荫路一所老楼房的一层一间小房子里，阴暗潮湿，即使在白天，读书看报、洗衣做饭、缝缝补补，都要开灯。厨房的墙上和地上令人恶心的灰黑色软体虫爬来爬去。住了几年后，又搬到北四川路底四达里 86 号的老石库门的 2 层一间房子，虽然面积不大，但总算能见到太阳了。1953 年 3 月 4 日吴福桢奉命离沪调京参加成立中国农业科学院的筹备工作。

频繁的搬家对 5 寸金莲、瘦弱的妻子来说，真是超负荷的劳动。没有帮手、又无人可求，全靠她在每天必须做的买菜、做饭、洗衣、缝补等家务的空隙间，要整理衣帽鞋袜、被褥蚊帐、锅碗瓢盆、粮油酱醋及各种杂物，都要一一装箱捆扎，搬到新的住处后，又要一一拆解、归置。

吴福桢为慰劳辛苦持家的妻子，用偶尔闲暇的晚上陪她去剧院看她最喜欢的越剧，这是妻子最高兴的。

1958 年，吴福桢被错划为右派，他等不及妻子收拾搬家的行李、家具，急于到新地工作，便只身离开北京赶赴宁夏。妻子含泪送走丈夫后，默默流泪，满心忧虑，担心生活能力极差的丈夫在那陌生而艰苦的地方衣食洗涮无人照顾，也悲叹自己和丈夫双双年过六旬，却要离开在北京

1978年，伉俪携手五十六载

的子女们到那无亲无故的遥远西北，将是多么孤苦无助。

不久妻子到了宁夏，吴福桢的生活立即得到了改善，饭菜可口了，衣裤鞋袜干净了，他又有了一个温暖的家。老两口从此相依相伴，在宁夏同甘共苦近二十载。

吴福桢的老伴一生直到年迈，仍如那劳作一生的老黄牛，不停歇地做一切力所能及的家务活。择菜、洗菜、淘米、焖饭，还体贴入微地为老伴洗澡、泡脚、换洗衣裤鞋袜，清理吴老的床铺。吴老洗澡时，她守候在旁不时往澡盆里添加热水，让他能在舒适的水温中泡洗较长时间。直到丈夫临终前几个月住进医院，90多岁高龄的妻子才在为丈夫倾情奉献的答卷上画上了完美的句号。她是当之无愧的贤妻。

第三节 手足情深

吴福桢有兄、弟各两、一妹。父母忠厚勤俭。子女们孝敬父母，兄弟妹互爱互助，陆续结婚后，妯娌们也情同手足。直到日寇入侵，这个温馨和谐3代同堂的大家庭才分崩离析。

吴福桢的长兄早逝，遗下年轻的妻子和一双儿女。吴福桢的二哥立即挑起了赡养嫂子和抚养侄儿侄女的担子。抗战爆发后，吴福桢托妹夫岳宗把长嫂也带到了四川，与吴福桢一家愉快地生活了近10年。侄子吴纪棠大学毕业后，支持他赴美留学。谁知天有不测风云，学业未毕，竟无端被一个美国人诬为"精神病患者"并被强行送入精神病医院达数年之久。

吴福桢心急如焚，常背着长嫂流泪，不断四处打听信息，每有熟人赴美，就请他们与美方交涉，经几年多次交涉，才将侄子解救出院，于1945年抗战胜利前归国，回到重庆吴福桢家。见到了盼子归来望眼欲穿泪欲干的母亲，见到了爱已如父的三叔、三婶，全家喜极而泣。未几，抗战胜利，吴纪棠到上海工作，任中央畜牧实验所上海工作站主任、技正，即将母亲接去。解放后，任华东农科所（后改名为中国农业科学院江苏分院、江苏省农业科学院）畜牧兽医所研究员，病毒室主任，江苏省微生物学会副理事长。享受国务院特殊津贴。他博览群书，知识渊博，在科研和生产中解决实际问题的能力很强。20世纪60年代初，苏州望亭样板点猪瘟流行，当地按猪瘟防疫顺序进行救治无效。江苏农业科学院畜牧兽医所的领导请吴纪棠率队前往。吴纪棠深入调查研究后，很快得出科学结论，采取了针对性的措施，使望亭的猪瘟很快得到控制，并逐步被消灭。淮阴有一个种猪场的仔猪发生严重的"癞皮病"，多方研究找不出原因，苗猪无法出售经济损失极大。经吴纪棠实地诊断，采取补充锌制剂等措施后，问题很快就解决了。他的学生称赞他"有真才实学，不愧是我们学习的榜样。"

十年动乱伊始，吴纪棠被打成反动学术权威，罚拉板车，一拉就将近10年，到被免除苦役，获得平反时，已是年近七旬的老人了。平反之后，吴纪棠就很快携妻来京看望三叔三婶，并将补发的部分工资孝敬二老，而且三叔三婶的子女们也人人有份。吴纪棠的几个堂弟妹无功受禄，受之有愧，拒之又拂兄嫂诚意。每念及此，即热泪盈眶，那是经历磨难、体弱、高度近视的堂兄从年过半百到年近古稀拉板车的血泪钱啊！

吴纪棠的妹妹吴美玉随丈夫佟志伸的工作调动而频繁搬家，直到去中国台湾省。吴美玉与母、兄一别30年，骨肉分离泪涟涟。年迈的老娘，每到风和日丽的春天，就把女儿留下的一件大衣拿出来晾晒，拍打灰尘，再含泪收入箱底。直到改革开放，吴美玉才得以与丈夫佟志伸回国，但母亲早已仙逝。他们先到南京看望兄嫂和两个侄女，再拜祭天人永隔的老娘。然后专程来京看望少年时悉心关爱自己的三叔吴福桢和三婶，并为二老贺九十华诞。自此，每年吴福桢的生日，都会收到侄女从

1988年，南京，吴美玉（右一）、佟志伸（左一）回国看望离别40年的哥吴纪堂、嫂金婉贞

美国寄来的礼金和贺信。平时也常来信问安，三叔每信必回。叔侄情同父女。

吴福桢的长嫂心地善良、刻苦勤劳、寡言少语，视吴福桢夫妇为亲弟妹，对他们的5个子女视如己出。她一年四季为全家缝衣裁裤做鞋。经她的一双巧手裁剪、缝制的衣服常被外人误以为是裁缝店的佳作，无论样式、尺寸和做工都完美无瑕。那是她从晨曦中到夜灯下，从春暖花开到炎炎夏日，从萧瑟秋风到寒气逼人的冬日，从不停歇千针万线手工缝制出来的。辛苦的劳作使中年的她就开始严重弯腰驼背。

做鞋要先打袼褙——在床板上抹一层很稀的自打浆糊，贴一层破布，再贴两三层后晾干，揭下来，这是剪鞋帮的料。鞋底的袼褙要厚很多。剪下鞋帮样片后，在它的正反两面贴上黑粗布鞋面和白粗布鞋里，再用斜条黑粗布把鞋口边包缝好。做鞋底的劳动量更大，先用厚袼褙剪好样片，再剪几层同样大小的旧布放在样片上下，用斜条旧粗布包边缝合，完成了鞋底型板，最后要剪多层略长略宽于型板的旧布和两层新布放在底型板上，把这两部分上下固定在一起，才能进入做鞋底的最后一道工序——纳鞋底。纳鞋底要用结实的麻线,而麻线是从集市上买回麻束一根一根搓出来的。纳鞋底很辛苦,每一针都先用锥子把厚厚的鞋底扎穿,再把穿上麻线的大针用顶针顶过去,针脚要密,线根要紧,行与行之间针脚要错开,费时又费力,辛苦多日才能纳完一双鞋底。最后是绱鞋——缝合鞋帮和鞋底,既要力气又要技术。一双双鞋里包含着多少辛苦、多少汗珠。妯娌二人——吴福桢的长嫂和妻子,协同劳作,抗战8年做了多少双鞋!吴福桢的孩子们也视她如母,叫她"姆妈"(卜弋桥人对伯母的称呼),至今仍感恩于她母亲般的温暖疼爱和辛勤劳作,悔恨自己成人后未能孝敬她一天,每念及此,总禁不住潸然泪下,确是"子欲孝而亲已逝"。

  吴福桢对小他7岁的妹妹吴储正关爱有加,妹妹对三哥也情深意笃。抗战初期,中央农业实验所奉命西迁,先到长沙,成立办事处。不久,日寇步步入侵中原地区,中央农业实验所又被迫辗转柳州、贵阳,最后落脚于四川。吴福桢无暇顾及家人,他的妹夫岳宗勇挑重担,率吴福桢妻、女及长嫂6人加上岳宗自己的妻子、儿女共4人,与成千上万的难民一起,历尽千辛万苦,历时数月,才到达四川。

  他们于1938年春由老家乘一艘木帆船驶往上海,为了当天能到达目的地,天亮前就上了船。日军听见响动,立即鸣枪警示,并端着枪上船仔细检查后,才放行。两家妇孺被吓得魂飞魄散。到上海时天已黑,急忙找旅馆投宿。店老板看这一大家子的衣着简朴,怕他们付不起住宿费,谎称已经客满。岳宗是个富有社会经验且聪明机智的人,一眼就看出店老板的顾虑,当即借刀剁开手中的竹棍(由女眷们佯作拐杖用)的竹节,老板一看里面放着钱,立即改口说还有房间。

  上海直接到西南地区去的车、船一票难求,岳宗便带着家眷们乘上去香港的轮船。到香港后再朝西北方向到广州,又沿西江西行到广西柳州,继而往北到贵州。贵州山路多,车难行,票难求,只得艰难徒步盘山前行。几个年幼的孩子雇当地山民用背篓背,他们走得快,且山路弯弯曲曲,稍一拐弯,后面的大人就看不见孩子了,心急如焚。从贵州再向北前行五百多千米,终于到达目的地成都。从老家常州到四川成都,

为吴福桢一家默默辛劳多年的长嫂

按直线距离计算,长达 2 800 千米,实际辗转绕行距离当大大超过于此。岳宗带着两大家子人艰难跋涉这么远的路程是多么不易,吴福桢的妻女们每念及此,深怀感激之情。

之后几年,兄妹两家暂时分离,吴福桢家在成都,妹妹家先在贵阳,后到绵阳,但书信往来不断,还乘出差到贵阳山区去看望妹妹一家。1943年,吴福桢筹建的农林部病虫药械制造实验厂成立,同是研究植物病虫害专家的妹夫岳宗受聘入厂。于是,吴福桢兄妹两家又幸运相聚,同住药械厂的家属宿舍。两家相距不到百米,孩子们一起上学,课后又是亲密无间的玩伴。妹妹几乎每天都抱着出生不久的小儿子来跟长嫂和三嫂聊天谈笑,其乐融融,情同姐妹。

长嫂(后排中)的子、媳、孙女对吴福桢一家关怀备至、倾情奉献

1945年8月15日日本投降，重庆的病虫药械制造实验厂奉命直迁上海，吴福桢和副厂长冯敦堂、技正岳宗等立即行动，冯、岳家眷随行赴沪。吴福桢的家眷仍滞留于重庆，等待厂里的行政部门为"下江人"（抗战时期从长江下游地区西迁到重庆的人）筹措船票，因此，吴福桢兄妹两家又依依惜别。

一到上海，吴福桢就和同事、工人们齐心协力地整修日本人留下的旧厂房，安装机器，并扩建了药剂研究和实验两个室及药械实验和制造两个车间，很快恢复了生产，成了初具规模的总厂。1946年，完成了上海的建厂工作之后，吴福桢奉命到南京任中央农业实验所副所长，与历经艰险从重庆回到南京的妻子、儿女、长嫂团圆。

1949年，人民解放军势如破竹，4月渡江战役捷报频传，吴福桢果断地拒绝了随机关迁往台湾的命令，选择了留在祖国大陆，因为他相信，中国共产党建国兴邦也是需要科技人员的。上海解放以后，他担任华东农林部学术顾问、病虫防治所所长。此前，吴福桢的妹妹一家已在上海3年。自此，吴福桢兄妹两家又毗邻而居，皆大欢喜。

吴福桢妹妹吴储正（1905—1987）

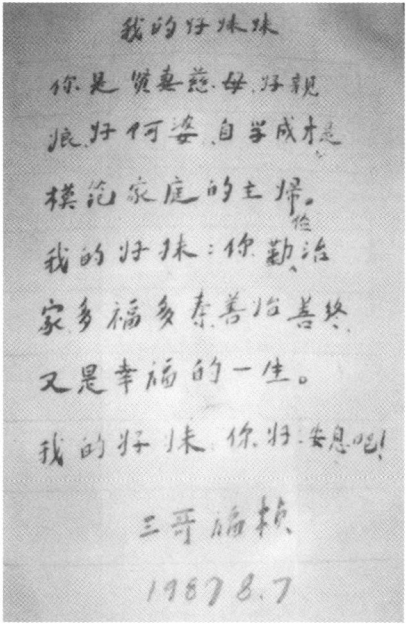

兄妹情难抑

常来看望的吴福桢甥岳国芳（左一）、甥媳吴企英（左三）与吴福桢伉俪（右一、右二）、儿媳之母（右三）、儿媳（右四）、孙（左二）合影于20世纪90年代初

1953年，吴福桢奉调中央农业部，任植保局顾问和筹建中国农业科学院的工作。妹夫岳宗也调到北京，先后在全国合作总社、中国科学院动物所工作。兄妹两家又在北京重逢，来往频繁，兄妹、姑嫂感情更加深厚。

1958年，吴福桢被错划为右派，远赴宁夏，兄妹一别近20年。再相见时，妹妹也年逾古稀，大家悲喜交集，从此不再分离。

1987年，妹妹吴储正不幸患癌症去世。吴福桢在肝肠寸断的悲痛中，提笔写下了《我的好妹妹》。全文是："你是贤妻慈母，好亲娘，好阿婆，自学成才，是模范家庭的主妇。我的好妹妹，你勤俭持家，多福多寿，善始善终，又是幸福的人生。我的好妹妹：你好好安息吧！三哥福桢"。

第四节　舐犊爱浓

吴福桢虽然公务繁忙，无暇顾家，但他给孩子们的父爱却是浓浓的、暖暖的。

1923年，长女出生。初为人父的吴福桢每天结束了繁忙的公务回到家里，第一件事就是放下公文包，先去闻闻早已入睡的宝贝女儿，每次闻到后都欣喜地说："真香啊！"直到女儿上了小学，他仍然一如既往。

大约是1943年的4月1日，在重庆住宿学校读书的长女，听同学说这一天是愚人节，可以说假话骗人，她便写信给父亲谎称自己得了霍乱病（当时无特效药，死亡率很高）。吴福桢看信后当即号啕大哭，立刻派人去学校，把女儿送进医院。一到学校，真相大白。女儿方知闯了大祸，急忙跟着来人赶回家中向父亲"低头认罪"。同时，她深切地感受到父亲浓浓的舐犊之情。从此以后，她再也不在愚人节这一天跟任何人开玩笑了。

大女儿毕业参加工作后年年买厚礼给父母过生日，成家后仍常回家看望，嘘寒问暖，总是一进门就帮母亲做饭、洗衣、搞卫生。

1931—1934年，吴福桢一连迎来3个女儿，他喜欢孩子，也关心孩子。吃饭时，他常对妻子说："小孩子正在长身体，你要给她们吃得好一点。"虽然只是短短一句话，但孩子们感受到父爱的温暖。

二、三两个女儿到了上学的年龄，但学校离家远。吴福桢同妻子商量后，决定尽量节约家庭开支，省下钱来买一辆黄包车，雇一位车夫，接送两个女儿上下学。

1950年6月25日，朝鲜内战爆发。内战爆发后的第3天，美国宣布武装支援南朝鲜。9月15日，美军在仁川登陆，截断了朝鲜民主主义共和国南进部队的后路。10月初，美军又悍然越过三八线，大举进犯朝鲜北方，迅速向朝中边境推进。在这种严重形势下，朝鲜政府向中国政府提出出兵支援的请求。当时，党中央认为，如果美军占领整个朝鲜，强兵压到鸭绿江边，我国将难以安定地从事建设，抗美援朝就是保家卫国。后来又进一步指出："朝鲜的存亡与中国的安危是密切关联的。唇亡则齿寒，户破则堂危。中国人民支持朝鲜人民的抗美战争不止是道义上的责任，而且和我国全体人民的切身利害密切关联着，是为自卫的必要性所决定的。"1950年10月，中国政府应朝鲜政府提出的出兵支援请求，正式派遣中国人民志愿军赴朝作战。抗美援朝斗争得到了全国人民的热烈拥护和坚决支持。

1951年，国家为了提高中国人民解放军的文化水平和为抗美援朝提供技术人员，号召在校的高中学生参加军事干部学校。吴福桢的二、三、四女儿都在南京上学，她们同当时许多爱国青年一样，热烈响应，踊跃报名。二、三两个女儿很快被批准参军，她们高兴极了，立即写信给在上海工作的父亲报喜。吴福桢喜忧参半，喜的是女儿能在国家需要的时候，毅然投笔从戎。忧的是，他以为当了军人就必定上战场，上了战场就可能伤亡。因此，他哽咽落泪，辗转难眠。怎么给女儿回信呢？思来想去，最后认定女儿的选择是正确的。于是，他复信叮嘱她们到了部队要听从指挥，好好学习，努力工作。此后，他时时翘首盼望女儿的来信。每次收到信就立即告诉同样急切的妻子。然后立即提笔回信，殷殷嘱咐两个女儿注意健康，锻炼意志。

二女儿服役初期，在南京远郊某部队任文化教员，后随部队到徐州。吴福桢曾在一次出差路过徐州时约女儿在火车站见面。看见朝气蓬勃、英姿飒爽的女儿，高兴得合不拢嘴。女儿望着年过半百仍行色匆匆、奔波劳累的慈父不禁热泪盈眶。开车的铃声响了，父女依依惜别，女儿目送渐行渐远的火车，久久不忍离去。虽是短短几分钟的会见，却让女儿深深感受到父爱的温暖。

三女儿参军后被分配到张家口学习机要技术，不久即奔赴朝鲜前线，作为中国人民志愿军的一员，在阴暗、潮湿的坑道里工作了两年。

1953年，两个女儿先后从部队复员到北京工作，父母欣喜无比。此时，四女儿高中毕业，到北京上大学。此前，吴福桢已于同年春由上海华东农林部奉调北京中央农业部参加筹建中国农业科学院的工作。他的大女婿万鹤群则是1950年从南京携妻儿到北京工作。自此所有家庭成员不约而同地聚集在北京，阖家团圆，喜气洋洋，其乐融融，真乃天遂人愿！

三女儿幼时患脑膜炎，医治无效，脖子已经发硬，医嘱准备后事。吴福桢遍寻名医。妻子悉心照料，每天给她喂食银耳，终于把女儿从死亡线上救了回来。1957年，三女儿在朝鲜坑道里罹患的风湿性心脏病复发。吴福桢忧心如焚，四处奔波求医问药，有时还亲自陪女儿就医，终获痊愈。父爱如山哪！1973年、1988年吴福桢患乳腺肿瘤，三女儿请名医为父亲诊断、手术。

20世纪80年代初的一天。吴福桢郑重其事地对四女儿说："有一件事我非常对不住你。那年我从银川到北京来开会，你从贺兰县的干校到我家来，送我和你妈妈乘公共汽车去火车站，从公共汽车下来到火车上有很长的一段路。你走得很吃力，因为所有的东西都是你一个人拿，肩背手拎，累得气喘吁吁脸煞白。之前你妈妈就劝我不要带那么多中草药，只要带药方就可以了，药可以到北京去买。我不听，坚持要带半年的药，事后我后悔得要命。"女儿被父亲的道歉感动得全身暖流涌动，立即含泪安慰父亲。这本是女儿应尽的义务，慈爱的父亲却把它作为自己的错误向女儿道歉，使女儿百感交集。

1985年，四女儿做胃切除手术，手术失误，一个月后再次手术。其间一直瞒着父母，后因第二次手术前医生告知可能有危险，女婿不得已去问岳父岳母是否同意做。二老痛哭。幸而第二次手术成功。吴福桢由儿媳陪同到医院探望并送营养费，女儿望着88岁高龄的父亲，热泪盈眶。

1938—1943年的5年半期间，日寇对国民政府的陪都重庆及其周边地区进行了200多次狂轰滥炸。作为四川省省会的成都，当然也在劫难逃。1939年5月4日，吴福桢的第5个孩子——唯一的儿子出生在震耳欲聋的空袭警报声和炸弹的爆炸声中，孩子一出生母子就立即被送进阴暗的防空洞中躲避。年逾40的吴福桢夫妇对儿子格外疼爱。产后母亲无奶水，吴福桢请朋友帮忙，买了一头奶羊，儿子有幸每天都有新鲜的羊奶喝。儿子是在敌机空袭前的警报声中出生的，吴福桢把警报的警字拆成"敬"字和"言"字，为他取名敬言。

母亲以41岁高龄生子，故孩子体质先天不足。二三岁时，患痢疾，病情急重住院，在先后输入父亲、大姐600毫升血后，病情才得到控制。40余天母亲日夜守候照料，耗尽精力，本就瘦弱的身体，更是形锁骨立。如山的父爱，若水的母爱，一生呕心沥血为儿子全方位付出，悠悠56载，直至双双终老归西。

第八章

轶事趣闻

吴福桢说起昆虫来如数家珍，津津乐道，可是生活常识几乎是一无所知，生活自理能力也极差，不时闹出一些令人捧腹的笑话。

第一节　知虫胜于知儿女

吴福桢一生钻研昆虫，说起昆虫的种类、形态、生活习性头头是道，但对儿女的情况，却知之甚少。

吴福桢的同道和朋友常来家造访。当客人问及孩子们的年龄、上哪个学校、几年级时，他总是不好意思地说："啊呀，我还真是搞不清她们几岁，上几年级。"于是只好由妻子代为回答。朋友们不禁大笑，"哈哈，这个爸爸只知道虫子，不知道孩子。"

第二节　忍俊不禁

抗战期间在重庆嘉陵江北良心桥初建病虫药械制造实验厂时，因地处偏远，没有学校。为解决职工子女上学问题，厂里腾出一间小小的办公室，挂一块黑板，放几排课桌椅，由厂里两位职员任老师，就算是一个初级小学了。不同年级的孩子在同一间教室，用复式教学法上课。先给低年级孩子讲课，讲完后布置作业，接着给中年级学生讲课，讲完布置作业，再回头检查低年级学生的作业，最后再检查中年级学生的作业。一天，老师检查中年级学生作业（背书）时，有几个学生背不出来，其中一个是吴福桢的女儿。老师叫他们到教室外面去背会了再回来。不多时，陆续回来的都一一通过了检查。但还缺一个人，老师到门口一看，树上赫然坐着一个乐悠悠晃着两腿的学生。老师把她叫下来回到教室，她仍然背不出来。老师说："你这么顽皮，明年考不上高小怎么办？"她居然回答了一句把老师气得七窍冒烟的话："考不上掉两颗门牙就是了。"（这位年轻的男老师不知为何掉了两颗门牙）当即叫她伸出手来，用竹尺打了几下。事后，老师向吴福桢告状，本以为家长也会发怒，没想到这位童心未泯的爸爸听了后忍不住哈哈大笑，居然说："这个小孩子倒蛮好玩的。"之后觉得不妥，赶紧安慰老师说："我一定教育她尊重老师，更不可以揭老师生理上的缺陷，请你不要生气了。"事后，吴福桢严厉批评了女儿，并令女儿向老师认错。这桩"公案"就此了结。

第三节 不翼而飞的袜子

一天早晨起床，吴福桢一只脚穿上袜子后，另一只脚却无袜可穿了。被子、褥子、枕头底下遍寻不着，叫女儿爬到床底下去找，仍无踪影。妻子另拿了一双袜子给他说："不要找了，换一双吧。那一只总不会飞掉的，以后再慢慢找。"当他把已穿上的那只脚上的袜子脱下来时，才发现这只脚上穿了两只袜子。立即高兴地大喊："哈哈，原来在这里！真是得来全不费功夫。"全家大笑，乐翻了天。妻子笑问："你怎么会把两只袜子穿在一只脚上呢？"吴福桢不好意思地说，是因为一醒来就在想办公室的一件事，边想边穿，就闹出了这个笑话。

第四节 老顽童

吴福桢喜爱京剧，偶有闲暇，便饶有兴致地收听收音机播放的京剧唱段。有时自己也哼唱几句："杨延辉，坐宫院，自思自叹，""我好比，笼中鸟，有翅难展"边唱边摇头晃脑，有板有眼，自得其乐。

他天性乐观开朗，喜欢与孩子嬉戏。年轻时，逗弄侄子、侄女。待有了子女，又和子女嬉闹。

一个女儿童年时，只要专心致志地做一件事，舌尖就会不由自主地伸出来。吴福桢一看见，就蹑手蹑脚地走近，以迅雷不及掩耳的速度想一举抓住女儿的舌头，但成功率为零。他不甘心，又改变了战术，改用筷子来夹，结果仍以失败告终。尽管屡战连败，但父女俩每次都高兴得哈哈大笑。

四女儿上高中时，吴福桢已是年过半百的小老头了。每到学校放寒暑假，女儿从南京回上海期间，父女二人总要做点游戏取乐。一天老顽童要跟女儿比赛。他一手撑在桌上，另一手抓住椅背，双脚在椅座上跳上跳下，一上一下为一次，看谁跳的次数多，女儿跳了十几下后，小腿正面重重地在椅座边九十度处擦了下去，挫伤了筋十分疼痛，但忍住了未说，老顽童大获全胜，拍手欢呼。

还有一次，父女二人先在家里打闹，后来女儿跑出家门，老顽童跟踪追来，弄堂里的左邻右舍起初以为是老爹在追打女儿，再仔细一看，两个人都嘻皮笑脸，才知道在逗着玩，于是邻居们纷纷叫自己的家人快出来看热闹，笑说："这家人哪能嘎好白相！"（怎么这么好玩）

第五节　路不拾遗

吴福桢一生全身心地投入工作，对社会上的事知之甚少。全国解放后，社会风气日趋好转。吴福桢认为，从此就天下太平了，新社会是路不拾遗、夜不闭户的。一次出差，在火车站候车时他居然置自己的行李于不顾就去上厕所，回来一看行李不翼而飞了，他只得垂头丧气的回到家。妻子哭笑不得，无可奈何地长叹一声，"唉，真是个呆子！"接着重新为他准备行装。一时间，此事成了亲朋好友谈笑的趣闻。

第六节　原来如此

从北京到宁夏后，吴福桢并不在意西北地区的艰苦生活，立即全身心地投入新的工作。在了解了自治区农科所在防治农业病虫害方面的情况之后，便向所领导提出了尽快建立农业昆虫标本室，并配备专门采集和制作昆虫标本的人员、增添必要的设备等多项建议。他的这些建议很快被农科所的领导采纳并实施。

他总是身体力行，长年奔波于田间、牧区草原和山间林区采集昆虫、观察昆虫。晚上睡在农民家的土炕上。年过六旬的吴老，白天劳累，晚上急欲休息。他不懂得睡炕的规矩，一上炕就按照睡床的习惯，顺着炕沿躺下了。农民一看就笑了，"老大爷，你这么一横，我们一家子咋上炕呢！"听农民讲了睡炕的规矩后，他自己也哑然失笑："啊，啊，原来如此，居然和睡床的方向不一样。"事后他把这件趣事讲给家人听，孩子们笑说："爸爸真有趣！"

第七节 手绢与炉箅的亲密接触

妻子知道吴福桢生活能力很差，不放心他一个人过日子。吴福桢到宁夏后不久，她便赶到那里陪伴他。整理他的衣物时，发现每块手绢上都有烤黄了的破洞，问他是怎么回事，他指着炉膛底部的铁箅子说："这个东西比较烫，只好用手绢包着才能把它抽出来。"妻子拿起铁钩说："这就是专门钩它的呀，你真叫呆啊！"吴福桢一看，高兴地笑了："啊呀，原来有这么好的工具呀！"

妻子看着一块块遍体鳞伤的手绢哭笑不得。

第八节 一棵天价大白菜

三年困难时期，食品匮乏、供应紧张。一个冬日，从来没有给家里买过菜的吴福桢在散步时看见路边有人卖大白菜，他买了一棵，兴高采烈地抱回家，满以为立了一功。妻子一问价，10块钱，吓得几乎晕倒。当时的10块钱可不是个小数目。再一接过菜，更是心疼，因为那是一棵冻得瓷瓷实实的菜，妻子着实抱怨了多日，因为冻白菜吃起来很苦。这是吴福桢一生中第一次也是最后一次买菜。

第九节 之乎者也的英语

改革开放后，吴福桢50多年前在美国留学时的一位老师来华。这位老师教书很认真，对中国留学生也很关爱。于是在京的几位当年一起留学的老同学相约在北海公园内仿膳饭庄宴请美国老师，以感谢当年的培育之恩。赴宴前，吴福桢在家里说了一句令人捧腹的话："我当年在美国说的英语是之乎者也的英语,现在的英语我又不会,不知道老师能听懂我的话吗?"

从仿膳回来后吴福桢高兴地告诉家人,他那之乎者也的老式英语美国老师听得懂,师生交谈甚欢,回忆起在美国的往事大家既高兴,又感慨。

第九章

——

最后的日子

吴福桢一生坚持锻炼身体，打太极拳、散步、做操。即使身处逆境，也从不懈怠。加上乐观、开朗、善良的性格，他的健康状况使同龄人羡慕不已。20世纪50年代末，他戴着错划"右派"的帽子，被降两级下放到宁夏，但他不沮丧、不悲观，忘我工作、积极锻炼，依然风趣，在一张照片背面戏称自己是"塞上江南的62岁青年"。10年动乱中，被作为"反动学术权威"批斗、扫公厕，他仍每天早晨做"床上八段锦"操，重返北京后已年届80，又打一套自己设计的"吴氏太极拳"。正是这个好习惯使他睡眠极佳，能精力充沛地工作。

1959年，吴福桢在此照背面留字，戏称自己为"塞上江南62岁的青年"

毕竟岁月不饶人，随着年事日高，病魔渐渐袭来。1973年患男性乳腺瘤（良性），医嘱观察；1987年患肺炎，住积水潭医院治疗1个多月后痊愈；年逾90，乳腺瘤转为恶性，住肿瘤医院，三女儿请著名专家芮静安主刀切除。几年后，又患膀胱癌，年迈不宜手术，只能到广安门医院中医治疗，未见显效。此后健康每况愈下，1994年秋被送入丰台区晓园医院，因条件较差，1995年1月转住条件大为改善的解放军305医院治疗后，精神状态略有好转，但仍常发低烧，二便失禁，意识日渐模糊，4个月后，医院表示已无回天之力，嘱另谋别策。经子女与植保所领导共商，转到离家和单位都较近的西苑医院，继续中药治疗，但不久院方又告知治疗无效，于是被送入五棵松松堂（临终关怀）医院，虽仍积极治疗，但已病入膏肓，1995年7月20日，这位奔波于农田、草原、山林艰辛一生为民除虫害的"植物医生"（他最喜欢的称号），历坎坷尽献爱国心的"虫王"吴福桢驾鹤西去，享年97岁。遗憾的是，他在病榻上的最后一个要求——回自己家的愿望未能实现。

辛苦侍奉公婆的好儿媳岳蕴娟抱子与二老摄于宅前（1982年）

吴福桢

吴老住院期间，女儿、女婿们、儿子、儿媳都尽心尽力。找医院、请专家、雇护工、送饭菜、洗衣裤、勤探视，孙辈们也尽量投入，外甥岳国芳、甥媳吴企英满怀深情多次看望三舅。最辛苦是儿媳岳蕴娟，她不但陪送公公到积水潭医院和广安门医院看病抓药，还要与婆婆共同操持家务，重活、累活都是她担当，因此，央视《东方时空》播放了她精心照顾老人的事迹，亲朋、邻里、同事无不交口夸赞好儿媳。

与吴福桢同龄的老伴年近九旬时突患带状疱疹，虽然女儿女婿也曾护送医治，但主要是靠儿媳辛勤地陪送治疗、精心照料护理，两个多月后终于痊愈。

吴福桢仙逝后三个月，因家人的疏忽，老妻不幸摔倒，一侧胯骨骨折，卧床不能起，年高体弱不宜手术。劳碌一生的她，到此时才停止了家务劳作。骨折老人一旦卧床，则心力衰竭，血液循环不畅，健康状况迅速恶化，住入309医院输液九天后出院。回家几天后，又被送入松堂医院，输液、输氧、导尿，心力衰竭致腿、脚浮肿、极度畏寒。种种痛苦使她难以忍受，常在夜间自己拔掉所有的管子。子、媳、女儿们频频

97 岁高龄操劳一生的贤妻良母荆玉贞
摄于 1995 年 8 月

探望,送棉被、暖水袋。看着为丈夫、为后代劳作一生的母亲,心如刀绞。1995 年 11 月 3 日,她追随相濡以沫 73 年的丈夫而去,双双长长眠于北京西北郊苍松翠柏环抱的金山陵园。愿二老见到年年前来扫墓祭奠的子女媳婿和孙辈们时,含笑于九泉。

吴福桢在中国台湾省的农业界,特别是昆虫界有不少共事多年的同事和朋友。他们一直关心吴老在祖国大陆的情况。后来成为国民党中央秘书长的蒋彦士当年曾任中央农业实验所杂粮特用作物系主任。我国石油系统代表团访台时,蒋彦士得知该代表团一位成员是原中央农业实验所研究员傅胜发的儿子,便关切地向他询问吴福桢在祖国大陆的情况。

考虑到吴福桢在中国台湾省的影响,中央人民广播电台在吴老去世后的 7 月 31 日向中国台湾省广播了吴老的讣告。全文如下。

我国著名农业昆虫学家、农业教育家、中国农业科学院一级研究员吴福桢先生于 7 月 20 日因病在北京逝世,享年 97 岁。

吴福桢,字雨公,早年在美国伊利诺伊大学深造时,获美国科学荣誉协会金钥匙奖,后来在美国康乃尔大学做研究工作。1927 年回国后在原中央农业实验所任职多年。他是我国近代农业昆虫学的奠基人之一,为农业科学奉献一生,被誉为"中国虫王"。

吴福桢先生还先后在中山大学、东南大学、金陵大学、浙江大学等学府任教，广育人才，桃李满天下，在海内外享有崇高声誉。

讣告先后播出了5次。

吴老去世后，中国农业科学院植保所在《吴福桢先生生平》中给予他很高的评价："吴福桢先生不仅是我国近代农业昆虫学奠基人之一，棉虫现代防治研究的先驱，对我国农业昆虫学的发展作出了卓越的贡献……吴福桢先生从事农业科学技术八十余年。在这漫长的岁月里，历尽沧桑，更可贵的是从不计较个人名利……吴福桢先生为开创我国农业昆虫事业，奉献一生，直至九十高龄，仍执著工作，亲自培养研究生，这种呕心沥血培养后辈的忘我精神，永远是我们学习的榜样，治学的楷模。……吴福桢先生是一位爱国的科学家。他热爱社会主义祖国、拥护党的十一届三中全会以来的各项方针政策，遵纪守法，廉洁奉公，在思想和作风上严于律己，乐于助人，不计名利，对农业科技工作有着强烈的事业心和责任感。他勤奋好学，学识渊博，学术造诣深，是享誉中外的著名农业科学家、农业教育家"。

吴福桢19岁时给自己起字"雨公"，意为雨，农不可缺，林木树草皆不可缺；公，一心为公也。

1993年，时年95岁的吴福桢，在一个存放资料的文件袋上亲书："雨公在世，已为新旧中国工作七十三年(1920—1993)"。

他用一生的践行，做到了为农、为公。

附录

附录1 追思·怀念

上善若水 大音希声

莫 容

1982年8月,《中国农业百科全书·昆虫》卷编委会在北京东四的北方旅馆成立。与会者有中国农业百科全书总编委会的领导和编辑工作人员,有来自全国的30位著名农业昆虫学家。北京的初秋仍然如同炎夏,大家挤在一间三四十平方米的会议室内,一台老式电扇喘息着转动叶片,人人依然挥汗如雨。轮到编委会主任讲话时,一位个头不高、慈眉善目、十分精神的老人,摆手谢绝年轻人的搀扶,缓步走上讲台,从此我认识了这位昆虫学界的老前辈吴福桢。吴老操着浓重的吴音,语气舒缓,说自己八十有四,竟有幸承担中国农业百科全书的编纂任务,深感艰巨而光荣。当他用"老牛应知夕阳短,不用着鞭自奋蹄"的话表明心迹时,十分动情。后来这位早该颐养天年的老科学家真的辛辛苦苦地为这部书耕耘了10年,直到昆虫卷圆满完成。

谁解其中味 字字皆辛苦

昆虫卷走过的道路是很不平坦的,这一点早在编辑部预料之中。百科全书是一种大型工具书,要求承载最全面最准确的知识信息。20世纪80年代初,中国现代百科全书出版事业刚刚起步,编者作者都是摸着石头过河。昆虫卷预计100万字,数百幅图片,撰稿审定工作量之大可想而知。总编委会在筹建这个卷的编委会班子时,不仅考虑到要有吴福桢这样德高望重的老专家领军,还配备了国内最年轻的昆虫学家之一、刚50出头的管致和教授任编委会的常务副主任。我是编辑部与卷编委会的主要联系人。管教授最初接受农业百科全书的工作时,还住在北京农业大学校园一座地窖似的防震棚里,我们便在植物保护研究所吴老寓所研究工作，不久，吴老腾出他的工作室作为昆虫卷编委会办公室。

昆虫卷分总论；昆虫形态和分类；昆虫生理和病理；生态、测报、防治；粮食作物害虫；经济作物害虫6个部分。总论内容庞杂，包括"昆虫学"、"昆虫学史"、"昆虫学会"等一批撰写难度较大的条目。吴老是中国现代农业昆虫科学研究和农业害虫防治事业的当事人和见证人，总论分支的主编非他莫属；昆虫学史是全卷条目中的重中之重，撰写中国农业昆虫学史也是吴老晚年的心愿，他自告奋勇作为主要撰稿人。为此，特意从上海请来了多年前的助手陆培文，二人起草第一稿。陆培文也是老昆虫学家，在吴老身边多年，治学严谨，文笔又好，自然是昆虫学史条目最合适的起草人，责无旁贷地也承担了这份重担。但这时的陆先生也是70开外的人了，患有严重的高血压，到农业科学院植保所后日夜伏案，我们不免为他的健康担心。

在昆虫卷成书后处理书稿时，我特意保存了"中国农业昆虫学史"的征求意见稿，心想条目撰写定稿过程的字斟句酌，最能说明一部百科全书出版之艰辛。谁解其中味，字字皆辛苦。不信，请看陆培文先生文稿上密密麻麻修改的文字，吴老反复推敲的修改意见，全国各地昆虫学家们的反馈信件，一字一句无不饱含着他们的心血，凸显出老一代科技工作者一丝不苟的崇高品格！在大量的信件中，柳支英先生的最多，他是吴老早年的学生，由于夫人死于传染病，后来改行研究预防医学，成为我国著名的预防医学专家，曾在抗美援朝中受军事医学科学部门派遣，鉴定美国飞机撒下带细菌的不明昆虫。这时柳老也已8旬高龄，他的信写了一封又一封，吴老看了不时点头称是。

我是吴老的研究生

和吴老熟了，免不了常和老人家开几句玩笑。一次，我说："吴老，我考您的研究生可以吗？""不敢，不敢！"吴老笑着回答："不过您真的要来，免考！"虽是玩笑，但我的确通过编辑昆虫卷，对昆虫发生了兴趣，经常向吴老请教。在研究中国近代昆虫学史和中国昆虫学会的条目撰写内容时，我发现六足学会在中国昆虫学史上的重要地位。由于昆虫具有六足的特征，所以，六足学会就是昆虫学会。它成立于1924年，是中国现代最老的一批昆虫学家张巨伯、吴福桢等发起成立的，后来六足学会索性改称中国昆虫学会。它比1944年10月在重庆成立的中华昆虫学会（1951年改称中国昆虫学会）差不多要早20年！我建议撰写"中国昆虫学会"这个条目时，宜充分肯定六足学会的历史地位。吴老支持我的想法。

一天，吴老打电话告诉我，他托人从杭州找到了一份关于六足学会的史料，要我抽空去看看。翌日去吴老家，进门就递给我一个纸张发黄的账本，原来是1928年6月中国昆虫学会会员缴纳会费的收据存根。收据第一号是我国著名昆虫学家张归农（巨伯），第四号是吴福桢，此外还有尤逸农（其伟）、邹孟干（钟林）、祝汝佐等多位老昆虫学家的名字，我如获至宝，这是一件难得的文物啊！吴老又给我详细介绍了六足学会的成立经过和活动情况。后来，我写了一篇题为《六足学会始末》的小文，刊登在《中国科技史料》第9卷（1988）第1期上。我对吴老说："权当您指导我这个编外研究生写出的第一篇科研论文吧！"根据我的建议，《中国农业百科全书·昆虫卷》收录了1928年4月20日中国昆虫学会收到张归农缴纳会费的收据存根（影印件）。

吴老经常和我谈到科学家需要激情，一旦对自己的研究对象产生了浓厚兴趣，就会甘于寂寞，不怕坐冷板凳，一切艰苦困难、名利得失都会置之度外。我还记得1987年5月江苏省农业科学院纪念建院50周年学术报告会期间，吴老亲自带我们去南京寻访东南大学（南京高等师范前身）和江苏省昆虫局旧址的情景。陪同的还有著名昆虫学家邱式邦先生和青年昆虫学家王韧博士。这里是20世纪20年代吴老学习、工作过的地方。在苍茫的暮色中吴老望着楼群闪烁的灯光，指点旧迹，陷入沉思，说道："当年在这里工作的时候，条件与今天无法相比，薪酬也不高，没有奖金、加班费之类，大家凭着一股爱国热情，一份对昆虫科学的探索精神，几乎天天加班加点，办公楼（也是科研楼）夜夜灯火通明。"吴老的一生，无论顺境、逆境，都能淡定自若，随遇而安，始终坚守自己的价值观，脚踏实地的上下求索。吴老的治学精神，与当年在南京的一段生活历练有很大关系。

原来科技文章可以这么写

吴老是《中国经济昆虫志》蜚蠊目和直翅目蟋蟀总科两卷的主编。无疑，他也是一位蟋蟀研究专家。他告诉我，我们的祖先对蚕、蜜蜂、蟋蟀3种昆虫最有研究。中国古代就有桑蚕专著。刘基（刘伯温）、蒲松龄为蜜蜂写过专文，至于蟋蟀，从南宋那个名声不好的宰相贾似道写了《促织经》（古人称蟋蟀为促织，《促织经》是古人研究蟋蟀的专书）以后，又出了10多种《促织经》，对蟋蟀的形态、习性、分布的研究愈来愈细，这在世界上是十分罕见的现象。

20世纪80年代，随着人们文化生活的日趋多元化，利用斗蟋蟀赌博的风气悄然兴起。据说一头善斗的蟋蟀，可以换一台价值万元的彩色电视机。一天，一位客人带着一百多张蟋蟀照片，登门来请吴老鉴别哪些是善斗的名品。吴老委婉地说："我是搞蟋蟀分类研究的，只知道蟋蟀中有一种名斗蟋，性好斗，至于斗蟋之下还能分出哪些品种，我没有研究。"吴老的话音中似有遗憾，似乎还有些什么不便说。吴老孩提时代就玩过蟋蟀，也知头大牙壮者善斗，但面对那么多形态各异的品类图片，可真有点犯难了。

客人走后，吴老不无感慨地对我说："斗蟋蟀是一种民俗，作为民间游戏，可以调剂人们的文化生活；研究《促织经》，可以丰富昆虫学的研究；如果把蟋蟀作为赌博的工具，不应提倡。"过了些日子，吴老突然要我执笔写一本古代《促织经》研究方面的书，评价一下古代《促织经》的科学价值，这对科学普及和净化社会风气都有好处。还说，科技文章一向写得过于专业、乏味，能不能把它写得活一点。吴老不顾我面有难色，随即把他多方搜集的古代《促织经》拿出来送给我。其中一本封面上还留着著名昆虫学家蔡邦华的签名。他还送了我一盒蟋蟀标本。

那时，我正忙于百科编辑事务，业余时间很少，回到家里，只好把这项任务"转包"给了内子胡洪涛。她是学农的,对农业昆虫略知一二,刚退休赋闲在家,便用不到一年的功夫,写出了《斗蟋》一书,由科学技术文献出版社出版。我们写的是蟋蟀文化,比较大众化,吴老颇为赞赏,欣然亲自写了书评,印第2版时,我们将它作为扉页。

受吴老一席话的启示,我和内子从此走上了一条探索科学与文化对接的写作之路,竟策划、编写、出版了《中国的鹤文化》《蝴蝶的识别、捕捉、饲养和欣赏及其他》《北京古树名木散记》等书,还译注了多篇记述蜂的古代诗文。由于蜂、鹤、蝶、树过去都属于大农业范畴,我们把这些统称为农业文化系列。1996年3月,农学泰斗金善宝先生曾热情题词鼓励,称我们的写作是"科技文化,联手结缘,独辟蹊径"。(全文是:寿越期颐,漫步书坛;蜂飞蝶舞,百花争艳;科技文化,联手结缘;独辟蹊径,喜谱新篇。)现在,我和内子都已是坐七望八的老者,到了该封笔之年,但每每想起吴、金两位前辈的鞭策,一种沉重的责任感挥之不去。

忘年之交

我与吴老的年龄相差达33岁,可吴老从不把我当他的晚辈和学生,一向称我"同志"、"老师"。天长日久,翰墨往来才改口称我为"老友",经常说我是他的忘年交。而在我的心里,吴老是一位令人尊敬的忠厚长者,诲人不倦的良师。

我们每次见面,都有说不完的话。往往临别时,他执意要把我送到一两百米外的马路边,目送我走向远处的车站。

我去植保所吴老的寓所,经常看到他独自站在试验田边做深呼吸或伸胳膊动腿,旁若无人。师母说他这习惯已有几十年了。难怪吴老多次对我说,长寿而不健康,生活质量就会大打折扣。他曾郑重其事抄下当时流行的几句保健歌诀送我:"经常走路,主要吃素",我真的照办了,直到今天。

我和吴老最后一次见面时他已96岁高龄,那时精神已大不如昔,表情有点木然。他客气地问我,为什么夫人没来,还喃喃地说:"我已经很久没见她了!"我顿时错愕不解,因为吴老与内子从未谋面,吴老的儿媳是知道的,她马上接过话茬向我示意:"爸爸已经分不清白天黑夜,常常把梦幻当成现实!"这虽是吴老的幻觉,但我想,他的联想并非偶然,因为我老伴也早就师从吴老,成了他研究蟋蟀的女弟子!自从《斗蟋》出版以后,她多次想去面谢恩师,竟未能如愿。

这是一个名人辈出的时代,有的风光一时,昙花一现;有的上善若水,大音希声。吴老作为中国农作物害虫研究和防治的先驱、中国现代农药和药械生产的奠基人、著名蜚蠊目和直翅目蟋蟀分类学家、中国现代昆虫学历程的参与者和见证人,中国文人孜孜以求立德、立功、立言的理想,应该说,吴老都实现了吧!

我的父亲

吴圣华

父亲离开我们已近15年了,我作为他的二女儿也已经年逾古稀,但是每当想起我的父亲都让我的思绪难以平静,不由得让我回想起一件件难忘的往事。我的父亲出生在江苏省武进县,儿时的他经常在田间玩耍,他非常热爱自然,并逐渐产生了对昆虫的兴趣,从此开始了他为之奋斗和贡献一生的昆虫研究事业。为此他常常废寝忘食,勤于钻研,甚至在"文化大革命"期间也能够无视和忍受各种精神和身心的摧残,这些都没有让他忘记和放弃对工作和事业的热情,用他毕生的精力为祖国的昆虫事业作出了突出的贡献。他的这种孜孜不倦奉献一生的精神,一直鼓舞和激励着我们和他身边的每一个人。

童年忆事

我出生在杭州西子湖畔,因为"西湖"又称"圣湖",所以父亲在给我起的名字当中带一个"圣"字。在我五六岁时,抗日战争爆发了,我的父亲带着我们5个孩子辗转来到四川重庆,尽管那个时候,时局动荡不安，但是在我的记忆当中，他每天还是早出晚归。还经常去成都、南京、无锡等地出差，用微薄的薪水支撑着全家的开销。虽然生活条件极为艰苦，但他总是对生活充满热情，对工作执着认真。每每在饭桌上和父亲一起用餐时，父亲说的最多的一句话就是，"你们要多学知识，将来做一个对社会有用的人。"在当时那个年代，封建残余思想还是影响着许多家庭，尤其是很多父母都不支持女孩子上学，但父亲却始终认为，男女应该平等，女孩子一样要学习知识，因此，尽管家中经济拮据，但仍然坚持供我们姐妹几个上学念书。在我童年的记忆中，只要父亲一有空闲时间，他还会带着我们几个孩子去田间捉昆虫，我记得，他还教我们分辨一些不同类型的昆虫，滔滔不绝的讲这些昆虫的生活习性及特点。最后，在他的带领下，我们会小心翼翼地帮他把昆虫带回家，父亲再亲手做成标本保存。以致在后来的数次搬迁岁月中，我们家最多的行李就是数不清的昆虫标本和各种昆虫书籍。

一块手表

抗战胜利后，我在南京上学，父亲经常鼓励我要好好读书，注意身体。父亲最关心的就是我的学业成绩，但那时，父亲的工作也更加繁忙，他已经担任了中央农业试验所副所长、系主任等要职。

1951年，为了响应抗美援朝，保家卫国的号召，我和三妹在南京一同报名参加了志愿军和解放军。当这个消息传到父亲耳中的时候，他并没有过多的说什么，但后来听母亲说，父亲心里是舍不得的，他认为参军就要做好牺牲的准备，但想到祖国的需要，只能舍小家为大家，他也曾常常为此几宿睡不着觉，有时默默地坐在书桌前，作着艰难的思想斗争。为了不影响我们的情绪，他从不向我们流露出这种儿女情长。他只是告诉我们到了部队要听从指挥，不要忘记文化课的学习。后来，我到华东部队（徐州）当了文化教员，在通信联系中我无意中提及手表，但我也没有奢望父亲能给我买，直到有一次，父亲出差去南京特地路过徐州来看我，由于他工作日程安排得非常满，没有过多的时间停留，我们最后只是在火车站匆匆见了一面，没想到，父亲竟然给我带来了一块手表，那是他特意在北京给我买的（对于当时的生活水准，手表可算是"奢侈品"了），当时我都激动得不知说什么好。他还对我说，见到我就放心了，不要惦记家里，安心在部队服役，多为人民服务，勤勤恳恳工作，老老实实做人。在以后的通信联系中，他都总是提醒我要不断提高自己的文化水平，只有掌握了更多的知识，才能更好的服务于部队，服务于人民。父亲的话虽然不多，但字字句句语重心长，令我至今难以忘怀。那块满怀父爱的手表，我也珍藏至今。

工作是父亲一生的追求

父亲一生对事业的追求和热爱，是最让我敬佩的。他在工作期间经常深入田间野地，与农民一道做试验，研究虫害防治工作，不仅如此，他还完成了十几万字的研究报告，为我国的病虫防治事业的发展树立了新的里程碑。特别是在"文化大革命"期间，父亲遭受了许多莫须有罪名，遭受了无数的苦难，下放宁夏将近20年。在漫长的艰苦条件下，他从不计较个人得失，仍然没有放弃对事业的追求和对党的信任。他坚持每天看书，下田间观察农作物生长情况，用良好的心态面对生活，他还坚持每天锻炼身体。他常说，身体是革命的本钱，困难总会得到解决的，目前的形势也许是暂时的，历史会有公正的结论。在他的努力下，筹建了具有宁夏特色的农业昆虫标本室，并发表多篇论文，填补了宁夏地区生物资源调查和动物地理划分的空白。

20世纪70年代末，年逾八旬的父亲回到北京工作，仍然继续他热爱的工作，在此期间，他还担任《中国农业百科全书·昆虫卷》的主编。在他多次提议及努力下，建立了中国植物保护标本馆。这也是植物保护界的又一重大建树。直到90岁高龄，他还亲自培养研究生，念念不忘他的昆虫标本。

常年坚持锻炼身体

我的父亲能够活到老，学到老，工作到老，是与他平时坚持不懈的锻炼分不开的。他每天不管工作多么繁忙，都不会忘记做他自编的"保健操"，从我记事开始，他就会每天清晨在我家房后的空地上做20～30分钟的身体保健操，即便出差在外，他也都会在宾馆的房前屋后锻炼，晚饭后他也坚持散步30分钟左右，这良好的习惯陪伴了他一生。一个人做好一件事并不难，难的是一辈子做好一件事，我的父亲认为，一个人如果没有好的身体，就是有再多的知识和能力，也无法发挥作用。因此，要想做更多有用的事，必须有一个好身体。90岁高龄时，他仍然坚持晚饭后到院外散步。

宽宏待人 友善和蔼

我的父亲还有一个最大的特点，就是宽宏待人，友善和蔼。每当他的学生或同事在工作上向他请教问题时，他总是耐心仔细地讲解，解答，我们常常听到别人说，"吴老可真是我们的好老师！好朋友！"

记得有一次，他刚出门不久，就被一位解放军小战士从后面骑车撞倒，那位小战士当时也没有仔细看一下我父亲，匆匆把他扶起后就走了，我父亲当时也未察觉任何不适，拍拍身上的尘土后，又继续完成他散步的任务，直到回家后，我母亲看见他脸上有擦伤的痕迹，便立即叫儿媳妇陪他去植保所医务室，医生仔细检查后，并没有发现身体有何大碍。但对于这位鲁莽的小战士的行为家人很是气愤，随即"展开了调查"，不久就找到了小战士，小战士知道情况后，先是吓出了一身冷汗，并到家中向父亲连连道歉，可我父亲并没有责怪小战士，还开玩笑地对他说，"不要紧，不要紧，我的身体比你还棒，以后你骑车自己要当心。"另一方面也正说明能有这样的好身体，正是他一贯锻炼的结果。否则如此的高龄，后果是不堪设想的。

父爱如山

我的父亲是平凡的但也是伟大的，他在物质上没有给我们留下什么"金银财宝"，但是通过他的言传身教，使我懂得了如何对待工作和生活，更重要的是通过我父亲的一生，我一直在感受着一种精神，一种对事业孜孜不倦，永无止境的追求精神。

父亲是我的骄傲。父亲是我们永远的榜样。

怀念岳父

万鹤群

和岳父的缘分最初是来自工作。

1941年，我从重庆中央大学航空工程系毕业。1943年经亲戚严锦澜介绍，前往当时位于重庆的农林部植物药虫药械厂工作。该厂位于重庆嘉陵江北岸，与南岸的华龙桥遥遥相对，面积不大，外表像个普通农舍，不引人注目，在日本飞机轰炸频繁的重庆，算是比较安全的地方。经考试，时任厂长吴福桢和副厂长冯敩堂同意录用我，安排我管理铸工车间。1944年9月，我通过了"租借法案（Lend Lease Act）"留美考试，于日本投降后的1945年赴美国农阿华州立学院（Iowa State College），在该校农机系学习了一年。1946学成归来，吴福桢已转往南京任中央农业实验所所长，正在筹建农机系，便将我也调往南京参加筹建工作。1947年3月，美国万国农机公司资助中国一批农机具，并派4名专家来华指导。专家组组长J. B. Daoidson在美国是农机领域最早的元老级人物，也是我在美国农阿华州立学院农机系学习时的系主任，另外三位专家是斯东（A. A. Stone）、马考来（H. F. Macolly）、汉森（E. L. Hansen），连同他们的家眷、孩子共有13人，均住在南京孝陵卫。斯东和汉森在金陵大学和中央大学授课；Daoidsonh和Macolly则在中农所的田间指导实际操作。四位专家在华期间，吴福桢还安排他们赴北京游览，派我全程陪同，兼作翻译。在游览故宫、颐和园等名胜古迹时，他们对中国文化的博大精深赞叹不已；而在圆明园目睹八国联军留下的残垣断壁，他们也大骂帝国主义的罪行。美国专家在华3个月，我承担的陪同工作得到专家们的好评。对我而言，只觉得这是自己应尽的职责，没想到给吴福桢留下了很好的印象。在美国专家满意离华返美后不久，同在中农所工作的岳宗（吴福桢的妹夫）问我是否愿意与吴所长的大女儿处朋友。此时我尚无女友，也见过相貌气质俱佳的所长的大女儿，但自己当小学教师的父亲早逝，一字不识的寡母在农村带着我的4个弟妹艰难度日，这样的家境让我根本不敢有高攀所长千金的念头。于是推托说要与母亲商量，未敢答应。几天后，岳宗又问我与母亲商量得怎么样了，我便如实谈了自己的家庭情况和担心门不当、户不对的顾虑。岳宗了解了实情，笑着告诉我，大可不必有这样的顾虑。他说："你可能还不了解吴所长，他看重的是人的品质能力。他根本不过问未来女婿的家庭背景，而是第一要为人可靠，第二要勤奋努力，有工作能力，这两条吴所长都相中了你，尤其是前一段你在接待美国专家工作中的表现，他很满意，所以才要我找你谈。"这番话令我十分感动，当即答应了婚事，并暗下决心，今后更要努力工作，终身作吴所长所希望的正直、勤勉、好学、敬业的人。

1947年10月，我与吴所长的长女吴文华成婚。婚后与岳父几十年的相处，处处感受到他的人格魅力。往事如烟，有几件事却至今历历在目。1949年4月，人民解放军的炮声已近在咫尺，南京城内有人满怀喜悦期盼着解放；有人人心惶惶准备着逃离。很多人劝岳父去台湾，他也完全有条件带全家离开大陆另寻出路。当时岳父虽尚未与共产党有直接的接触，但对共产党为民谋利的主张和政策有所耳闻，他渴望有一个宽松的科研的条件，更渴望用自己的科研成果为老百姓带来好处。为此，他拒绝了所有的劝说，毅然留了下来。1957年"反右"运动中，岳父怀着真诚帮助共产党整风的赤子之心，给他当时所在的农科所领导提意见，结果被打为"右派"，下放到宁夏。但他始终坚信："相信党，我的问题一定会有公正的结论。我大半辈子都在内地工作，现在有机会到西北，可以把西北的病虫害情况搞清楚。能为西北老百姓做点事，是我的运气。"面对艰苦的生活工作条件，岳父并不在乎自己的苦乐，更让他不安的是农村、农民的贫穷、困苦。在宁夏，岳父从60岁到80岁，却从不把自己看作老人，他仍爬山涉水，亲自实地观察，采集标本，对枸杞实蝇、小地老虎和小麦锈病等病虫害，研究可行的防治办法。虽曾因言获罪，他还是直言不讳地提出改善当地农业生产条件的建议。1978年唐山大地震后岳父与我住在一起，在余震不断，大家都住在简易避震棚期间，已过古稀之年的岳父每天的主要事情仍然是他的科研工作，捉蟋蟀、做标本、查阅资料、埋头写作……一切都是那么从容，忘我。

岳父对事业、对工作的执着；对农业、农村、农民的关注；对晚辈、对下属的重才重德不重出身；对知识、对科研的终身渴求，对钱财、名利的淡薄漠视，令我终生难忘。他不仅是我生活中的长辈，亲人，也是我事业中的楷模、领路人。

外孙们眼中的外公外婆

万康、万燕、万黎

温馨港湾

我们小时候和父母一起住在北京北郊的学院路，外公家在东城区苏州胡同。20世纪50年代北京的交通远没有现在这么方便，去外公家要走很长的路，倒好几次车，但我们仍把去外公家当作莫大的快乐，殷殷地期盼着每一次在外公家的聚会。在我们的记忆里，印象最深的是外公外婆之间总是那么和睦默契，对我们总是轻声细语，和蔼可亲。外公多数时间都是抱着厚厚的书本，或是专心致志地翻弄各种昆虫标本，偶然放下书本，摘下老花镜，也会带我们到胡同里去转转。每当有这样的机会，最高兴的是一手被外公的大手牵着，外公时不时扬手向上提，用他一条同侧的腿辅助，把我们小小的身躯托起，外公伴着我们咯咯的欢笑声喊着："飞呀，飞呀，高高飞呀！"那时我们真的觉得自己飞起来了。

在外公家里，我们若是因为不小心办了"坏事"，如摔碎了碗碟，妈妈刚要呵斥，外婆马上笑眯眯地说："碎碎（岁岁）平安，灾也摔跑啦！"

在我们童年的记忆里,外公家永远是温馨的港湾。

博大爱心

我们慈祥的外婆自幼被裹了小脚,生活在旧社会的她目不识丁。而学识渊博的外公30岁(1928年)已任东南大学、金陵大学教授。看似不很般配的外公、外婆却相濡以沫相携相伴终生。听妈妈讲,20世纪30年代就不乏"关心"外公的人,力劝外公另娶一位有文化、不裹小脚的时尚女性,外公从不为所动,"她虽没文化,但有贤德,有她为

吴福桢长女吴文华(1923—1980年)1947年与万鹤群喜结良缘

我料理生活、家事,我才能专注于科学研究,换了谁也没有我的小脚婆能干、知心呀。"外公多少次乐呵呵地谢绝了同事、朋友们的换妻建议,大家渐渐都知道了外公的坚定,也就无人再自讨没趣了。长大后我们才更深刻地认识到外公的人生追求和人格魅力,他没有随波逐流、附庸风雅的闲情逸致,一生都执着地信守自己的做人准则,淡泊物质享受,视科研为生命。

1927年外公在美国读完硕士后,不慕美国的条件优越,只忧自己祖国的贫穷落后,毅然回国。正当他一门心思用己所学报效祖国时,于1958年被错划为"右派",发配到宁夏。外公不怨自己受到的不公待遇,反倒为在宁夏发现了枸杞病虫害,有了新的科研目标而兴奋。正在北京的家人担心他是不是受得了艰苦的生活条件时,收到了一张两寸黑白照片,照片上的外公笑容满面,目光炯炯有神,照片背面是外公遒劲的题

字"62岁的塞外青年"。外公不在乎宁夏生活条件的艰苦,只担心自己的研究工作能否更长延续。年过古稀的外公常说"我要争取活100岁,为人民,为科学做更多的工作。"无论寒冷的三九,还是酷暑三伏,他都坚持每天早晚各锻炼一小时,打太极拳,慢跑,一直坚持到90多岁,癌症把他逼上病榻。

长女伉俪的子女万康、万燕、万黎对外公、外婆孝敬有加

外公的一生,无论是对祖国、对人民、对科研事业的大爱,还是对外婆、对子孙们的挚爱,都爱得深沉,爱得永远。

乐天散仙

外公是家里有名的不拘小节老乐天。

外公的床头、马桶边、饭桌上到处摆满了书,看似凌乱,他却对自己的书心中有数,走到哪,看到哪。别看他学问几箩筐,生活中却常常闹笑话。家里人都有帮他找袜子的经历,有时是袜子钻进了裤腿里,有时是坐在他自己屁股下,最可笑的是一次他竟把两只袜子套在了同一只脚上,弄得家人总动员,找了半天才发现另一只袜子的隐身处。

外公珍惜分分秒秒的时间,外出时总是随身带着书籍,因为在候车室看书太专心,火车启动了才去追的事,不止一次发生,家人不敢再让他一人坐火车、飞机。

1976年唐山大地震时,正值外公被落实政策,从宁夏回到北京。昆虫所尚未安排住房,外公外婆就和我们全家暂时挤在一间地震棚里,生活不便可想而知。78岁的外公却从不抱怨,还乐呵呵地说:"咱们家几十年没这么大团圆了,还能天天听两个老太太说相声。"因为外婆和奶奶耳朵都不好，她们之间的对话几乎都是你说东，我说西，答非所问，风马牛不相及。

在我们的记忆中，没从外公口中听过"苦"和"难"，他始终笑对人生。

生死相依

外公外婆 24 岁结婚，共同走过了 73 年的风风雨雨，无论是外公小有名气，事业辉煌，还是被错划右派，挨整下放，外婆一直陪伴在他身边，精心照料他的生活起居，细心管理家庭收入支出。在宁夏的日子，寒冷的冬天压水井被冰坡包围，外婆挪动着五寸金莲去取水，多少次连人带桶滑倒在冰坡上……，这样的艰难数不胜数，在宁夏 20 年，7300 多个日日夜夜，外婆默默承受着，从无半句怨言，对于儿女要她回北京的劝说，根本不为所动，她始终把照顾外公作为自己一生最重要的事，最幸福的事。外公 97 岁辞世时，同样 97 岁的外婆没有哭天喊地，只是默默地把悲伤深藏于心，很少再进食，很少再言语，3 个多月后即随外公而去。我们知道，她是去继续陪伴、照顾外公了。

忘我科研

外公总是随身带着一个小记事本，每逢他脑中冒出了闪光的想法或发现了他认为有启发的现象，马上掏出小本，记录下来。吃着吃着饭，他会突然放下饭碗；睡着睡着觉，他会忽然翻身坐起来，无疑，又有火花在外公脑中闪烁了。

外公常说，科学是世界性的，科学工作者必须学习外文，了解国际最新科技发展动态。外公年轻时学习了英、德、法文，科研实践中，他感到直接阅读俄文、日文的资料也很重要，便以 56 岁的高龄开始自学俄文、日文，他做了无数外文单词卡片，随时随地学，竟然真的能在科研实践中运用俄文、日文了。

言传身教

1976年唐山大地震后的一段时间，外公和我们住在一起。每天晚饭后，已年过古稀的外公带着我们到房前屋后野草茂盛的地方捉蟋蟀。晚上捉来蟋蟀，连夜处理，白天观察、记录，忙个不停。原来他正在主持《中国经济昆虫志》螽斯目和直翅目蟋蟀两卷的编写工作。开始我们觉得好玩，还挺积极，后来发现这事并不好玩，有时忙了一身汗，一无所获不说，还常常被蚊虫叮咬。外公却从来不在乎这些，总是那么专注，乐此不疲。一天晚饭后，外公又像往常一样喊道"谁跟我去捉蟋蟀喽！"我们互相看看，无人响应，每个人都找了个不去的理由。外公一改老儿童的天真状，很认真地说："咱们这捉蟋蟀不是玩儿，是为科研，科学研究不能图安逸、怕艰苦，一个人如果只会吃喝玩乐，对别人、对社会没有一点用处，有什么意思呢？你们不想做个对社会有用的人吗？"这席话道出了外公终身矢志不移的对社会、对人民高度的责任感。

1978年的一天，外公郑重地送给我一支钢笔，柔和的浅灰色笔杆上，有几个烫金的小字——"全国科技大会"，原来是外公参加全国科技大会的纪念品。他同时又给我一本大会通过的《1978—1985年全国科学技术发展规划纲要（草案）》，语重心长地说："真的是科学的春天来了，你们年轻人一定要珍惜这来之不易的大好时光，多学本领，为国家、为人民多做事情！"外公为科研、为社会鞠躬尽瘁的一生追求，让我们铭记终生。

记忆中的外公外婆

吴　捷

我对外公外婆有印象是从近五岁时开始的，那年我随父母到原中宣部设在宁夏银川贺兰县立岗公社的"五七"干校。简单地安顿一下新家之后，父母跟我说这几天要向"军管组"请假，去看外公外婆，他们好多年以前就被下放到宁夏农科所。我那时年龄尚小，对"右派"、"文化大革命"、"下放"、"劳动改造"、"干校"、"军管"这些词汇还没有什么概念。

去看外公外婆的路途是遥远的。每次去先要在"五七"干校路边唯一的小卖部门前等过路的长途汽车，每天只有 1～2 班车，何时来车没有准点，只是有一个大概的时间，所以，要早早地去等。终于等到长途汽车拖着一条沙尘"黄龙"而来，挤上去多是站着或直接坐在地上，即使好不容易等到座位，因为是搓板路，也常常被颠得头能碰到车顶。到银川后赶不上去农科所的长途汽车，必须在银川住一宿，我们住过澡堂，睡过大车店的通铺。除了乘车有时父亲母亲还骑自行车驮着我去农科所，这样虽然路不好走，他们也很累，但是，不用绕道银川倒长途汽车，可以当天往返。这一路要穿过只生长着一种发红的矮矮的野草的盐碱沙地，要走过布满大大小小圆圆的石头且寸草不生的戈壁滩，还要涉过宽宽的不知何时会来水的引黄灌渠。有一次父母带着我从农科所乘公交到银川时，已错过了由银川开往干校的公交，只得徒步往回走，5 岁的我走一阵还需父亲背一阵。走到贺兰县城（5 千米）已是夜眠时分，父亲安顿母亲和我在县委招待所住下，他摸黑赶回干校（还有 5 千米），因为他第二天一早还要出工下地劳动。在宁夏"五七"干校的 5 年时间里，我就这样经常随父母长途奔波地去看外公外婆。

与外公外婆相见大家都非常高兴，特别是外公和母亲。外公说话我还基本能听得懂，也觉得新鲜而有趣，因为他说话经常加一些拖着长音的感叹词句，像"噢哟……"、"乖乖龙的咚……"。而外婆说话不多，且家乡口音更重。

到的当天外公就带我们去参观他的办公室，那是一间挺大的房间，在一座楼的一层。房间的正中放着一张长条桌，四周靠墙一个挨一个排列着玻璃柜，柜子里整整齐齐地码放着一个一个盒子，房间里弥漫着浓浓的药味，外公告诉我们这些盒子里全都是他收集的昆虫标本。他拿出盒子给我们看，盒子是硬纸壳做的，盒盖顶面是玻璃。有的盒子里面是蝴蝶、蛾子，一个个用大头钉固定在盒底上，有的盒子里面是一个一个的小玻璃瓶，里面是用药水浸泡着的小肉虫子，每一个虫子或瓶子下面都贴着写有虫名的小纸条。这些蛾子、虫子我一个也不认识，只觉得有些蝴蝶非常漂亮，而外公兴高采烈的讲解我一句也听不懂，只是看到外公很兴奋且说起来滔滔不绝。

到干校，条件很艰苦，父母每日早出晚归非常劳累，大人们白天要挖渠、种麦、种稻、种菜、养猪、做豆腐、烧锅炉……晚上有时还要开会学习。没有幼儿园也没有与我年龄相近的孩子，5岁的我只得每日跟在妈妈的身后与大人们一起下地和开会，常常是大人们晚上学习开会时我已躺在妈妈身上睡着了，什么时候如何回的家我全然不知。为了照顾我，曾经有很短的一段时间父母把我送到外公外婆家住，后因我哭闹着要妈妈，勾起了外公的思母之情，祖孙俩一起号啕大哭，父母只得把我接回身边。在外公外婆家时，我每日一项重要的任务就是每天两次去叫外公回家吃饭。每次去之前，外婆都叮嘱我一定要和外公一起回来，要不然还得去叫。每次到了外公的办公室，他总是要我自己看那些放在大桌子上的标本盒里的虫子、蛾子、蝴蝶，在我无数次的催叫和他无数次的"哦，哦"答应声之后才会离开办公室向家走。回家的路上外公总是在想着什么，很少与我说话，每每被我拉下很远，我还要站在那里等他。回到家后，外婆总是一边叹息地说："唉！总算回来了！"。一边把饭桌上早已摆放好的盖着的饭菜打开，有时还要再去加热。

外公是个对任何事情都极认真的人。我小时在宁夏以及后来在北京，都和哥哥跟他一起去捉过蛐蛐，他告诉我们在哪些草丛中、在哪个秋秸秆堆下能找到虫子，但找到后他要自己捉，绝不允许我们用手捉虫，生怕我们弄坏他的宝贝，他用的是一个小的捉虫的专用工具——一个小铁圈上缝着一个小尼龙网，将虫子扣住后，他会从衣兜里掏出一个带软木塞的小玻璃瓶，拔掉塞子把瓶口塞到网子里，再把蛐蛐赶到瓶子里，用塞子塞好，然后举着小瓶仔细检查虫子是否有残损。

当年在宁夏时，过冬的蔬菜只有白菜、土豆和萝卜，水果只有苹果，这些都需要自己贮藏，而贮藏的苹果不能有一点毛病也不能磕碰，否则很快就会烂掉。每年秋天，外婆都会搬出几口陶土缸，先把缸擦得干干净净，然后往缸里码放苹果。外公坐在小椅子上、戴着老花眼镜，一个个仔细挑选,再一个个码放在缸里,要让苹果之间都有一点距离。每过一段时间还要把缸里的苹果全部拿出来挑选一遍,这样贮藏的苹果可以吃到来年春节。

有一次好像是过节,母亲带我去看外公外婆,晚上大家围坐在桌边,一边说笑聊天一边剥花生吃。在当时,那可是难得吃到的美食,吃到最后一颗花生时,外公剥出的花生米掉到了地上,妈妈对外公说:黑灯瞎火的就不要找了。可是外公不干,他蹲在地上、打着手电筒,找了好一会儿,终于用手指捏着一粒花生米站了起来,笑着说:"哈哈,有志者事竟成啊!"

外公晚年开刀做过一次手术,手术后的一天我去看他,见他手里拿着几张信纸,上面的字写得密密麻麻,问他写的是什么,他告诉我,今天是给他做手术的主任来查房,他准备与主任研究一些问题。待到主任来后,他就按照他所列的提纲一一询问,还不时拿起笔把医生的回答要点记录下来。最后,主任不无敬意地说:老先生!您可真不愧是老专家啊!您的有些问题非常专业,我都要想一想才能回答。

外婆给我的印象是说话不多、永远都在操劳而且极为节俭。记得在宁夏时,每次父母去看望他们都要给他们搞卫生,外婆总要把清扫出去的千疮百孔的破盆残碗,半个手掌大的烂布头之类的东西又捡回来,虽然有些东西可能永远不会有用。每每看到她认为是浪费的事,她总是说:"唉,作孽哦!"那时物质条件差,有一点好吃的东西,外婆总是留着等我们去后一起吃,而且每次只拿出一点。一次吃松花蛋,因为老舍不得吃,存放的时间太长了,里面全都变成了气体,每磕开一个都发出"嘭"的一声巨响,左邻右舍的小孩儿都跑来看,以为我们在放鞭炮。

1973年,比我大四岁的哥哥也从上海来到宁夏"五七"干校。从此,父母亲就带着我们兄弟俩一起去看望外公外婆。

我和外公外婆一起生活的时间虽然很短,但是,外公的认真、勤奋、钻研、持之以恒(直到90岁他的案头还总是铺满了有关昆虫的图书资料)和外婆的勤劳、节俭仍然给我留下了深刻的记忆,我在不知不觉中受到了两位老人的言传身教。

附录2　吴福桢获得的表彰与奖励

1927年	获美国科学荣誉协会颁发的金钥匙奖
1928—1929年	在江苏治蝗工作中表现突出，受江苏省传令嘉奖
1978年	在全国科学大会上被授予"在我国科学工作中做出重大贡献者"奖状
1980年	当选宁夏回族自治区劳动模范
1984年	获中国昆虫学会颁发的"中昆（1944—1984）金钥匙"荣誉纪念章
1984年	中国农学会表彰状"吴福桢同志从事农业科研、教学、推广逾半个世纪，成绩卓著，特此表彰"
1984年	中国农业科学与学术委员会审议"担当中国农业科学院第一届学术委员会委员期间，对本会工作做出贡献"的表彰状

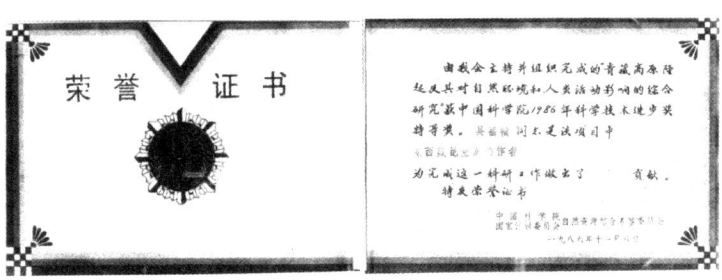

获中国院1986年科技进步特等奖

1986年	《青藏高原隆起对自然环境和人类活动影响的综合防治研究》获中国科学院科技进步特等奖
1986年	北京市科协授予"在创建和发展北京市科协团体事业中做出卓越贡献"荣誉

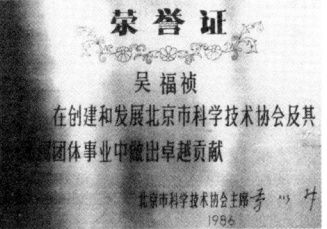

	证书
1986年	全国科协第三次代表大会颁发"吴福桢委员：衷心感谢您在科协工作期间为祖国的科学技术进步和本会的发展做出的巨大贡献"
1987年	北京市昆虫学会表彰和奖励对北京市昆虫学会会史所做的贡献
1988年	我国室内蜚蠊种类分布调查及新属新科发现项目获农业部科技进步二等奖
1990年	中国农工民主党"科技先进工作者"
1990年	获国务院首批颁发的"政府特殊津贴"
1991年	《西藏南迦巴瓦峰地区昆虫》获中国科学院自然科学奖二等奖

附录3 吴福桢生平年表

1898年9月3日	（农历七月十八日）出生
1904—1913年	读私塾、小学、初中
1914—1917年	读江苏第一甲种农校
1917—1920年	读南京高等师范农科
1919年	学业未毕被派作张巨伯教授的助手赴棉田特大虫灾区江苏南汇治虫害
1920—1921年	南高师农科毕业留校任助教并读本科获学士学位
1922年	与荆玉贞结婚
1922—1925年	任江苏省昆虫局技术员赴江苏南通三余镇驻点研究治理棉田虫害并向农民实地讲解演示杀虫方法
1925年	由东南大学出资被保送到美国伊利诺伊大学学习
1926年	获得伊利诺伊大学"科学硕士"学位并获美国科学荣誉协会颁发的"金钥匙"奖
1927年	参加美国康奈尔大学昆虫学系蚊子幼虫的分类研究工作 在美国农业部日本甲虫研究所参加生物防治工作。婉谢导师要他读博士的建议回国在中山大学农学院任教
1928—1929年	任江苏省昆虫局主任技师、东南大学、金陵大学教授，亲临治蝗第一线获江苏省嘉奖 负责熏蒸消毒100吨美国进口棉种防止了病虫入侵传播
1930—1931年	任浙江省病虫防治所所长兼浙江治虫人员养成所所长培养治虫骨干 任杭州植物病虫害学会理事长无锡教育学院教授、系主任 在嘉兴设计建立寄生蜂保护室
1932—1933年	任中央农业实验所技正、植物病虫害系主任

	召开七省治蝗会议并确立蝗患报告制度
1934 年	兼任中央棉产改进所棉虫股股长
	指导河北、山东等省防治棉蚜虫工作
1935 年	在南京中央广播电台播讲蝗虫知识
	率员工到江宁县农村指导农民治螟
	消除了孙中山陵园的松毛虫害，南京国民政府主席林森特赠中央农业实验所一幅"扑除虫害"的匾额
1936 年	主持召开 3 省治螟讨论会
	在中央农业实验所举办的第一届治虫讲习会上向 15 个省市学员讲解治虫知识及药剂和器械的使用方法
	应浙江大学校长竺可桢之聘任浙大农学院院长
1937 年	任由美国洛氏基金会与中央农业实验所合作开办的洛氏基金训练班班主任，培养高级昆虫学研究骨干
	抗战爆发，随中央农业实验所西迁至长沙将妻女们托付给妹妹、妹夫
	组织植物病虫害系人员调查湖南病虫害防治情况并派员赴安徽两个县帮助防治小麦黑穗病
1938 年	随中央农业实验所从长沙经柳州、贵阳到达四川
	组织植物病虫害系人员对西部各省的稻虫、棉虫、仓虫、玉米螟、麦虫等进行调查并协助防治
	妹妹、妹夫率自己的 3 个儿女和吴福桢的妻女 5 人从老家历千辛万苦到达四川
1939—1942 年	协助川、陕、云 3 省防治棉蚜、捲叶虫、红铃虫等虫害
	协助湖南、广西两省处理积谷，修建粮库
	多次呼吁尽快建立病虫药械制造实验厂
1943 年	为建农林部病虫药械制造实验厂四处奔波选厂址，最后定址于难被日本飞机发现的重庆嘉陵江北岸偏僻的良心桥，吴福桢兼任厂长，研究和生产国产杀虫药剂和喷雾

	器具
1944年	与张巨伯、邹钟林、蔡邦华发起成立全国性的中华昆虫学会,吴福桢任理事长
1945—1947年	抗战胜利,奉命将病虫药械制造实验厂迁沪建厂
	中央农业实验所由四川迁回南京吴福桢任副所长,频频奔波于沪宁两地
	创办季刊《中华昆虫学会通讯》并为创刊号写发刊词
1948年	主持召开老、中、青三代专家同堂的全国病虫防治讨论会,吴福桢致闭幕词
1949年	拒绝国民党当局请他去中国台湾省的要求,在上海喜迎解放
	在北京主持中华昆虫学会座谈会,商定将中华昆虫学会改名为中国昆虫学会
1949—1952年	在上海任华东农林部学术顾问兼病虫害防治所所长
1951年	支持两个女儿参加中国人民解放军
	在北京参加中国昆虫学会第1届全国会员代表大会,作为大会主席团主席致开幕词,当选为中国昆虫学会第一届理事会理事
	在北京北海公园大众自然博物馆参加中国昆虫学会理事会第一次会议
1952年	参加中国昆虫学会上海分会成立大会,当选为主席,向与会者介绍了前苏联专家帮助我国利用飞机播撒药粉治飞蝗的效果
1953年	奉调至北京任中央农业部植保局顾问,负责指导全国的植物保护工作
1954—1956年	农业部成立中国农业科学院筹备小组,吴福桢任筹备小组技术组组长
	中国昆虫学会改选理事会,吴福桢当选为理事

1957年	中国农业科学院正式成立，吴福桢任该院研究员并任院第一届学术委员会委员，加入中国农工民主党
1958年	被错划为右派降两级下放至宁夏，正值宁夏回族自治区成立，宁夏农业科学研究所在筹建中，吴福桢受命筹建该所植物保护系，所长、区农业厅长、统战部长、组织部长、科委主任都对他关心、支持、尊重
1958—1959年	吴福桢土法上马，因陋就简建立起植物保护系所需的基本设备，并筹划其他各系室和图书馆的建立、人员培训、科研的管理、专业的设置等 吴福桢制订了《宁夏农业昆虫基本调查》的研究计划
1960年	《宁夏农业昆虫基本调查》获宁夏回族自治区科委同意并下拨专题研究经费，工程正式启动 吴福桢要求调查工作必须与生产实践相结合，对调查采集的作物种类、季节、区域、诱虫法、饲养观察、标本的制作和收藏、分类鉴定等都有严格的规定 对农民在生产中遇到的问题，农业科研单位既要"门诊"——接待农民来访，也要"出诊"——科研人员要到农田进一步观察了解情况帮助解决问题 一农场发生严重虫灾，吴福桢与高兆宁急赴现场采集调查
1960—1963年	正值"瓜菜代"时期。吴福桢骑小毛驴下公社调查麦田害虫，乘羊皮筏子渡黄河捕捉林地草原害虫
1964年	乘长途汽车3天到达跨陕、甘、宁三省的六盘山麓泾河源，调查并采集次生天然林地和山地的昆虫
1965—1966年	对已搜集到的宁夏几千种昆虫，20万号标本进行鉴定和分类，吴福桢请几十位知名昆虫学家协助，或邮寄标本请教，或携标本登门求教，吴福桢与高兆宁合著的《宁夏农业昆虫图志第1集》出版发行

	在宁夏农科所和宁夏回族自治区领导的大力支持下创建了宁夏农业昆虫标本馆
1966—1969年	动乱年代吴福桢被作为"反动学术权威"挨批斗、停止工作、只发少量生活费、减住房、扫公厕
1970年	停止批斗，恢复工作
1972年	被彻底解放，返还住房、补发工资、停止扫公厕
1978年	宁夏回族自治区全区科学大会召开（1月）吴福桢80高龄戴红花在大会上发言
	3月，吴福桢参加全国科学大会，并获"在我国科技工作中做出重大贡献者"奖状
	被选为第5届全国政协委员，提案改善中国农业科学院植保所科研条件
1979年	被任命为宁夏回族自治区科协主席
	正式调回中国农业科学院植物保护研究所工作，任本所第一届学术委员会主任
1979—1982年	带研究生、参加学术会议、与外国专家交流
	任《中国农业百科全书·昆虫卷》编委会主任并总论主编和一个条目的撰稿人
	《宁夏农业昆虫图志第2集》出版发行，参加《西藏昆虫》的编写和标本鉴定
	主持《中国经济昆虫志》蜚蠊目和蟋蟀总科分册的编写任务
1983—1986年	连任第六届全国政协委员，提案建立中国植物保护标本馆，3年后建成。并在小组会上发言，呼吁增加农业试验基地
1987年	编审定稿《云南森林昆虫》中的蟋蟀总科赴南京参加江苏省农业科学院建院55周年
1988年	喜迎90华诞

1992年	参加第19届国际昆虫学大会（北京）任大会顾问委员会委员
1992—1994年	审定《拉中英天敌昆虫名汇及其应用实例》并写序言，1997年出版
1994—1995年	因病入院就医，1995年7月20日逝世，享年97岁

附录4 吴福桢著作、报告目录

（1）吴福桢：《美国棉铃害虫金刚钻之研究报告》

国立东南大学《农业》杂志昆虫（1926）

（2）吴福桢：《地老虎之研究》

国立东南大学《农业》杂志昆虫（1926）

（3）吴福桢：《中国半翅目昆虫分类及文献研究》

在美国的硕士论文（1926）

（4）吴福桢：《蝗虫问题》

河南建设月刊（1928）

（5）吴福桢：《民国十七年治蝗经过情形》

江苏省昆虫局年刊（1930）

（6）吴福桢：《民国十八年春美国运华棉种熏毒纪实》

江苏省昆虫局年刊（1930）

（7）吴福桢、徐国栋：《民国十九年中国之昆虫学界》

中国农学会报（1931）

（8）吴福桢、郑同善：《民国廿二年全国蝗患调查报告》

中央农业实验所《特刊》第5号（1933）

（9）吴福桢：《中国棉作五大害虫》

中央农业实验所《农报》第1卷第15号（1933）

（10）吴福桢：《中国之重要棉虫及其驱除法》

江苏省昆虫局专门报告（1933）

（11）吴福桢、郑同善：《民国廿三年全国蝗患调查报告》

中央农业实验所《特刊》第10号（1934）

（12）吴福桢：《中国棉虫之分布及民国廿三年发生情况》

中央农业实验所《特刊》第12号（1934）

（13）吴福桢：《棉作害虫》

《农业文库·害虫篇》(1934)

(14) 吴福桢、岳宗:《中国棉作五大害虫》

《农业》1 (1934)

(15) 吴福桢:《中国蝗虫问题》

《农业》1935年5月 (1935)

(16) 吴福桢:《中国农业害虫之防治及研究情形》

《科学世界》4 (1935)

(17) 吴福桢、郑同善:《民国廿四年全国蝗患调查报告》

中央农业实验所《特刊》(1935)

(18) 吴福桢、陆培文:《民国廿五年全国蝗患调查报告》

中央农业实验所《特刊》(1936)

(19) 吴福桢:《治蝗行政问题》

中央农业实验所《农报》第3卷第28期 (1936)

(20) 吴福桢:《重要杀虫药剂及国产喷雾器之应用》

中央农业实验所《农报》(1936)

(21) 吴福桢:《我国之重要棉作害虫及其防治之研究与实施》

《棉业月刊》(1937)

(22) 吴福桢:《棉蚜与红蜘蛛之药剂防治及全国治蚜实施计划》

《棉业月刊》(1937)

(23) 邢挟胜、沈宗瀚、吴福桢:《民国廿四及廿五两年度治虫工作报告》

中央农业实验所《特刊》第20号 (1938)

(24) 吴福桢:《抗战以来中央农业实验所植物病虫害系工作概况》

中央农业实验所《杂刊》第7号 (1940)

(25) 吴福桢:《一年来农作物病虫之防治推广》

《农业推广通讯》第3卷第1期 (1941)

(26) 吴福桢:《病虫害防治与粮食增产》

《农业推广通讯》第3卷第1期 (1941)

(27) 吴福桢:《几种国产病虫药械之研制经过与应用》

《农业推广通讯》第7卷第2期 (1941)

（28）吴福桢：《新时代中我国治虫技术之成就及今后之趋向》

《中农月刊》（1944）

（29）吴福桢：《三十年来之中国害虫防治事业》　　　　（1945）

（30）吴福桢：《三十年来我国治虫研究之重要成就》

中华昆虫学会第二次年会宣读的论文（1947）

（31）吴福桢：《三十年来我国农业之改进》

《科学》第29卷第11期（1947）

（32）吴福桢：《中华昆虫学会通讯发刊辞》

《中华昆虫学会通讯》第1期（1947）

（33）吴福桢、陆培文：《民国三十五年全国蝗患调查报告》

中央农业实验所《特刊》第31号（1947）

（34）吴福桢：《我们的工作实已获得农民深切之信仰》

《中华昆虫学会通讯》第2卷第2期（1948）

（35）吴福桢、陆培文：《中国植物病虫防治研究之重要业绩》　（1948）

（36）吴福桢：《全国病虫防治讨论会闭幕辞》　　　　（1948）

（37）吴福桢：《中国棉虫之研究与防治》一书序言

农林部棉产改进处（1948）

（38）吴福桢：《昆虫与人类》

上海《科学画报》（1950）

（39）吴福桢：《中国的飞蝗》

上海永祥印书馆（1951）

（40）吴福桢：《张巨伯先生对中国昆虫事业的倡导》

《中国昆虫学会通讯》（1951）

（41）吴福桢：《中国昆虫学会第一届全国会员代表大会开幕词》（1951）

（42）吴福桢：《科学研究人员的修养与工作方法》

《宁夏农业科技》（1962）

（43）吴福桢、黄荣祥、孟庆祥、梁兆琪：《枸杞实蝇的研究》

《植物保护学报》第2卷第4期（1963）

（44）吴福桢、高兆宁：《国内几种水稻新害虫及少见害虫记述及银川平

原稻虫区系讨论》

《昆虫知识》第 7 卷第 2 期（1963）

（45）吴福桢、高兆宁：《宁夏农业昆虫调查初报及银川平原农业昆虫区系特点》

《昆虫学报》第 13 卷第 4 期（1964）

（46）吴福桢：《荒漠地带五种豆类害虫的记述》

中国昆虫学会成立二十周年学术讨论会论文（1964）

（47）吴福桢：《略谈新疆农业昆虫的若干问题》

《新疆农业科学》1965 年第 1 期（1964）

（48）吴福桢、高兆宁：《宁夏农业昆虫图志（第一集）》

农业出版社（1966）

（49）吴福桢、高兆宁：《宁夏农业昆虫地理区划及干旱地区害虫防治策略的商榷》

西北地区农业现代化学术讨论会论文（1980）

（50）吴福桢：《对青年寄语》

《植物保护》1981 年第 6 期（1981）

（51）吴福桢：《西藏昆虫》中直翅目的蟋蟀科

科学出版社（1981）

（52）吴福桢：《西藏昆虫》中蜚蠊目的鳖蠊科、蜚蠊科、弯翅蠊科

科学出版社（1981）

（53）吴福桢、高兆宁、郭豫元：《宁夏农业昆虫图志（第二集）》

宁夏人民出版社（1982）

（54）吴福桢：《中国大蠊属的几种蜚蠊及其分布、生活习性与经济重要性》（蜚蠊目的蜚蠊科）

《昆虫学报》（1982）

（55）吴福桢：《泰国瓜从潮州北移银川的史实》

《宁夏农业科技》1982 年第 6 期（1982）

（56）吴福桢、郭豫元：《中国小蠊属蜚蠊种类及其分布、生活习性和经济意义》

《昆虫学报》（1984）

（57）吴福桢：《发挥余热，做出贡献，为四化服务》

  在中国农工民主党为四化服务经验交流表彰大会上的发言（1985）

（58）吴福桢、郭豫元、李裕嫦：《䗛䗛新属新种记述》

《昆虫学报》（1985）

（59）吴福桢、冯平章、何忠：《北京及银川常见蟋蟀鸣叫习性与种类鉴定》中直翅目的蟋蟀总科

《昆虫学报》（1986）

（60）吴福桢、冯平章：《中国农业昆虫·䗛䗛目》   （1986）

（61）吴福桢：《中国农业昆虫·蟋蟀科》   （1986）

（62）吴福桢、郭豫元、冯平章：《中国弯翅䗛属（䗛䗛目：弯翅䗛科）三种常见种类的鉴定》

《昆虫学报》（1986）

（63）吴福桢、郭豫元、冯平章：《中国真鳖䗛属记述（䗛䗛目：鳖䗛科）》

《昆虫学报》（1986）

（64）吴福桢、郑彦芬：《金蛄蛉科两属两种—中国新记录》

《昆虫分类学报》（1987）

（65）吴福桢：《云南森林昆虫》的蟋蟀总科

云南出版社（1987）

（66）吴福桢：《中国常见䗛䗛种类及其为害、利用与防治的调查研究》

《昆虫学报》（1987）

（67）董庆周、魏凯、孟庆祥、吴福桢、张广学、钟铁森、刘笃慧：《宁夏地区麦长管蚜远距离迁飞的研究》

《昆虫学报》第30卷第3期（1987）

（68）吴福桢、冯平章：《西藏南迦巴瓦峰地区昆虫》的䗛䗛目

科学出版社（1988）

（69）吴福桢、郑彦芬：《西藏南迦巴瓦峰地区昆虫》的蟋蟀总科

科学出版社（1988）

（70）吴福桢、冯平章：《云、贵䗛䗛目三新种二新记录记述》

《昆虫分类学报》(1988)

（71）吴福桢：《中国农业百科全书·昆虫卷》

农业出版社（1990）

（72）吴福桢、陆培文：《中国近代农业昆虫学史》

农业出版社（1990）

（73）吴福桢、冯平章：《中国农业百科全书·昆虫卷》的蜚蠊目

农业出版社（1990）

（74）吴福桢：《评〈斗蟋〉》

《昆虫知识》（1990）

（75）吴福桢、王音：《哑蟋属六新种记述（直翅目：蟋蟀科）》

《动物学研究》（1992）

（76）吴福桢：《拉英中天敌昆虫名汇及其应用实例》序言

华中理工大学出版社

后记

2008年,我的同窗世交(双方父亲也是同学)金作怡向"20世纪中国著名科学家书系"编委会推荐我父亲吴福桢,很快就收到了编委会的约稿函。

父亲辞世已19年,家存资料不足,幸有他生前的同事、朋友、领导、众亲属和子女的朋友鼎力相助,积极提供文字资料和照片,为本书作出了雪中送炭的贡献。

父亲在宁夏工作近20年,资料很少,只得向父亲的最得力助手、最佳合作者和亲密朋友高兆宁先生求助,年逾八旬且刚做完两次手术的高先生立即提笔,夜以继日、废寝忘食写出两万多字,内容翔实,文字生动优美,读来如临其境,如见我父,倍感亲切。高先生是宁夏农林科学院昆虫学家,研究员,尤其擅长生物绘图,被评为有突出贡献享受国务院特殊津贴的科研人员,衷心感谢高先生的情谊和辛劳,衷心感谢高先生的绣笔锦文。

农业出版社资深编辑莫容老师与我父相识于1982年《中国农业百科全书·昆虫卷》编委会的成立大会。作为农业出版社编辑部与昆虫卷编委会的责任编辑,他俩接触频繁,商讨工作和业务、共同的志趣和敬业精神使他们成为十分和谐的合作者和情深意笃的忘年交,由此还衍生了一段著书立说写《斗蟋》与书评的佳话。当莫容老师在京郊养老院得知要为吴老写传记时，立即放下手上的一切工作，迅速写出怀念文章，字字珠玑，句句情浓，相知相悦之情跃然纸上，读来赏心悦目。

父亲曾先后任宁夏回族自治区政协委员和自治区科协主席。我们希望获得他在自治区政协和自治区科协的有关材料，遂求助于曾任宁夏回族自治区党委书记、现已退休在京多年的黄璜同志。虽然他在任时父亲已离开宁夏，但他听了我们的诉求后，当场在我们的求助信上批示："请项宗西同志全力支持"。自治区政协项主席立即组织人员认真查找。工作人员只能用手工方式一页页、一本本翻阅查找，辛苦多日，终于找到了父亲在自治区政协会议上的发言和他任自治区科协主席期间的有关材料和照片，填补了父亲这一段工作情况的空白。

党的十一届三中全会后，父亲当选为第五、第六届全国政协委员。全国政协副秘书长李昌鉴同志亲自批示有关部门查找我父的材料。多年前的资料是传统的老方式保存的，工作人员只得用手工方式操作，终于使我们获得了父亲在第五、第六届全国政协会议期间的两次提案全文以及在小组会上的发言记录。

衷心感谢宁夏回族自治区和全国政协有关领导同志和辛勤劳作的工作人员。

20世纪50年代曾与我父亲共事的中国农业科学院两位耄耋之年的老专家方悴农、黄季方热情地向我们详细讲述了父亲当年的情况，提供了宝贵的史料。中国农业科学院植物保护研究所已退休多年的前所长林举儒同志亲自审阅了本书中父亲晚年在植保所工作十余年数万字的章节。

20世纪80年代到90年代,中国农业科学院植保所的李月华老师多次采访父亲后,撰写了父亲的传记,刊登在《中国现代农学家传(第一卷)》和《中国科学技术专家传略(农学篇)》上,内容翔实丰富,文笔清新流畅,为我们撰写本书提供了极大的方便,节约了许多时间和精力。

我们只知道父亲于20世纪20年代后期曾任教于广州中山大学,但史料却一无所有。幸有我们的同窗张韵远、陈小灿牵线,使我们得到中山大学生命科学研究院昆虫研究所梁铬球教授的热情相助。他在百忙之中查阅了中山大学编年史,又求助于华南农业大学的张维球教授。张教授立即将自己收存的《中国近代昆虫学史》一书托人带给梁教授。梁教授从书上找出有关吴福桢的内容15页,复印后把有吴福桢名字的16处用红笔一一划出,寄给我们。同时,还写上他已经联系好了的另三位可咨询教授的地址、电话等。如此殚心竭虑、细致入微地为他人操劳,实难能可贵。

20世纪80年代初,中央人民广播电台对台播音部资深编辑、我们的朋友王慧琴曾对我父亲进行了专访并撰稿,介绍了父亲在大陆工作和生活的情况,并有父亲亲自对在中国台湾省的老同事、老朋友讲话的录音,在对台播音部的《伟大祖国》栏目中多次向中国台湾省播出。父亲去世后,王慧琴又立即撰写了讣告,连续向中国台湾省播放了5次。她还把讣告的录音带送给我们。十几年来,每当我们聆听这段播音时,都禁不住潸然泪下,不仅悲痛父亲永远离去,同时也感激王慧琴为父亲付出的辛劳。

中央宣传部年过八旬的离休干部马志光同志是我们的朋友,这位老当益壮、热心助人的图书资料专家亲自为我们上网查找父亲的史料,又为我们联系到中央宣传部图书馆去查阅多年前的报纸。

在撰写父亲传记的全过程中,金作怡始终关心并热心相助,她不仅提供了她父亲和我们父亲当年的照片,还从父亲的老朋友子女处搜集到我父30年代的工作照并向农业科学院图书馆和植保所有关部门查询我父亲的史料。

我们的亲属对本书也十分关切,主动热情地提供各种帮助。

父亲的外甥岳国芳、甥媳吴企英远在济南,他们翻箱倒柜找出我祖父和多张我父的照片,外甥认真回忆并详细讲述了抗日战争爆发后,他的父亲(我们的姑父)带领自己的妻子儿女以及我们的母亲和我们四姐妹历经艰险从老家逃难到成都的全过程;讲述了抗战期间父亲在重庆创办病虫药械制造实验厂时四处奔波选择厂址的经过。还讲到1964年父亲应邀到新疆考察和讲学的详情(当时外甥和甥媳正在新疆工作)。

父亲远在南京的侄孙女吴玲,不顾自己多病的身体,从家里找到许多老照片和书稿,又到江苏省农业科学院(前身是父亲生前工作多年的中央农业实验所)查找有关资料和照片,并3次专程送到北京。

温暖的亲情使我们既感动又高兴。

本书完稿之际,谨向所有热心提供帮助的人们致以衷心的、深深的感谢。书中的文字是吴福桢一生的真实记述,由著者全权负责,与编委会和出版社无干。部分照片清晰度差,特向读者致歉。

书中不当之处,敬请指正。

吴锡华
2010年3月18日